杏坛追梦
课题探新

汪　瀛/著

教育科学课题研究理论思考
教育科学规划课题研究报告

光明日报出版社

图书在版编目（CIP）数据

杏坛追梦·课题探新 / 汪瀛著 .-- 北京：光明日
报出版社，2019.3
ISBN 978－7－5194－5090－8

Ⅰ.①杏… Ⅱ.①汪… Ⅲ.①中学历史课—教学研究
Ⅳ.① G633.512

中国版本图书馆 CIP 数据核字（2019）第 040266 号

杏坛追梦·课题探新
XINGTAN ZHUIMENG · KETI TANXIN

著　者：汪　瀛

责任编辑：庄　宁　　　　　　　责任校对：赵鸣鸣
封面设计：中联学林　　　　　　责任印制：曹　净

出版发行：光明日报出版社
地　　址：北京市西城区永安路 106 号，100050
电　　话：010-63169890（咨询），63131930(邮购)
传　　真：010-63169890
网　　址：http://book.gmw.cn
E － mail：zhuangning@gmw.cn
法律顾问：北京德恒律师事务所龚柳方律师，电话：010-67019571

印　　刷：三河市华东印刷有限公司
装　　订：三河市华东印刷有限公司
本书如有破损、缺页、装订错误，请与本社联系调换

开　　本：170mm×240mm
字　　数：269 千字　　　　　　印张：17
版　　次：2019 年 4 月第 1 版　　印次：2019 年 4 月第 1 次印刷
书　　号：ISBN 978－7－5194－5090－8

定　　价：58.00 元

教育科学课题研究的根本旨在于解决教育教学中的重大问题，把科学的教育教学追求转变为教育教学的自觉信念、灵动智慧的务实行动，使之成为一种重塑教育教学世界的重要力量。

不少教师谈及教育科学课题研究，或不以为然，认为教育科学课题研究是那些教育专家与学者的事，与我们普通教师无关；或觉得教育科学课题研究高深莫测，认为自己没有能力与条件开展教育科学课题研究。其实，教育科学课题研究远没有我们想象那么难，只要我们发现可供专题研究的教育教学问题，并遵循一定的教育科学课题研究规范，就能够进行教育科学课题研究，取得一定的教育科学研究成果，并在研究过程中提高自己的素质和教育教学质量，促进学生的身心健康和全面发展。在教育科学课题研究方面，广大一线教师一定要具有"王侯将相宁有种乎"的英雄气概！

当然，我们也应该看到，教育科学课题研究肯定比日常较小的教育教学问题研究的难度要大。他既需要研究者具有较高的理论水平、相关专业知识和能力，并对所研究的课题有较为深刻的理解，有志于研究和解决它；又需要研究者具有可供研究的必备资料、设备、人员、时间、经费以及领导支持等客观条件。同时，研究者所研究的课题，一定要反映新的教育教学内容，反映时代特点，反映新的视角，或应用新的研究方法，解决他人没有做过或未能解决的教育教学问题。

序

人总是有梦想的。

人的梦想会因人而异。因为每个人的生活、学习、工作的环境不同，梦想也自然存在差异。这或许就是我们常说的，环境造就人生吧。

人的梦想也因人的成长发展变化而发生变化。人们儿时的梦想，与成人之后的梦想，可能存在巨大差异，甚至完全相反。

我虽平凡，但也有属于自己的梦想。

我不怕读者们笑话，至今我能追忆出的第一个梦想，竟然是立足农村学一门手艺，有能力养家糊口和给父母养老送终。因为，1974年初中毕业失学之后的我，已成为家庭主要劳动力。当时，家里姊妹众多，父母身体不佳，又无任何优质社会资源，我只能面对现实确定自己的梦想。实话实说，当时若能达成这一梦想，我是心满意足的！

1977年底高考制度恢复之后，我开始有了新的梦想——考一个中专，使自己成为一名光荣的国家工人。或许造化弄人，因种种因素制约，我这一梦想也没有变成现实。

人生际遇，有时确实不以自己的意志为转移。我虽然没有考上中专，由于坚持自学，1980年的高考成绩竟然上了湖南省本科录取线。后来，又因阴差阳错，被当时的衡阳师范专科学校录取。对于这个结果，我仍然高兴莫名。因为，我有机会成为一位光荣的人民教师。

既然，我未来的职业是社会大力讴歌的"人类灵魂的工程师"，我的梦想就力争做一个深受学生欢迎和爱戴的历史教师，力争不误人子弟，且为实现这个梦想奋斗至今而没有丝毫改变。

做教师、特别是做一名历史教师，这在社会上不少人看来，似乎并不太难，甚至觉得比较容易。上历史课，不就是给学生讲讲历史故事，然后要学生将相关历史知识背诵下来就行了，保准学生能考个好成绩。其实，持这一想法的人，并不真正了解教师的工作，不了解我们历史教师的教育教学工作，不了解历史教学与历史高考的要求。

在这个世界上，不论做什么工作，若抱着得过且过、做一天和尚撞一天钟的态度去做，可以说都不太难。做教师，做一位深受学生欢迎且真正促进学生全面发展的教师确实不易。当今社会，我们每个人都做过学生，试着回想一下，真正深受你欢迎、又真正促进你快速成长的教师可能不会太多。因为，回想自己做学生时，耳闻目睹了不少学生背地里如何议论自己的老师，有些评价至今还历历在目。也许正因为如此，在我看来，自己要真正实现"做一个深受学生欢迎，不误人子弟的教师"的梦想，绝非易事。

根据我对教育的肤浅理解，要想让自己深受学生欢迎，要想不误人子弟，除了良好的工作态度、尊重学生、热爱学生、关心学生之外，自己必须在历史学识、教育理论、课程建设、教学方法、学法指导、应试技巧、考试命题、课题研究等方面拥有扎实的功底，并与时俱进，通过学习与研究来不断提升自己，似乎舍此再无他法。

教师专业化发展是一个终身要求。当今社会是一个飞速发展的社会，知识更新的速度不断加快。曾有教师感慨，教育教学是一个永远说不完的话题，教育教学的完善永无止境。因为，教师的教育教学过程，既是教育和培养学生的过程，也是自己不断学习的过程，教师必须将终身学习的理念贯穿于自己的一生，不断完善自己的专业知识、专业能力，不断汲取本学科领域和相关领域的知识、最新的科研成果，提高自己的科研能力，使自己跟上时代发展的步伐，并在教育教学过程中，形成自己的特色。

当今教育不仅要完成党和国家政府的重托，还要承载社会各界和家长的期望。随着人们对教育期望的提高，对教师的期望也越来越高，对教师的素质要求也越来越高。现代教师不仅要有广阔的知识视野，良好的道德修养、健康的心理素质，还要有开拓的创新精神、精湛的教育教学艺术等。因此，作为一名现代教师，必须更新自身观念，将专业发展的需要变成自己的内在需求，变"被动发展"为"主动发展"。教师不仅要成为终身学习者，为学生树立良好的榜样，还要立志成为一名研究者，研究如何促进自我发展和自我实现，做学习型、研究型教师。

如何做一名学习型、研究型教师？我以为，作为一名历史教师，除必须学习与研究古今中外历史，我们还必须学习与研究教育学和心理学原理，必须学习与研究历史教学论，并在实践中不断探索和研究适合自身特点和学生发展需要的历史教学之法，从而形成自己的教学特色与风格。而主持或参与教育科学规划课题研究，就是推动教师的教育教学能力迅速发展，促进教师的教学特色与风格形成的重要途径。

在教育科学规划课题研究方面，我曾主持省级教育科学规划课题3个、市区级教育科学规划课题2个，参与国家级教育科学规划课题研究1个、省级教育科学规划课题研究2个。荣获湖南省基础教育研究成果二等奖一项，湖南省教育学会教研成果一等奖二项，永州市科学技术研究成果一等奖一项，株洲市教育教学改革研究成果一等奖二项，株洲市哲学社会科学研究成果二等奖二项。

《杏坛追梦·课题探新》一书，收录了本人从教以来有关教育科学课题研究理论思考文章2篇；自己主持的市级教育科学规划课题研究报告，省级教育科学规划课题研究报告，省级教育科学规划课题"新课程背景下中学历史有效教学行为的研究"的立项申请·评审书、立项通知书、开题报告、开题论证意见、年度研究计划、年度研究总结、中期报告、中期检查表、结题报告、结题·鉴定申请表，自己参与和主笔撰写的国家级教育科学规划课题研究报告。这些研究成果有些曾以不同的文章形式公开发表，有些在不同层次的学术研讨会议上交流，但将研究流程和课题报告公开出版发表还是第一次。本人之所以这样做，既不是向读者彰显自己的研究能力，也不是炫耀自己的研究成果有多么高明，而是为向那些没有做过教育科学课题研究者提供一个可供参考的案例而已。因为，本人作为一线教育工作者，深知许多教师没有做过教育科学课题研究，不知如何申报和开展教育科学课题研究。而那些论述教育科学研究的专著又往往晦涩难懂，缺乏可供他们模仿与操作的完整案例。当然，本人也深知自己学识有限，力有不逮，对教育科学课题研究只是略懂皮毛而已。我这样做，在那些教育科学研究专家与学者心里，只不过是贻笑大方而已。若拙作能鼓励广大中小学教师树立自信，有志于教育科学课题研究，并能成就教育，成就学生，成就自我，我的目的就达到了！

不过，这里也需要说明一点：就今天发表与出版规范而言，《杏坛追梦·课题探新》中的有些材料引文和材料注释，包括我以前已公开发表过的习作，是存在一些欠缺的。因时间久远，本人工作单位又几经转换，原有的书刊与笔记业已散失；有些讲稿当时就没有发表之想，撰文时也就没有标注材料出处。凡此种种，现已无法补救，故所有引文或材料注释只能维持原样。若由此而带来谬误，或没有彰显原作者的研究成果，本人特在此致歉！并敬请原作者和广大读者谅解！

汪　瀛

2018年8月26日于株洲市第四中学

目 录
CONTENTS

路径初识

教育科研方法指要……………………………………………………… 3

教育教学课题研究管理中的几个问题……………………………23

略有收获

问疑教学与素质教育………………………………………………29

历史研究性学习理论与实践的研究………………………………46

课题示例

立项申请·评审书…………………………………………………67

申请者的承诺与成果使用授权……………………………………68

填表说明……………………………………………………………70

填写数据表注意事项………………………………………………71

新课程背景下中学历史有效教学行为的研究开题报告……………87

新课程背景下中学历史有效教学行为的研究开题论证意见……………… 105

新课程背景下中学历史有效教学行为的研究 2011 年度研究计划…… 107

新课程背景下中学历史有效教学行为的研究 2012 年度研究计划…… 109

新课程背景下中学历史有效教学行为的研究 2013 年度研究计划…… 111

新课程背景下中学历史有效教学行为的研究 2014 年度研究计划…… 114

新课程背景下中学历史有效教学行为的研究 2011 年度研究总结…… 117

新课程背景下中学历史有效教学行为的研究 2012 年度研究总结…… 121

新课程背景下中学历史有效教学行为的研究 2013 年度研究总结…… 126

新课程背景下中学历史有效教学行为的研究中期报告………………… 132

湖南省教育科学规划课题中期检查表………………………………… 142

新课程背景下中学历史有效教学行为的研究研究报告………………… 145

结题·鉴定申请书…………………………………………………… 182

综合课题

城乡结合部普通高中艺术教育特色可持续发展实践研究结题报告…… 193

01

路径初识

教育科学课题研究是提升教师教育教学能力的需要，是教师参与教育教学改革的重要途径与资本。教育科学课题研究，就是以科学的教育理论为指导，研究教育教学现象或存在的问题，探索教育教学规律，解决教育教学问题，促进教育教学发展。教育科学课题的研究内容，可以是创新性、引领性的教育研究，重在"变革"与"探索"；也可以是完善性、提升性的教育研究，重在"改进"与"优化"。

　　教育科学研究，应有科学的假设，即根据教育实践提出的问题，从已有的经验或研究成果出发，明确研究课题的核心和主攻方向，搞好实验设计；控制好无关因子，防止偶然因素影响研究结果；用充分的事实和可靠的数据来做出结论；研究结果应回到教育实践中去验证和应用。

　　教育科学课题研究的基本思路为：首先应确定研究解决什么样的教育教学问题，明确研究目的、对象。其次是提出研究设想，设计好研究方案，解决怎样研究自己所选定的教育教学问题。再次是按研究方案进行具体操作，收集实验数据和材料。最后是整理、分析研究资料，总结研究成果，撰写研究报告，推广研究成果，并在教育教学实践中进一步检验自己的研究成果。

　　教育科学课题研究不是为了作秀，而是为了探析教育现象，解决教育问题，揭示教育规律。否则，教育科学课题研究就变成毫无意义的劳民伤财的活动。

教育科研方法指要 ①

教育课题研究涉及的理论与实践甚多。诸如教育科研课题的选择，研究方案的设计，研究课题的立项、研究活动的组织、研究资料的收集与整理、结题报告的撰写、研究成果的推广与应用，等等。如果说，研究课题的选择，研究方案的设计，还仅仅是研究者的"思想构建"和理想追求的话，那么，课题研究的真正价值是研究者依据研究方案进行研究实践，并将研究成果加以推广应用。

一、如何选择教育科研课题

（一）掌握发现研究问题的基本途径

教育心理学告诉我们，问题是人的心理意向的一种具体表现形式，它决定着人的思维的方向和深度。人们提出的问题不同，所引起的心理活动就不同；不同的问题发问方式，对思维起着不同的导向作用，引发的思维内容、层次、深度、广度都各不相同。只有发现问题，才会去探究、分析问题出现的成因，通过分析推理、实验验证，寻求解决问题的方法，获得相应的研究成果。

科学史上的每一项重大发现或发明都是从问题开始的，很多人看到苹果落地，但没有人去想它为什么会落地，而牛顿却从苹果为什么会落地这一问

---

① 本文撰写于2005年11月，曾在不同的教育教学研讨会或教师培训会上交流。也曾摘要收入本人《心灵的放飞——一位中学教师的教育独白》一书。

题开始，发现了万有引力定律。其实，教育学和教学法的发展也是始于教育教学问题，终于教育教学问题，若没有教育教学问题，人们的教育教学研究活动就失去了直接作用的对象而不能进行和发展。因此，教育学和教学法研究的实质，就是以教育教学中的问题为研究对象，深入认识和解决教育教学问题、揭示教育教学规律和指导教育教学实践。

那么，教育教学科研课题从哪里来？教育教学科研课题可以产生于教育教学实践，也可以产生于教育教学实践同理论的差异或对立，还可以产生于一种教育教学理论的内部和两种或多种教育教学理论之间的差异或对立。从古至今，人们提出的教育教学问题不可胜数，我们可以用一定的逻辑或从不同的维度对它们进行梳理和概括。从"主体与客体之间，存在三种关系"的维度看，教育教学问题包括了认识问题、价值问题和操作问题；而从"理论主体与实践主体的分立"维度看，教育教学问题则分为理论问题和实践问题。本人认为，教育教学科研课题来源主要有：

第一，从"教育科学课题研究指南"中选择研究课题或问题进行研究。

这种途径最简单，也最可靠。但"指南"上的教研课题，大多为大课题、难课题，对初涉课题研究者来说，可供选择的余地少，往往感到力不从心。建议最好化大为小，选择某个方面或角度进行相关研究。

第二，从文献资料中发现研究问题。

从文献资料中发现问题，就是研究者以前人和同行的研究成果为基础，通过对某一研究专题的特定时空里的研究文献进行收集整理，进而深入对所涉及的问题及其研究成果进行分析和鉴别，在学习吸收他人理论成果的同时，发现他人尚未解决或尚未完全解决的教育实际矛盾和理论疑难。文献时空可长可短可大可小，既可以是古今中外的，也可以是当代中国的。诸如通过对古今中外教育文献进行简要梳理，就可以发现一直没有解决好的几个基本问题："教育什么？""怎样教育？""教学什么？""怎样教学？"等。我们可以通过对我国新课程改革以来的研究成果进行梳理，就可以发现，人们对新课程改革理论研究较多，实践研究较少；对新课程改革实践宏观研究多，微观研究少；等等。对新从事教育教学研究的教师而言，要求系统研读教育教学研究文献，并从中发现问题和展开深入研究，也许会存在一定难度。相对而言，凡新从事教育教学研究的教师，我们不妨从自己执教的学科入手，从本学科教育教学研究中的不同理论、观点或流派的论争中，或许更容易发现可供研究的问题。

第三，从教育、教学实践中提出需要研究的问题。任何教师都会在教学过程中遇到这样或那样的问题，有重大教育教学理论问题，也有教育教学方法问题，学生学法问题，教材与作业编写问题等。这些问题，有可能是自己发现的，也有可能是其他教师发现的，还有可能是学生发现的。

我们通过对比较感性的问题或经验进行梳理、分析、概括和归纳，从而发现需要研究解决的教育教学的实际矛盾和理论疑难。这是广大教师发现教育问题的一般途径。诸如，我们发现名校与一般学校存在许多差异，通过这些差异，我们可以提出一系列问题："不同类型的学校校长在干什么？""不同类型学校的教师素养存在什么样的差异？""不同类型学校的学生学习态度存在什么样的差异？""名校与一般学校的差异是怎样形成的？""在素质教育背景下，我们应如何认识名校与一般学校的差异？"等。又如"名师与一般教师有何差异？""名师与一般教师的差异是如何形成的？""如何促进一般教师快速成长为名师？"等。至于教育教学方法中存在的问题更多，也更容易发现，并通过梳理、分析、概括和归纳成为一个研究课题。如长期困扰教育界的中小学课业负担过重的问题，学困生的形成、特点与转化问题，学生厌学的成因与解决的问题，教学内容与教学方法的关系问题，教师的教育教学理想与实践差异问题，教师与学生之间的矛盾及其化解问题，等等。这类问题的共同特点，就是实用性强，但应注意他人是否已经研究解决。

第四，从与专家交流中寻找所要研究的问题。这种交流，可以是听专家学者的学术报告或经验交流，也可以是与专家学者面对面的探讨，还可以是专家学者听我们讲课后的种种建议。

（二）从实际出发，选择适合自身能力与需要的教研课题

就一般情况而言，初涉课题研究的老师，最好多选偏重实践应用方面的课题，少选偏重理论研究方面的课题；多选单一性研究课题，少选综合性研究课题；多选定量研究性课题，少选定性研究性课题；多选小课题，少选大课题。

当然，要使自己的教育课题研究有一定的价值或意义，我们在关注自身能力与实际需要的同时，还必须注意四个方面：

第一，研究问题的科学性。这是基础教育研究的基石。没有科学理论作依据，教研就会陷入盲目之中，甚至有可能毫无收获。那么，何谓研究问题的科学性？这里，主要是指研究问题的指导思想和研究目的明确，立论科学合理，事实真实充分，既要有实践基础，又要有理论基础。

第二，研究问题的价值性。也就是研究的问题要在理论上有新的突破，在实践上有指导作用，能丰富和发展教育科学。做教育教学课题研究，一定要考虑这些研究是否有利于提高教育教学质量，能否促进学生身心健康，能否促进学生的全面发展，能否指导教育教学实践。因此，教育教学课题研究之前，研究者应先了解这类课题研究状况，不要去做徒劳无益的工作，所选课题应是学校、教师急需解决或想要解决的实际问题，具有实用、操作性强等特点。

第三，研究问题的可行性。也就是研究者在选择研究课题时，不能存在脱离实际的空想、幻想，要坚决杜绝教育教学科研课题宽泛无边，或模棱两可等现象，应充分考虑自身是否具备完成这一课题研究的主观和客观条件。诸如自身的理论水平、相关知识储备和研究能力，学校的人文环境、师资水平、实验基础、教学设备、教研经费等。

第四，研究问题的创新性。创新性是教育教学研究的一个重要特征。教育教学科研选择不要赶时髦，他人研究什么，我也跟着研究什么，全然不顾自己的实际情况。教育教学课题研究，研究者所选择的研究问题应是前人未曾解决，或尚未完全解决的问题，而不是简单地炒冷饭。这样，研究者才能做到选题的新颖性和独创性，杜绝人云亦云。

二、教育科研课题研究设计的一般格式

（一）课题的提出（必要性论证）

1.研究背景

研究背景，是指研究者所选课题（或问题）的研究状况。诸如述评国内外相关问题的研究现状、水平和发展趋势，对所选课题有何特别看法，为何会选此题，对前人的研究成果和看法有何异议或者是有什么更加深入的观点，

前人的研究有哪些不足值得再加以研究等。研究者在具体论述时，一定要重点突出所选课题的新颖性。

2. 研究意义

研究意义，是指研究者在阐释课题研究背景的基础上，重点回答为什么要研究这一课题，研究这一课题有什么价值。研究者可以先从现实需要方面去论述，指出现实当中存在这个问题，需要去研究、去解决，研究它有什么实际作用，然后，再写论文的理论或学术价值。既可从哲学的高度阐释其研究的价值或意义，也可从专业或学科的角度阐释其研究的价值或意义，还可以从某一理论的角度阐释其研究的价值或意义。这些都要写得具体，有针对性，不能漫无边际地空喊口号。

（二）研究目的、研究依据与课题的诠释

1. 研究目的

课题研究目的，有时也称之为课题研究立意，即确定课题研究的出发点和归宿。它是课题研究者从事某一课题研究的指导思想、课题研究要达到的目的和效果。课题研究立意决定了课题研究的目的和方向。研究者在确定课题研究立意时，应注意遵循应用性、科学性原则，将其定得具体、明确、适度、可行。

2. 课题的诠释

课题的诠释，即对研究课题进行界定。他主要包括三个层面：课题的概念、内容、空间、时间、对象等；研究的基本单位；参与者。其中，课题相关概念的界定是课题研究的关键。

课题概念界定，就是对课题的关键词做一个准确解释。在日常学习、工作和生活中，我们对有些概念可能相当熟悉，但对其确切含义往往又说不清楚。课题概念界定，就是将课题研究中的一些关键概念（包括课题本身）下定义，讲清楚它们的内涵与外延。明确界定课题概念，一方面可以使该课题研究在确定的范围内开展，使课题思路明确清晰，具有可操作性，使研究成为一个有确切含义的问题，具有科学性；另一方面，也便于他人按照研究者规定的范围来理解研究结果和评价研究的科学性、合理性。如果研究者对课题关键概念理解含糊不清，似是而非，就无法进行有的放矢的研究，其研究

成果的价值也就大打折扣。

3. 研究依据

我们在处理某个问题、做出某项决策的时候，要有依据，这个依据，有理论层面的，也有实践层面的（如以往类似的教育教学问题的处理案例）。这里所说的研究依据，一般是指理论依据。

教育教学课题研究依据，通常主要包括理论依据、政策依据、成功研究实践成果三个方面。其中，理论依据主要包括哲学理论、教育心理学理论、学习理论和教学理论等。

如唯物辩证法告诉我们，任何事物的发展都是内因和外因共同作用的结果，内因是事物发展的根据，外因是事物发展的条件，外因必须通过内因才能起作用。在教学过程中，教师属于外部条件，是外因。学生是学习的内因，教师的教必须通过学生的学才能发挥作用。如果学生没有学习的愿望和动机，没有主动性和积极性，教师的"教"就会由于没有学生的"学"而失去作用。因此，在教学过程中，教师只起引导作用，而学生自我发起的学习是最持久、最深刻的个体行为。教学过程只有注重知识的探究，注重情感的体验，才能引发学生的态度、情感和意志，这些源于心理品质的个性特征参与学习活动，能激起学生的求知、创新欲望，挖掘学生的潜能，培养学生的创新能力。

4. 研究假设

研究假设是研究者将研究问题中的概念转变为能通过观察来计量的变数思考时预测的研究结果（也称"半成品"），其主要阐述依据什么教育思想、思路和教育途径和方法去组织教育实施，一定会得到什么样的教育效果。

研究假设依据其研究性质和复杂程度可分为描述、解释和预测三种。描述性假设，主要是描述认识研究对象的结构，向我们提供关于事物的外部联系和大致数量关系的推测，是关于研究对象大致轮廓的外部表象的一种描写。解释性假设，是揭示研究对象的内部联系，指出现象的本质，即揭示研究对象各个部分相互作用的机制，揭示条件与结果、研究主体的最初状态的因果关系原理。预测性假设，是对研究对象未来的发展趋势的科学推测，是基于对研究对象的更深入、更全面的了解的基础上提出的更复杂更困难的一种假设。

在论述研究假设时，我们应注意以下几个方面的问题：

第一，积极开展理性思维。理性思维是一种有明确的思维方向，有充分的思维依据，能对事物或问题进行观察、比较、分析、综合、抽象与概括的一种思维。说得简单些理性思维就是一种建立在证据和逻辑推理基础上的思维方式。教育教学研究假设，不是一种胡思乱想，而是一种建立在日常教育教学观察事实基础之上，是基于现有的理论，通过合理的逻辑推导得到确定的结果，是一种符合教育教学规律和现实需要的理性思维。

第二，掌握研究假设的基本标准。研究假设一般有四条标准：一是能说明两个或两个以上变量间的期望关系；二是研究者应有该假设是否值得检验的明确理由；三是假设应是可检验的；四是假设应尽可能简洁明了。

第三，明确研究假设形成的基本步骤。研究假设形成的基本步骤是：一是提炼问题；二是寻求理论支持、形成初步假设；三是演绎理论性陈述，使假设结构化；四是形成基本观点；五是对基本观点再提炼，形成假设的核心。

第四，明确研究假设形成的基本条件。研究假设形成的基本条件：一是要以科学观察和经验归纳为基础；二是要以科学的思想方法为指导，通过类比、归纳、演绎等方法，做出合乎逻辑的某种命题；三是研究者要有丰富的知识、经验。

第五，明确研究假设表述的方式。研究假设的表述应该是有倾向性的，可以是肯定式或否定式，而且所举的变量与变量之间的关系应该是能够操作，能够观察和验证。

（三）研究方法、对象与变量

1. 研究方法的合理配置

教育科研方法一般有：观察法、问卷法、调查法、实验法、个案法、比较法、历史法、教育测量法、经验总结法、文献资料法、行动研究法等。研究方法表述要规范。其中，问题研究与研究方法的适切性最重要。

以教育测量法为例，他是根据一定的客观标准，依据一定的规则，对教育教学研究对象进行数量化的测定，从而获得研究数据并进行统计分析的方法。教育教学测量对象通常是学生，研究主题常常围绕学生的发展，收集的资料涉及学生的心理能力、人格特质、学业成就、态度倾向等个体的内在特征。这些特征仅靠观察、访谈、问卷等方法来收集，不一定合适。因此，调查中经常需要运用标准化的测验、量表作为收集资料的工具。教育研究者不但要了解测量量表的性质，也要熟悉测量量表的编制和实施。可以说，教育教学测量具有诊断、评价的功能，是改进教育教学措施的良好工具，是教育教学管理的重要手段，是教育教学研究的重要方法。

2. 研究对象及取样方法

任何一项教育教学科研，都必须确定具体的研究对象。这些研究对象可以是教育教学中存在的某种现象，也可以是具体学生，还可以是教育教学相关文献资料等。研究对象的数量，可以是一个、几个，也可以是成千上万。但作为教育教学的研究对象，重要的不在于何种属性或数量多寡，而在于通过对这些对象的研究所获取的研究资料，能够达到教育教学研究应具有的可能性要求。

一般来说，确定教育教学研究对象的方法主要有总体研究和抽样研究两种方法。若总体研究对象数量少，总体即可为直接研究的对象；若总体研究对象数量较大，可用概率抽样方法，选择研究样本。

在统计学上，抽样就是从一个确定的总体中抽取研究样本，即从总体中抽取来的直接被研究的对象的组合。抽样研究就是研究者按一定的规则从总体中抽取出具有代表性的样本，根据对所抽样本进行研究的结果，来获得对有关总体的认识的研究。抽样的方法主要包括随机抽样（抽签法、投币法、抓阄法、《随机数目表》法等），等距抽样法（先将总体划分与样本数量相等的组，每组的对象排成顺序，然后在各组中按同样的距离，即数序抽取样本），类层抽样法（先把总体分类型和层次，然后按类层，用随机的方法抽取样本），整群抽样法（从总体中以群体为单位进行抽样的方法）。至于，研究者采用何种方法确定研究对象，应视具体情况而定。

3. 注意变量的控制

教育教学课题研究，往往涉及研究变量的控制问题。一般来说，教育教学课题研究中主要涉及三种变量：自变量、因变量和控制变量。自变量就是研究者主动操作和控制的条件和因素。因变量是随着自变量变化而产生反应、发生变化的变量，是研究过程中被研究对象对自变量操作的反应值，即研究者观察和记录的随着自变量的变化而变化的被试行为的变量。控制变量，亦称额外相关变量，是自变量和因变量以外的能影响实验变化和结果的潜在因素或条件。如在比较男女白细胞数的实验中，性别被称为自变量，而白细胞数则称为因变量。又如在教学方法或教学模式实验中，教学方法或教学模式、教师、教学内容、教学对象等被称为自变量，而学生的学习成绩或教学效果被称为因变量。就教育教学实验课题而言，只有通过控制，处理好三种变量之间的关系，才能实现验证假设、探究因果关系的目的，才能较为科学地、准确地揭示规律。

一般来说，实验法要求实验变量必须是明确的、客观的。自变量必须能够被操纵，而因变量必须能被客观地测量。例如，记忆材料的性质就是一个很好的自变量，因为我们能够很容易地区分出对文字、图片、无意义字符等材料的记忆任务；而记忆保持量是一个很好的因变量，因为它能够被精确地测量把握。只有将自变量以外一切能引起因变量变化的变量控制好，才能弄清实验中的因果关系。控制变量衍生到生活中的作用是控制一定影响因素从而得到真实的结果。

（四）研究内容和指标

研究内容和指标，主要是说明课题研究的变量及他们的抽象定义和操作定义，制定衡量因变量的指标体系，选择或编制观测指标的研究工具与材料。

在说明研究内容与指标时，必须注意三点：一是研究内容分解必须能完全涵盖研究问题涉及的领域；二是研究内容分解不能超出或偏离研究问题的范围；三是研究内容之间不能出现逻辑矛盾。

（五）研究程序（步骤安排）

1.明晰逻辑起点、逻辑关系，确定课题研究技术路线。

所谓研究技术路线，是指研究者对要达到的研究目标准备采取的技术手段、具体步骤及解决关键性问题的方法等在内的研究途径，包括研究的准备，启动，进行，再重复，取得成果的过程。合理的技术路线可保证研究顺利地实现既定目标。

2.各主要阶段的实施步骤要明确其时间、任务、负责人及任务成果形式（四要素）。

课题研究实施步骤，也就是课题研究在内容、时间和顺序上的安排。一般划分为三个阶段：前期准备阶段、中期实施阶段、后期总结阶段。每一个研究阶段要有明确的时间设定、详尽的研究内容安排，具体的目标落实，从而保证研究过程的环环紧扣，有条不紊、循序渐进地进行。

3.强调操作性和实践性，突出课题研究与教育实践的融合。

这里的可操作性，是指研究项目在具体实施前及过程中的组织管理程序、方法等，他不仅要求其能为研究者所操作，如研究对象是可观察、可测量、可分析、可描述的，而且还要求好用与流畅，以确保研究项目的实施。

这里的实践性，是指研究者在进行创造性思维的过程中，必须参与实践，必须在实践中促进思维能力的进一步发展，在实践中检验思维成果的正确性。没有实践，思维的发展就失去了动力，就不会有创造性的思维。没有实践，就无法检测创造性研究成果是否正确，人们在使用相关研究成果时，就有可能变形或被误用。

（六）研究结果的预想、反思与检测

1.研究结果的预想，是指研究者在研究之前对所研究的问题的预想获得的研究成果，即预期研究成果。研究者在撰写预期研究成果时，必须合理，成果形式必须非常明确。就教育教学研究而言，预期研究成果主要包括教育教学论文、教育教学论著、教育教学案例、教育教学研究报告四大类。

2.注意研究结果的反思与检测，证明研究的有效性。反思与检测研究成果是确保教育教学科研课题结果的正确性必备环节。因为，一个教育教学科研课题的结论是否正确，仅依据某些理论和某些研究者的实验分析是不够的。研究者必须对自己的研究成果进行全面反思，分析研究成果是否存在某些不足，或存在难以解决的问题等；必须在更大范围、让更多的教育教学工作者重复自己的做法，看他们的实践结果能否再次证明自己的研究成果是否成立。只有被他人重复实践反复证明了的研究成果，才是科学正确的研究成果，否则就是或然的伪研究成果。

（七）研究的组织与管理（可行性论证）

课题研究的组织与管理涉及的问题很多，也很复杂，不是一两句话就能说清楚的。但就教育教学科研课题申报表撰写而言，研究者应主要说清楚两个问题：

第一，课题组人员是否胜任课题研究，他们在本课题研究方面具有什么样的研究优势。也就是说，参与课题研究的所有成员，他们有条件、有能力完成申报课题的研究任务。

第二，课题已有研究基础。课题研究基础指的是在某项课题研究时，前期已做的工作或者具备的条件。包括但不限于已有研究成果、研究人员、课题经费预算、硬件条件等。①已有研究成果指的是在该课题上曾经做过的类似研究所得出的结论、发表的文章、专利等。②研究人员是指从事研究该课题的试验人员，试验人员从事该课题研究时间越长，说明研究越深入，人员稳定，研究延续性好。从人员年龄结构和学历结构上也能说明一定问题。③课题经费指的是能够在这项课题上的开销，包括开销的明细，能够说明对该课题有足够的经费支持。④硬件条件指的是研究该课题所需要用到的设备、设施等，能够说明具备课题研究的硬件能力。

（八）参考文献

参考文献，是课题研究过程中和研究者所撰写的研究报告中引用的其他资料中的内容，如数据、概念及别人的研究成果等。研究者在标注相关参考文献时不能随意标注，而应遵守相关法规准确标明出处。一般而言，参考文献的编写格式要求如下：

1. 普通图书

标注项目与顺序：责任者与责任方式——书名——卷册——出版地点——出版者——出版时间——页码。如：

李冲锋 . 教师教学科研指南 [M]. 上海：华东师范大学出版社，2009:45.

汪瀛 . 行为决定结果——中学历史教学行为有效性探微 [M]. 北京：师范大学出版社，2015:79.

2. 析出文献

标注项目与顺序：作者——析出文献名——文集编者——文集题名——卷册——出版地点（城市）——出版者——出版时间——页码。

（1）文集

陈序经 . 教育的中国化和现代化 [M]// 杨深编 . 走出东方——陈序经文化论著辑要 [M]. 北京：中国广播电视出版社，1995:208.

（2）书信集、档案文献汇编

《复孙毓修函》，1911年6月3日，高平叔，王世儒编注 . 蔡元培书信集：上册 [M]. 杭州：浙江教育出版社，2000:99.

《中共中央最近政治状况报告》，1927年10月，中央档案馆编 . 中共中央政治报告选辑（1927—1933）[M]. 北京：中共中央党校出版社，1983:20.

（3）序跋、后记

汪瀛 . 如沐雨露春风 [M]// 姜野军 . 架起学校管理与课堂教学的桥梁——一个教育人的诚实思考与实践 [M]. 北京：光明日报出版社，2011:5.

楼适夷 . 读家书，想傅雷（代序）[M]// 傅敏编 . 傅雷家书（增补本）[M]. 北京：三联书店，1988:1.

3. 古籍

一般情况下，引证古籍标注项目与顺序：责任者与责任方式——书名——卷次——部类名及篇名——版本——页码。

司马光主编 . 资治通鉴：卷200，唐高宗永徽六年十月乙卯 [M]. 北京：中华书局，1956:6293.

4. 期刊、报纸

（1）期刊

引证期刊中的文章，标注项目与顺序：作者——文章名称——期刊名称——卷册号及出版日期——页码。

汪瀛 . 如何实现中学历史教育与艺术教育的有机结合 [J]. 新课程评论（长沙），2017（1）:86–92.

（2）报纸

引证报纸中的文章，标注项目与顺序：作者——文章名称——报纸名称——出版日期——版次。

汪瀛 . 利用历史插图进行审美教育 [N]. 湖南教育报,1995–04–01，第三版 .

5. 外文文献

引证外文文献，原则上应使用该文种通行的引证标注方式。引证英文文献的标注方式：

（1）引证专著（编著、译著），标注项目与顺序：作者——书名（斜体）——出版地点——出版者——出版时间——页码。

Randolph Starn and Loren Partridge, The Arts of Power：Three Halls of State in Italy,1300–1600，Berkeley：University of California University，1992，pp.19–28.

（2）引证期刊中的文章，标注项目与顺序：作者——文章名称——期刊名称（斜体）——卷期号——出版时间——页码。

Heath B. Chamberlain, "On the Search for Civil Society in China," Modern China, vol.19,no.2（April 1993）,pp.199–215.

（3）引证文集中的析出文献，标注项目与顺序：作者——文章名——编者——文集名（斜体）——出版地点——出版者——出版时间——页码。

R.S.Schfield, "The Impact of scarcity and Plenty on Population Change in England," in

R.I.Rotberg and T.K.Rabb（eds.）,Hunger and History :The Impact of Changing Food Production and Consumption Pattern on Societ, Cambridge:Cambridge University Press,1983,p.79.

6. 未刊文献

（1）学位论文

陈新幻.梅花香自苦寒来——"湖南省优秀教师"汪瀛专业发展探微 [D].华东师范大学教育学部课程与教学系硕士学位论文，2015: 26.

（2）会议论文

中岛乐章.明前期徽州的民事诉讼个案研究.安徽绩溪国际徽学研讨会论文，1998:9.

（3）未刊手稿、函电等

《蒋介石日记》，毛思诚分类摘抄本，中国第二历史档案馆藏。

《陈云致王明信》，1937年5月16日，缩微胶卷，俄罗斯当代文献保管与研究中心藏，495/74/290。

《傅良佐致国务院电》，1917年9月15日，中国第二历史档案馆藏，北洋档案1011—5961。

7. 文献类型及其标识

（1）根据 GB3469 规定，各类常用文献标识如下：①期刊 [J].②专著 [M].③论文集 [C]，④学位论文 [D].⑤专利 [P]，⑥标准 [S]，⑦报纸 [N]，⑧技术报告 [R]。

（2）电子文献载体类型用双字母标识，具体如下：①磁带 [MT]，②磁盘 [DK]，③光盘 [CD]，④联机网络 [OL]，

（3）电子文献载体类型的参考文献类型标识方法为：[文献类型标识 / 载体类型标识]。例如：①联机网上数据库 [DB/OL]，②磁带数据库 [DB/MT]，③光盘图书 [M/CD]，④磁盘软件 [CP/DK]，⑤网上期刊 [J/OL]，⑥网上电子公告 [EB/OL]。

三、教育科研课题研究过程

（一）学习研究相关理论

1. 学习课题的理论依据是实施课题研究的基础

开展教育教学课题研究，一般都有一定的理论依据。这些理论依据是什么？为什么要以这些理论为研究依据？研究者如何根据这些理论依据展开研究？所有这些，仅为课题主持人理解与掌握是远远不够的，凡参与课题研究的成员，都必须深刻理解与掌握，并能自觉地、熟练地应用到具体研究之中。否则，研究的理论依据就成了可有可无的摆设。因此，组织参与课题研究的全体成员学习和理解课题研究的理论依据，就成为课题研究必不可少的环节，是实施课题研究的基础。

2. 结合研究方案，研究相关问题所涉及的理论

教育教学科研课题涉及的理论问题很多，常说的课题研究的理论依据，一般多指课题研究的宏观理论指导，或课题研究过程中所涉及的主要理论。结合研究方案，研究相关问题所涉及的理论，是指在课题研究过程中，可能还会涉及一些课题研究理论依据之外的理论，研究者若对这些理论不甚了了，则有可能严重影响课题的研究进程或研究成果的科学性。因此，组织全体参加研究的成员，研究课题可能涉及的相关理论，就成为课题研究不可或缺的重要环节。

3. 查阅相关文献资料，界定课题中的具体问题

查阅相关文献资料，界定课题中的具体问题，是教育教学课题研究者不可省略的重要环节之一。任何教育教学课题研究，都不可避免涉及众多具体

问题。这些具体问题的内涵是什么？目前学术界是怎样界定的？有哪些相关研究成果？存在哪些研究局限？等等。研究者要了解这些，只有查阅相关文献资料，才能了解清楚，才能明确界定课题研究中所遇到的具体问题，才能有效地、科学地、有的放矢地展开自己的研究。

（二）围绕课题展开实践研究

1. 根据研究要求，开展基础问题研究

一个教育教学研究课题，可能需要研究的问题较多，但不论他涉及的所要研究的问题有多少，对于研究者而言，必须首先明确和研究解决某研究所需要解决的基础课题，才能推进和较好研究解决某研究所涉及的其他问题。这里所说的教育科研课题中的基础问题，是指那些影响或制约整个课题研究推进的最重要的问题。如研究经费问题、实验班级与对比班级的建立问题、研究成员的理论修养问题，等等。

2. 依据研究进程，尝试主要问题的研究

研究进程中的主要问题的研究，是指在某教育科研究课题涉及的众多问题中，尝试研究和解决相对重要的几个问题，从而构成该课题研究成果的主体。因此，依据研究进程，逐一尝试研究和解决这些主要问题，就能在相当程度上确保该课题研究的成功。

3. 依据研究任务，协作攻关"疑难"问题

教育科研课题研究牵扯的内容很多，仅靠个人单打独斗是难以完成的。开展教育教学研究，必须是集体智慧的分享，而不是少数人的专利。因此，当今教育科研课题研究一般采取分工合作的方式进行。首先，课题主持人应依据研究任务，必须进行细致分工，明确每个研究成员的研究任务与责任。如果没有明确的分工，可能每个人都很忙碌，每个人也都不知道该干什么，最后研究任务自然完成不好。

不过，研究者、特别是课题研究主持人必须明白，任何教育科研课题涉及的研究内容，都不是孤立存在的，都存在或多或少的联系。或某一研究问题难度较大，仅靠某人或某个研究小组无法完成。在这种情况下，课题主持人就应整合整个研究团队的力量，团结协作，攻克难关。

（三）记录研究过程，收集整理研究资料与研究成果

从事教育教学课题研究，必须高度重视记录研究过程，收集整理研究资料与研究成果。这是最后撰写研究报告，形成相关研究成果或结论的基本依据。

1. 记录研究过程

记录研究过程，主要包括研究活动时间、研究地点、活动方式、主持人、应到人数、实到人数、研究主题、研究过程中的研究者的探讨摘要，等等。

2. 收集整理研究资料

收集整理研究资料，即收集整理课题研究过程中出现的与研究对象、研究内容、研究过程相关的为揭示客观真理提供事实依据的各种信息。研究资料是整个研究工作的生命线。研究过程中每一个论点的提出，每一个观点的论述；从分析研究状况、解释研究结果，直至得出研究结论、评定研究成果都是以研究资料为依据的。从某种意义上说，教育科研的过程就是对教育科研资料的搜集、使用与再创造的过程。

课题研究资料的收集是建立在课题组日常研究材料积累基础之上的，根据研究特定的需要，按照科研程序和档案要求，对科研材料进行全面的科学的筛选和归整。它包括数量资料与非数量资料两种。数量资料也就是各种数据资料。诸如研究对象的身高、体重、学习成绩、学习时间、男生数、女生数、优等生人数、潜能生人数等。

收集研究资料应注意四点：一是收集资料的目的性、计划性；二是收集资料的及时性；三是保证资料的真实性和准确性；四是提高收集资料的技术性，如积极运用录音、录像、计算机等现代信息技术手段来收集和储存资料，这是多快好省收集与储存资料的有力措施。

3. 收集整理研究成果

收集整理研究成果，主要包括研究者在报刊上公开发表的科研论文、研究报告，公开出版的科研著作，以及在不同范围、不同学术层次或级别的各类会议上公开发表或交流的不同形式的研究成果。同时，还要注意收集这些研究成果的社会影响力，诸如研究成果的转载情况、引用率、同仁的评论等。

四、教育科研课题的结题

教育科研课题的结题，是课题研究管理的最后一项程序。它的目的和任务是：一是对课题研究做出总结，撰写出结题报告。二是接受批准立项部门的验收和鉴定。

（一）撰写结题报告的原则

教育科研结题报告是指研究者在某课题研究结束后对该课题研究过程和研究成果进行客观、全面、实事求是的描述，是课题研究所有材料中最主要的材料，也是科研课题结题验收的主要依据。一般而言，一篇规范、合格的教育科研结题报告，必须回答好三个方面的问题：一是为什么要选择这项课题进行研究？即这项课题是在怎样的背景下提出来的，研究这项课题有什么理论意义和现实意义。二是这项课题是怎样进行研究的？要着重讲清研究的理论依据、目标、内容、方法、步骤，讲清研究的主要过程。三是课题研究取得了哪些研究成果？还存在哪些困惑？以后将怎样解决或提出解决相关问题的建议等。

撰写教育科研结果报告应注意四个基本原则：一是与开题论证报告相呼应的原则；二是详略得当，重点突出的原则；三是把准"时态、语态"的原则（将开题的"将来时"变为结题的"过去时"）；四是行文格式规范与统一的原则（如大小标题数序）。

（二）结题报告的结构要素

1. 报告名称 .《××》课题结题报告

2. 课题组名称：某学校《××》课题组

3. 执笔人（加括号）

4. 时间——阿拉伯数字表达，加括号，发表时间与获取专利的时间。

5. 摘要——300字以内，言简意赅地交代研究的内容、目的、方法与结果及价值（有时还要求同时给出英文摘要）。

6. 关键词——在报告中出现频率最高的词或重要的词，中间隔开，不要求构成完整的一句话。

7. 正文

（1）开场白——叙说课题来源，即简要交代立项部门、时间、级别等。

（2）课题研究的背景、意义、理论依据——此三项可分也可并，但总的要求是比开题论证报告精练。

（3）课题内涵的界定——对课题名称中的"关键词"或"模糊词"下定义，限定其范围，明确含义，以便在研究者、专家和其他应用者之间形成共识，避免产生歧义。

（4）研究的内容——即明确指出研究任务。因此，叙述应采用提纲式，要直白、精练、具体，有可操作性，以条文表达，不要拖泥带水。

（5）研究的目标（要求同上）

（6）研究人员的组成及分工——不可不交代，也不能将开题报告的内容复制过来。应比开题论证报告更简练，有人员和分工变动要说明。

（7）课题研究方法——科学研究的方法是从事研究的人共同公认的"范式"，即行规和行话。分为科学主义范式和人本主义范式两大类。前者包括文献法、调查法、观察法、实验法、数理统计法等，后者包括比较法、个案法、经验总结法、行动研究法等。

（8）课题研究的步骤——在开题论证的基础上，交代实际运行的情况，其中，除对研究的时间、进程等方面的变化据实说明外，对在哪一阶段应用了哪些研究方法需要在此说明。要杜绝研究方法摆出一大堆而实际上没有使用的"摆设"现象。

（9）课题研究的成果——这是结题报告的重头戏。表述应当对应"研究内容"来交代。成果包括：① 理论成果。②实用成果——策略、模式、方式、方法。③物化成果——研究报告、论文集、教材、课件、网页（站）、器物、工具等。其中，对论文的提供，要选取与研究内容有联系的，是课题组成员所撰写的。

（10）课题研究成果价值分析：①研究具有的特点。②成果的理论、学术价值。③成果的应用价值。④成果的推广价值。⑤研究成果的创新点等。

注意：对于价值的判断，要实事求是，既要敢于自我评判，又要客观得体。特别要把握好因果关系。不要犯"课题研究是个筐，所有成绩往里装"

的通病。

（11）课题研究存在问题及展望——对问题的研究是无止境的。因此，此处文字要客观、简略，切勿自我批评过头，造成自我否定的负面效果。

（三）申报主管部门结题

1. 向主管部门提出结题申请

2. 做好相关结题材料准备

3. 在结题会上做好结题汇报

内容一般为结题报告的"浓缩"。汇报时间一般为20分钟，汇报详略要得当，要用足、用好汇报的时间。有的内容，因为结题报告和课件上都有，不要照本宣科，宣读标题即可。要把时间多花在获取研究成果的过程、研究成果的阐述和价值分析三个方面。因为专家有完整的结题报告在手，汇报人不要担心人家对其他情况不了解。

4. 回答结题专家提出的相关问题（答辩）

五、申报结题需要提供的材料

（一）主件

1. 批准立项通知书；

2. 由批准立项部门下达的关于课题名称、人员或研究时间等变更的批复文件；

3. 课题立项申请书；

4. 课题研究结题报告；

5. 课题研究的开题论证报告；

6. 课题研究的成果；

7. 课题研究结题申请书或研究成果鉴定书。

（二）附件

1. 阶段性的研究进程报告；

2.研究中设计和使用的问卷或量表；

3.反映研究过程的图片和影视资料；

4.支撑研究成果价值的反馈意见，获奖证书，师生的习作及成效、成绩等；

5.相关学校或部门应用研究成果的证明材料；

6.其他反映研究过程及成果的材料。

以上材料要分类整理，成册或分装，作为课题研究的原始佐证，供专家质询时查阅，以证明研究过程的真实性和研究成果形成的客观性和影响力。

教育教学课题研究管理中的几个问题 ①

随着我国教育教学事业的不断发展，我国的教育教学课题研究也在蓬勃发展，且取得了丰硕成果。但只要我们勇于面对现实，认真考察当今我国的教育教学研究现状，我们不难发现在教育教学课题研究成果丰硕的背后，我国在教育教学课题研究管理上也存在一些不可忽视的问题，从而在一定程度上影响了我国教育教学课题研究成果的质量和效果。于是，本人不揣浅陋，就我国目前教育教学管理上存在的一些问题谈谈自己不成熟的看法，旨在抛砖引玉。

一、课题立项动机与目的问题

动机是由人的生理和社会需要所引起的一种心理状态，是激发人去行动以达到一定目的的内在原因；而目的则是人的活动所要达到的一种结果。教育教学课题研究立项动机与目的正确与否，直接决定教育教学课题研究成果的价值——真实性、科学性和实用性。

从整体上看，我国大多数研究单位与研究人员的课题研究立项动机与目的是纯正的，其旨在进一步推动教育教学事业的发展。但是，也有少数单位和研究人员设计、主持和参与课题研究立项的动机与目的则不是这样。他们或为了提高单位和个人的社会声誉；或为了单位和个人评优、晋升；或为了应付上面的检查。由于动机和目的不纯，自然就带来了一系列问题。或选题不结合自己学校的教育教学实际，其成果曲高和寡，在本校也得不到推广应用；或课题设计、研究仅为纸上谈兵，甚至弄虚作假，没有实践意义；或课题研究立项积极，然后束之高阁，草草收场。凡此种种，不一而足。其后果，不仅浪费了

---

① 本文撰写于2005年10月，曾在不同学术和教师培训会议上交流。

大量人力、物力和财力，而且往往容易造成虚假成果，影响恶劣，遗患无穷。

如何对付那些课题研究立项动机与目的不纯的研究单位和研究人员？我认为应从以下几个方面着手：一是深入考察课题立项单位和个人是否真正对课题研究感兴趣，是否具备该课题研究的立项条件和开展研究的能力。如果一个单位缺乏较高水平、且务实求真的教育教学研究人才，主持人对教育教学课题研究理论毫不了解，或一知半解，且从未研究过教育教学问题，甚至质量较高的教育教学论文也没有，其高深或新颖的教育教学课题立项动机和目的是值得怀疑的。二是深入考察其课题立项是否符合其学校和个人的教育教学实际与发展的需要。教育教学研究的终极目的是为了解决学校和个人在教育教学中遇到的各种各样的问题，以进一步推动学校教育教学的深入发展。如果一个学校和教师不能发现自身教育教学中存在的问题，或对自己遇到的教育教学问题漠不关心，而执意追求研究高深和新颖的教育教学研究课题，其动机和目的也是值得怀疑的。三是对立项课题要勤于全程监控与检查，考察其实际研究状况，不给其弄虚作假的机会。四是要提高教育科研考察成员自身素质和考察能力。说实在话，现在到各学校进行教育科研课题研究考察的成员由什么人组成姑且不论，仅从他们的做法就值得质疑。如考察成员只与所在教育局和学校领导及所谓课题教师打交道，只听汇报，只看所谓的记录材料，召开学校早已准备好了教师或学生调查会，从来没有人私下里到教师和学生中询问。有些考察人员即使发现了问题，只要上面打招呼，教育局和学校领导"厚礼"相待，便什么问题都没有了。五是对课题组相关成员和课题考察组成员实行责任追究制。也就是一旦相关教研课题成果被人揭露是虚假的，并且调查属实，就要追究他们的责任。

二、课题研究经费问题

教育教学课题研究需要一定的经费保障，这是人们所共知的。从整体上看，我国大多数教育教学课题研究是有经费保障的，且用之得当。但我们也要看到，少数教育教学课题研究的经费是没有保障的，且存在经费用之失当的现象。有些课题研究经费只是写在立项报告上，而在整个课题研究过程中，实际上很少投入，有的甚至根本没有投入；有的课题研究立项本身，就是为了套取上级主管部门拨付课题研究经费；有些课题研究虽然拨付了一定的经费，但不是用在课题研究本身上，而是用在请客送礼和"奖励"上；有些学校课题研究经费没有单独列出，供课题研究人员专款专用，而是吃喝、发奖金有钱，一旦课题研究人员要求其拨款搞研究活动时，就向主管部门和研究人员哭穷，铁公鸡一毛不拔。为什么会出现这种情况？一是一些学校的教育教学课题研究立项动机和目的不纯，其潜意识是根本不重视教育教学课题研究。二是学校领导对教育教学课题研究与课题研究经费之间的关系认识不足，认为课题研究是有关研究人员自己的事，只要他们自己去做就行了，不需要经费；有些甚至错误地认为，给课题研究人员经费，是他们私人在经济和荣誉方面得好处。三是有些学校确实很穷，硬是挤不出课题经费。这主要是城镇小学和农村中小学。因为他们处在义务教育阶段，教育经费十分有限，有些学校连教师的基本工资也难以及时足额发放，自然也就挤不出课题研究经费了。尽管他们渴望在教育教学课题研究上有所作为，以推动自己学校教育教学的发展，但他们往往是望"课题经费"兴叹。

如何解决上述教育教学课题研究经费管理中存在的问题？我认为：一是要强化课题立项经费保证，对有条件提供课题研究经费的课题立项单位，必须出具课题经费保证书。二是要求课题研究立项单位在财务上实行"课题研究经费单列"，上级主管部门要定期监督和核查课题研究经费开支状况，对没有按规定开支课题经费的单位实行处罚。三是对那些有价值的、研究人员又有能力完成研究任务的、而因学校拿不出课题研究经费的教育教学研究课题，主管部门应大力扶持。具体做法是直接拨款，或想方设法为其牵线搭桥，帮助其筹集课题研究经费。

三、课题成果的推广应用问题

教育教学课题研究的目的在于将研究的成果推广应用。只有真实、科学和产销对路的教育教学研究成果，才能在实践中经得起考验，才会被广泛推广应用。应该说，近十多年以来，我国在基础教育教学课题研究方面取得了丰硕成果。但被广泛推广应用，产生巨大社会效益的教育教学课题研究成果不多。究其原因：首先仍是一些单位的教育教学课题研究立项动机和目的不纯。二是为科研而科研,为结题、评奖而搞教育教学课题研究。于是重研究,轻推广应用,形成教育教学科研与实际教育教学"两张皮",课题研究成果与转化、推广应用相脱节,使教育教学课题研究效益大打折扣。三是教育教学科研成果的真实性和科学性不强,实用性和可操作性差。如果我们勇敢地面对现实,无情地解剖我们教育教学课题研究成果,这类"成果"绝不是个别。可以大胆地说,我们有些教育教学研究成果是有关人员闭门撰写出来的;有的则是东拼西凑出来的;有的实验数据是人为编造的,其结论自然的虚假的;有的教育教学课题研究成果则是建立在重点中学高素质学生(研究对象)和优越的教育教学条件(研究设施)的基础之上的,没有普遍意义(这实际上是教育不公平性的表现);有的教育教学成果是"纯理论"的,看似高深、新颖,实则是演绎概念、术语,空话、套话连篇,不着边际,令人费解,不能操作,毫无实用价值;实际上,这些成果的研究者,也没有在教育教学实际中操作过,一旦要求他们实际去操作,他们自己也茫然无措。

如何改变上述教育教学课题研究成果中存在的种种弊端,推出一批真实、科学和产销对路的教育教学研究成果,促进教育教学课题研究成果尽快转化为教育生产力,这是我们必须认真解决的问题。我认为可从以下几个方面入手:一是把好教育教学科研课题立项关,将那些价值不大,没有普遍意义,且不具备研究条件和能力的教育教学研究课题坚决杜之门外。二是强化教育教学课题研究的管理力度,采取定期和不定期的方式对已立项的教育教学研究课题进行实地调查和考核,既要听取汇报和查阅相关文字纪录,更要面对面地考察研究人员和研究对象,坚决杜绝弄虚作假。三是严格评审关,如建立评审专家库,参加评审的专家临时抽签决定;负责课题研究平时调查和考核的有关领导、专家和相关成员,只能提供平时调查和考核的原始材料,不得参与课题成果评奖;实行课题评审专家负责制与责任追究制;实行课题评审领导和相关成员回避制等等。四是坚持实践是检验真理的唯一标准,实行教育教学成果异地实验检验制,对不实的教育教学研究成果实行处罚。五是建立教育教学成果推广应用激励机制,加大教育教学科研成果的宣传和推广力度,对致力于教育教学科研成果推广的单位和个人实行重奖。六是实施教育教学成果主创人员在全国范围内巡回演讲和示范推广制。这样,既可实践检验其成果的真实性、科学性和实用性,又可大大加速教育教学成果的推广应用速度。

02

略有收获

我本愚笨。作为教师，我最怕他人说自己误人子弟。如何做到不误人子弟？学习，学习，再学习；研究，研究，再研究，就成为我做为教师的基本理念。

　　作为教师，在教育科学研究上，我主要做了两个方面的工作：一是研究日常教育教学中经常遇到的一些历史专业知识和教育教学方法问题，以更好地解决学生的疑惑，提高教育教学效率，促进学生日常行为修养的提高和专业智能的发展；二是就教育教学改革过程中所面临的新问题、大问题，结合自己的学科特点与学生发展需要，开展专项教育科学课题研究，并略有收获。

　　我认为，教育科学课题研究，并不是为了做出惊天动地的事业，而是满足自己教育教学的需要，满足学生学习与发展的需要。本书录入的两个课题研究报告，在一些专家学者和同仁眼里，或许毫无新意与过人之处，但对自己而言又确实意义非凡。因为，他有力地促进了自己的专业成长，帮助自己树立了不少新课程理念，提升了自己教育、教学和教研能力，提高了自己日常教育教学效果，有力地促进了学生的全面发展，真正实现了历史教育功能。

　　我教研，我收获！我快乐！

问疑教学与素质教育 [①]

一、问题的提出

全面推行素质教育是当今世界教育改革的趋势，也是我国经济和社会发展的迫切要求。素质教育就是用教育手段对人的身体、思想、文化和能力四个方面素质的形成、发展给以积极的影响。中学历史教学对培养和发展学生的思想品德、文化和能力三方面素质有独特的功能，这已是不争的事实。然而，由于种种原因，在如何利用中学历史课堂教学这一主渠道，充分发挥其独特功能问题上，总是不尽如人意。于是，我们就问疑教学在实现历史素质教育目标上展开了探索，并取得了良好的效果。

所谓问疑教学，就是在历史课堂教学过程中，以"问题"为载体，通过教师设问、学生质疑和师生共同解析问题与疑难的双向活动，融历史知识传授、思想品德教育和发展学生智能于一体，从而实现历史素质教育目标。其理论基础包括素质教育理论、教学过程动力理论、教育学中的"主导"和"主体"理论、控制论反馈原理和现代创造教育理论。

二、理论假设

本实验的理论假设是：如果我们系统、有效地运用历史问疑教学，即在历史课堂教学过程中，以"问题"为载体，通过教师设问、学生质疑和师生

[①] 本研究报告完成于2000年10月14日，并荣获永州市科学技术研究成果一等奖。本报告还以《问疑教学与素质教育》为题，节选发表于人民教育出版社主编的《中小学教材教学》2000年第24期（供中学用·第12期）。

释问解疑的双边互动活动，就能融历史知识传授、思想品德教育和发展学生智能于一体，实现历史素质教育目标，大面积提高中学历史教育教学质量。其具体设定目标主要有：①揭示历史问疑教学与素质教育的关系，构建实现历史素质教育目标的课堂教学流程、教学策略与方法体系；②揭示历史问疑教学与素质教育的主体性、全体性、全面性和发展性的关系；③揭示历史问疑教学与学生智能开发的关系，历史问疑教学与学生的学习兴趣、求知欲、注意、意志和思想品德等非智力因素培养的关系，大面积提高中学历史教育教学质量。

三、理论依据

我们设立本课题的理论依据主要有：

（一）素质教育理论

素质教育理论认为，素质教育是以促进人的身心自由和谐发展为目的的教育，它具有全体性、全面性、主体性和发展性等基本特性。历史问疑教学正是依据素质教育这些特性提出的。首先，教师全面发掘教材素质教育因子，面向全体学生创设问题情境，引导学生质疑求解，充分体现了素质教育的全面性和全体性特征。其次，教师创设问题情境和引导学生质疑求解过程中，学生能根据教学的主客观条件和需要支配自己的活动，或独立思考，或与人讨论，或查阅史料，或向老师质疑求解，从而在教学活动中处于积极的自主地位。这就唤起了学生的主体意识，整个教学过程中，在教师科学指导下，学生求解——质疑——求解从而发展了学生的主动精神，形成学生的精神力量，促进学生生动活泼地成长，帮助学生创造自信、廉爱和朝气蓬勃的人生。再次，历史问疑教学活动，是一种极富创造性的思维活动，它为学生思维能力和创造能力的发展提供了无限自由发展的舞台。

（二）教学过程动力理论

著名教育家钟启泉先生编译的《现代教学论发展》指出，构成教学运动与展开的动力，乃是教学过程中固有的内部矛盾。而教学过程中，最基本的固有内部矛盾，就是学生与教材之间的矛盾，教师与教材之间的矛盾和教师与学生之间的矛盾。教材对学生来说，从某种意义上讲就是一大堆问题。它潜藏着需要做出解释，发现规律，解决课题的问题。产生教学中的对立和矛盾，并使之激化的契机，主要是教师的提问和设法引导学生质疑。苏联教育家达尼洛夫说，构成教学过程动力的，是随着教学的进行所提出的学习课题和实践课题，与学生的知识和能力的现有发展水平之间的矛盾。日本著名教育家斋藤指出，在教学中激化矛盾的积极方法，就是教师在教学中不断地提出新课题、新问题。

（三）教育学中的"主导"和"主体"理论

现代教育学认为，在教学过程中，教师是主导，学生是主体；教师是外因，学生是内因，外因只有经过内因才能发挥作用。教师是教育教学过程的组织者和领导者，在学生的知识、能力、思想认识的发展过程中处于矛盾的主要方面，起着主导作用。在中学历史教学中，教师依据"大纲""考纲""教材"的知识结构与层次、思维能力结构与层次和思想教育结构与层次，根据历史教学目标，以问题为载体，运用多种教学手段点拨、精讲，巧妙地诱导学生动脑、动口、动手，指导学生运用正确的思维方法和沿着正确的思维方向、线路，去认识教材，从而达到了帮助学生掌握教材、发展智能和非智力因素的目的。这是教师充分发挥"主导作用"的典型表现。学生在教师的启发下，通过阅读、听课、思考、回答、质疑、议论、练习，积极参与教学过程，增长了知识，发展了智能，形成了良好的思想品德，使"主体作用"得到有效的发挥。

（四）控制论反馈原理

控制论反馈原理告诉我们，反馈就是施控系统的信息作用于被控系统后产生的结果再输送回来，并对信息的再输出发生影响的过程。在整个教学过程中，师生都是信息收发器，师生的言行既是信息，又是反馈。教师通过提问及学生答问和对教授内容的质疑求解，能及时掌握学生对知识理解、掌握程度与是否正确，发现学生思维活动的障碍，从而有针对性地控制教学向良性方向发展，使教与学高效率展开。

（五）现代创造教育理论

培养学生的创造能力是素质教育的核心。江泽民指出："创新是一个民族的灵魂，是一个国家兴旺发达的不竭动力。"而现代创造教育理论认为，一个人是否有创造力，首要的关键性的一步就是看他能否发现和提出问题。美国创造学教育专家托兰斯把是否感知或感受到问题列为创造性思维的第一条。我国著名的教育家陶行知在《创造的儿童教育》一文中明确指出："发明千千万，起点是一问，禽兽不如人，过在不会问。智者问得巧，愚者问得笨。人力胜天工，只在每事问"。在历史教学中，教师提问，并由此诱导学生发现并提出问题，对实现素质教育目标自然具有十分重要的意义。

四、实验过程

从1998年下期开始，首先是汪瀛老师在永州市三中实验，然后是金利奇、龚葵花和唐和林老师分别在永州市一中、永州市五中和十一中进行推广实验，其中三中为高中组，一中和五中为初中组，十一中为高中组。2001年上期实验全部结束。

实验过程中，为确保实验结果准确可靠，我们在控制无关变量方面坚持做到了以下几点：①采用等组恒定比较；② 各校实验班与对比班由同一个教师执教；③ 实验班和对比班授课时间保持一致；④ 实验班和对比班测试题目、评分标准保持一致；⑤ 不让学生知道实验，以避免人为地制造竞赛气氛，影响实验结果；⑥ 对单项能力与思想品德认识水平测试，采取重复实验法，消除偶然因素干扰变量；⑦ 在实验班与对比班的选取上采取抽签法；以防止"顺序效应"。

素质教育是一种发展人的身心潜能为目的的教育，人的素质是由多种素质要素组成的。为检测历史问疑教学在素质教育方面的作用，特设计了以下检测：① 实验前后学生学习历史动机、态度和能力问卷调查；② 记忆能力检测；③ 阅读能力检测试；④ 观察与想象能力检测；⑤ 历史思维能力与借鉴能力检测；⑥思想品德认识水平检测。

本实验在统计分析方法上，主要采用教育统计学中的数量统计分析方法进行统计评估。同时，在统计分析时，注意综合考察单项检测数据，在总体"评估"时，注意定量分析与定性分析有机结合。

经过理论分析和实验总结，我们将历史课堂问疑教学归结为如下教学模式：

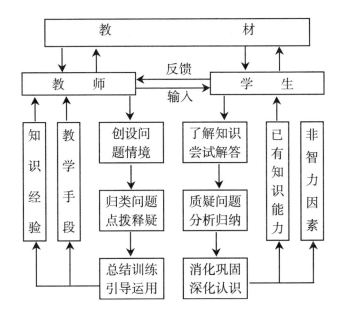

本流程表明，历史课堂问疑教学的最大特征为"师问生疑"，以"问题"为载体来展开教学，把学科知识嵌入活的认识过程之中。

就教师而言，课前，教师要在深入研究教学大纲、教材、学生的基础上，围绕所教历史课题，创设一系列大小相间、层次分明、环环相扣的"问题"，为形成步步深入的课堂教学流程奠定基础；课中，教师要首先充分运用已有的知识经验和教学手段，创设问题情境，鼓励学生解决问题和质疑问难；然后将学生提出的各种问题具体化和系统化，进行点拨释疑；最后，教师组织学生总结训练，并创设新的问题情境，引导学生运用所学知识解决问题。在整个执教过程中，教师也获得了经验，为高质量组织新一轮教学创造了条件。

就学生而言，学生因教师创设的问题情境而激活了思维，他们积极运用已有知识能力，在情感、意志等非智力因素参与下，积极主动地学习教材，了解知识概况，尝试解决问题，以致发现问题，向教师质疑问难，并在教师指导下分析归纳，解决问题；还进一步运用所学知识解决新问题，消化巩固所学知识，从而将知识转化为自己的能力，增强了非智力因素，提高了素质，为新一轮学习奠定基础。

不论教师，还是学生，在整个教学活动中，师生之间的关系，始终是互动的，是主导与主体的关系。其最终目的是让学生高效地认识、理解和掌握大量新知识，发展智能，获得情感、意志的成功体验，接受思想品德熏陶，全面提高素质。

为确保历史问疑教学充分实现历史素质教育功能，我们还总结出如下教学策略：

1. 面向学习主体，分层设问释疑

学生是学习的主体，在教学过程中，面向主体，是素质教育最根本的特征。它要求教师创设问题情境并引导学生质疑求解，必须从学生的年龄特征、知识水平和接受能力的实际出发，面向全体学生，按难、中、易三个层次进行，以分别满足优、中、差三个层次学生的需要，发挥每个学生的主动性和积极性。同时，在形式上要坚持给学生留有思考或小议问题的时空，切忌出现先请学生后提问，或长期只请少数学生答问而冷落众多学生的现象。

2. 发掘教材，全面设问释疑

全面性是素质教育另一个重要特征。它要求全面发展学生的思想品德、文化知识、身体心理、劳动技能等各方面的基本素质。这就需要我们做到两方面的要求。一是要全面深入发掘教材中的各种素质教育因子，创设问题情境和引导学生质疑求解，使学生在文化知识、智能和思想品德等方面和谐发展。二是教师要全方位、多角度、多形式地创设问题情境并引导学生质疑求解。这样，既可增强新颖性、激发学生兴趣和求知欲，为实现素质教育的全面性创造条件，又可以有效培养学生良好的思维品质，并在此基础上发展了学生情感、意志等非智力因素。

3. 启发自主，优化设问释疑

素质教育是充分弘扬人的主体性，注重开发人的智慧潜能，注重形成人的精神力量的教育。这就要求我们在整个教学过程中，应以培养学生自主提出问题和解答问题的能力。要实现这一目标，一方面教师要科学优化设问，

系统地最大限度地创设生动活泼、形式多样、全方位、多角度、符合学生认识规律和历史知识逻辑规律的问题情境，把学生思维引向问题的焦点，使其进入"愤""悱"的心理状态，从而提出问题，探求答案。问题太难和太易都不好。另一方面教师要结合教学实际，为学生创造一个宽松和谐、具有民主气氛和探索氛围的学习环境，使学生敢想敢问；同时，教师要有计划、有目的地传授学生质疑方法，运用多种方式给学生创造提出问题的机会，并科学合理地处理学生提出的问题，从而更好地发挥学生的主体性，开发学生的智慧潜能，发展学生非智力因素。

4. 具体形象，生动设问释疑

历史学科叙述的是十分具体的历史现象、历史事件、历史人物。人类历史发展过程是一幅有血有肉、形象生动的感人画卷。无论是人们探索历史规律，还是评析历史现象、事件、人物，都离不开具体、形象、生动的历史事实。历史科学这一特性，以及中学生的知识水平、年龄特征和心理水平等，要求教师在教学过程中，要充分运用生动形象、深入浅出、富于感情色彩的语言、直观形象的图表、文物和幻灯、影视等现代化的教学手段创设问题情境，让学生感悟到历史的真谛，激发学生学习兴趣和求知欲望，促使学生更积极主动地发现问题、分析问题和解决问题，从而更有效地帮助学生高效地掌握历史知识。

5. 融汇百家，多方设问释疑

设问质疑，能有效地激发学生求知欲，开发学生智能。但如果教师总是用一两种方法设问质疑，学生难免产生乏味感和形成不良思维定式。解决这一问题的关键，就是教师不要把"历史问疑教学"当成一种封闭的、孤立的教学模式，而应将其看成为一种开放的教学思想和原则，积极开拓进取，吸取当今先进的教学论思想和教学方法，根据教学目的和学生实际，利用现代化的教学手段，多途径、多角度地创设问题情境，引导学生质疑和释疑。经过探索总结，目前我们已整理出如下创设问疑的方法：（1）在导入新课方面主要有以旧引新法、联系现实法、知识经验法、解释课题法、创设情境法和比较发现法。（2）在传授新知方面主要有引导阅读法、变换角度法、综合归纳法、分析论证法、形象差异法、以今律古法、因果联系法、设身处地法、直观发现法和促进迁移法。（3）在消化巩固知识方面主要有回忆复述法、深入理解法、温故知新法、巩固升华法、理清线索法、总结规律法、兴趣求知法、比较异同法、谈话整理法和归类分析法（具体参见附件《历史课堂提问研究》）。当然，这些方法归类使用，不是绝对的，有时是可以根据实际情况互用的。

6. 鼓励创新，开放设问释疑

提出问题和启发诱导学生回答问题，在传统教学中也经常使用。但传统的启发诱导更多地出于应试考虑，重视的是结果，是为了引导学生得出一个既定的结论，即所谓"标准答案"；而实验强调的是质疑，是思维过程。传统的启发诱导设问的答案不仅是既定的，而且也是唯一的，强调的只是一种正误关系，即与既定的标准答案相同的才是正确的，反之则是错误的；而实验的启发诱导设问的答案是全面的、开放的，突出的是一个思维过程，符合既定答案的固然要肯定，但同时也要充分尊重学生的不同观点，只要言之成理、自圆其说，就同样要给予肯定。要注意从不同的角度证明学生的观点是有价值的，即使答案中只有一点点智慧火花闪现，也应该使其发扬光大；哪怕这种思维方式对本问题来说是错误的，但只要对分析解决其他问题是有益的，也应该加以正确引导。

五、实验成果

第一、从课堂教学流程、教学策略与方法体系三个方面，成功构建了实现历史素质教育目标的历史问疑教学模式（参见前面的图示）。

第二、学生的主体意识和主动精神得到充分发展，体现了素质教育的主体性特征。

在历史问疑教学过程中，教师所有的教学活动都是以学生的学习为出发点和归宿的。教师在教学中利用历史故事、历史图像、历史文物、现代声像等教学手段，以及生动形象的语言设问释疑，旨在激发学生兴趣和求知欲。这种平中见奇、乱麻抽丝、一波三折和悬念迭起的设问，具有很强的激趣求知的效力。它切中了中学生好奇心和追求真知的热切愿望，能从不同角度理清丰富复杂的历史内容，满足学生探索未知，获得成功的情感需要，形成了知之好之乐之的心理变化，从而增强了学习动力，为以后追求真知和发展奠定了良好的基础。同时，就学生而言，他不仅可以自主地解答教师的设问，而且还可以自主地向教师、同学质疑和讨论答案，掌握了活动的主动权。这一结论在表（一）中得到充分反映。

表（一）　学生学习动机和学习态度调查统计分析表

组别 / 班别 \ 项目		五中 初一组			一中 初二组			三中 高二组			十一中 高一组		
		实验班	对比班	差值	实验班	对比班	差值	实验班	对比班	差值	实验班	对比班	差值
人　数		72	70	+2	207	213	−6	62	60	+3	50	48	−2
学习动机	考试需要	22	43	−21	127	170	−43	40	53	−13	38	43	−5
	情感需要	61	47	+14	192	105	+87	51	35	+16	42	33	+9
	提高素质	47	23	+24	175	101	+74	58	36	+22	39	27	+12
	认识社会	18	5	+13	96	38	+58	48	24	+24	40	23	+17
学习态度	被动接受讲解	11	30	−19	37	177	−100	5	24	−9	15	32	−17
	主动求知探索	61	40	+21	170	76	+94	58	36	+22	35	16	−19
	善于发现问题	33	17	+16	94	39	+55	48	24	+24	27	14	+13
	解决问题有方	41	25	+16	121	73	+48	53	21	+32	34	18	+16
	迁移运用如意	29	8	+21	103	48	+55	45	23	+22	36	23	+13
	遇难自我解决	37	15	+22	132	52	+80	50	27	+23	38	22	+16
	依赖老师点拨	35	45	−10	75	161	−86	18	38	−20	12	26	−14

　　第三，学生素质全面提高，体现了素质教育的全体性和全面性特征。具体表现，请参见下列统计分析表：

表（二）   实验班学生成绩明显优于对比班学生成绩

项目\班别		人数	起始成绩		实 验 成 绩		T值	显著水平	试卷区分度	试卷两半信度
			平均分	标准差	平均分	标准差				
五中初一组	实验班	72	75.2	9.22	92.57	4.41	4.73	P〈0.01	0.55	0.92
	对比班	70	75.59	9.40	81.55	8.55				
一中初二组	实验班	207	64.56	16.00	89.86	4.71	3.85	P〈0.01	0.54	0.95
	对比班	213	66.64	15.97	80.42	8.43				
三中	高一组 实验班	66	78.32	10.56	94.52	5.03	4.92	P〈0.01	0.52	0.93
	高一组 对比班	65	78.01	10.39	90.14	9.25				
	高二组 实验班	62	82.47	8.96	93.56	4.43	4.85	P〈0.01	0.53	0.96
	高二组 对比班	60	84.05	8.35	86.89	7.32				
十一中高一组	实验班	50	69.42	11.93	80.98	4.69	5.16	P〈0.01	0.58	0.90
	对比班	48	69.73	11.87	76.01	9.78				

表（三）   实验班学生历史思维能力和借鉴能力明显优于对比班学生
历史思维能力和借鉴能力（注：60 分测试卷）

班别		人数	平均分	标准差	T值	显著水平	试卷区分度	试卷两半信度
五中初一组	实验班	72	42.5	4.14	4.21	P〈0.01	0.57	0.96
	对比班	70	34.2	7.56				
一中初二组	实验班	207	43.6	4.08	4.47	P〈0.01	0.56	0.94
	对比班	213	36.5	7.65				
三中高一组	实验班	66	46.5	4.23	4.17	P〈0.01	0.59	0.93
	对比班	65	39.4	7.61				
三中高二组	实验班	62	47.2	4.01	4.39	P〈0.01	0.53	0.95
	对比班	60	35.4	8.24				
十一中高一组	实验班	50	40.3	4.56	4.71	P〈0.01	0.56	0.92
	对比班	48	35.1	8.14				

表（四）　实验班学生思想品德认识水平明显优于对比班学生思想
品德认识水平（注：60分测试卷）

班别		人数	平均分	标准差	T值	显著水平	试卷区分度	试卷两半信度
五中初一组	实验班	72	50.8	4.38	4.32	P〈0.01	0.51	0.90
	对比班	70	46.5	7.63				
一中初二组	实验班	207	51.2	4.56	4.78	P〈0.01	0.56	0.92
	对比班	213	45.3	8.23				
三中高一组	实验班	66	52.4	4.59	4.16	P〈0.01	0.54	0.91
	对比班	65	46.1	8.14				
三中高二组	实验班	62	51.6	4.62	4.65	P〈0.01	0.53	0.95
	对比班	60	45.8	8.12				
十一中高一组	实验班	50	45.6	4.98	4.35	P〈0.01	0.59	0.93
	对比班	48	40.5	8.95				

表（五）　实验班学生的记忆能力比对比班学生记忆能力明显增强

班别		人数	各分数段学生分布状况						区分度	两半信度
			40-49	50-59	60-69	70-79	80-89	90-100		
五中初一组	实验班	72	0	2	10	21	20	19	0.51	0.92
	对比班	70	3	13	19	15	12	8		
	差值		−3	−11	−9	+6	+8	+11		
一中初二组	实验班	207	0	0	38	56	68	45	0.53	0.94
	对比班	213	11	13	56	57	49	27		
	差值		−11	−13	−18	−1	+19	+18		
三中高一组	实验班	62	0	0	5	12	24	21	0.54	0.93
	对比班	60	1	3	29	15	8	4		
	差值		−1	−3	−24	−3	+16	+17		
三中高二组	实验班	66	0	0	6	10	26	24	0.57	0.91
	对比班	65	0	2	23	18	14	8		
	差值		0	−2	−17	−8	+12	+16		

十一中高二组	实验班	50	0	4	5	11	18	12		0.52	0.90
	对比班	48	3	8	16	11	7	3			
	差值		−3	−4	−11	0	+11	+9			

表（六） 实验班学生观察想象能力明显优于对比班学生观察想象能力

班别		人数	观察想象量									区分度	两半信度
			2	3	4	5	6	7	8	9	10		
五中初一组	实验班	72	4	8	10	12	14	14	4	3	3	0.51	0.92
	对比班	70	8	12	15	13	10	6	5	1	0		
	差值		−4	−4	−5	−1	+4	+8	−1	+2	+3		
一中初二组	实验班	207	14	28	21	23	43	51	11	8	8	0.53	0.93
	对比班	213	23	37	30	30	34	44	7	5	3		
	差值		−9	−9	−9	−7	+9	+7	+4	+3	+5		
三中高一组	实验班	62	0	5	6	7	10	9	12	8	5	0.56	0.96
	对比班	60	3	7	8	11	15	6	5	3	2		
	差值		−3	−2	−2	−4	−5	+3	+7	+5	+3		
三中高二组	实验班	66	0	0	5	11	13	18	10	5	4	5.54	0.92
	对比班	65	3	5	8	14	16	12	4	2	1		
	差值		−3	−5	−3	−3	−3	+6	+6	+3	+3		
十一中高一组	实验班	50	1	4	7	9	13	10	2	3	1	0.57	0.94
	对比班	48	3	6	10	12	8	6	2	1	0		
	差值		−2	−2	−3	−3	+5	+4	0	2	0		

表（七） 实验班学生的阅读能力明显优于对比班学生的阅读能力

班 别		人数	平均分	标准差	T 值	显著水平	试卷区分度	试卷两半信度
五 中初一组	实验班	72	84.53	4.89	4.92	$P < 0.01$	0.52	0.91
	对比班	70	78.26	8.12				
一 中初二组	实验班	207	88.12	4.53	4.27	$P < 0.01$	0.57	0.93
	对比班	213	81.25	9.56				

三中高一组	实验班	62	90.14	4.25	3.95	P〈0.01	0.59	0.90
	对比班	60	84.56	7.96				
三中高二组	实验班	66	89.62	4.36	4.06	P〈0.01	0.54	0.94
	对比班	65	81.31	8.51				
十一中高一组	实验班	50	81.23	4.84	4.53	P〈0.01	0.56	0.92
	对比班	48	74.58	9.04				

第四、学生学习历史的兴趣增强，掌握了学、问、思、辨、行有序的良好的读书治史方法，学生的阅读、理解、想象、识记、思维、表达和运用能力也得到有效地培养和发展，为学生以后读书和发展奠定了良好智能素养，突出体现了素质教育的发展性。这一实验成果，既反映在上列表（二）至表（七）的统计分析中，也表现在（八）表统计分析上：

表（八）　实验班学生学习方法和兴趣明优于对比班学生的学习方法和兴趣

组别\班别\项目		人数	不预习	阅读预习	带问预习	听讲笔记	尝试解答	质疑问难	分析归纳	整理思路	机械记忆	理解记忆	重视学法	兴趣浓厚
五中初一组	实验班	72	5	18	49	70	65	39	51	44	12	60	30	51
	对比班	70	24	21	25	67	32	17	28	15	45	25	13	27
	差值		−19	−3	+24	+3	+33	+22	+23	+29	−33	+35	+27	+24
一中初二组	实验班	207	13	37	157	200	198	146	163	147	72	135	118	149
	对比班	213	53	91	69	195	88	34	96	82	168	45	57	87
	差值		−40	−54	+88	+5	+110	+112	+67	+65	−96	+90	+61	+62
三中高一组	实验班	62	2	6	55	62	60	48	51	56	8	55	53	55
	对比班	60	8	18	34	57	32	22	32	27	27	33	21	41
	差值		−6	−12	+21	+8	+28	+26	+21	+29	−19	+22	+32	+14
三中高二组	实验班	66	3	7	56	65	60	36	53	42	13	53	35	62
	对比班	65	29	20	17	50	32	18	26	23	43	22	21	44
	差值		−26	−13	+39	15	+28	+18	+27	+19	−30	+31	+14	+18
十一中高一组	实验班	50	6	14	30	44	37	21	39	40	15	35	41	40
	对比班	48	15	25	8	35	12	8	16	21	33	15	23	26
	差值		−9	+11	+22	+9	+25	+13	+23	+19	−18	+20	+18	+14

　　历史问疑教学实验之所以成功，是因为，历史教材内容十分丰富，除了显性知识需要识记、理解、掌握和运用外，还有大量隐性知识需要做微观挖掘和宏观分析。如果学生在学、问、思、辨、行有序的读书治史方面缺乏科学方法和良好习惯是难以完成历史教学任务的。"学"主要是指对教材的认真、反复阅读和推敲，这是任何读书学习，也是历史学习的第一步。"问"主要是指质疑和善问，这是读书治史的第二步。"思"主要是指据史想象历史情境，分析思考问题，这是读书治史的第三步。"辨"是指在学、问、思的基础上，运用历史唯物主义和辩证唯物主义理论观点，据史实对问题进行分析、比较、归纳、概括，形成自己的观点、看法；或依据观点、看法组织史实、材料，史论结合，这是读书治史的第四步。"行"主要是指应用，包括对具体历史人物、事件、现象的识记、理解、评论，尤其是对历史材料、问题的解答和表述，这是读书治史的最后一步。历史问疑教学的核心就是紧扣"问题"二字，因"学"而"问疑"，因"问疑"而学，因"问疑"而"思"，因"问疑"而"辨"，因"问疑"而"行"，实际上就是学、问、思、辨、行有序的教学过程的反复，从而高效地促使学生养成良好有序的学习方法，高效地培养和发展了学生的阅读、理解、想象、识记、思维表达和运用等能力。

　　第五、历史问疑教学，能高效地培养和发展学生的注意、意志和思想品德等非智力因素，促进学生形成健全的个性，为以后的发展奠定基础。这一成果在表（一）、表（四）和表（八）的统计分析中得到很好地反映。这是因为历史问疑教学，是紧扣"问疑"而展开教学活动的。学生要解决教师创设的问题，自己发现问题和提出质疑，就必须自觉地集中注意力，并以自己的意志克服学习中的困难。加之问题本身的挑战性和教师的诱导鼓励，学生便能高度集中注意力，并以顽强的意志解决问题，完成学习任务。同时，历史问疑教学让学生参与到知识的形成过程之中，使学生动脑、动手、动眼、动口、动情，从认知、情感和行为上都积极投入到学习的全过程，既探索了新知，获取了方法，增长了智慧，又获得了情感体验，在深刻思索历史上的善、恶、美、丑的基础上，提高了品德修养。其思想品德教育功能，较一般的形象性的思想教育更深刻、更高效。

　　第六、建立了一个开放的教学思想方法体系。历史问疑教学，看似单调，实则丰富多彩。因为如何创设问题情境，如何引导学生质疑，又如何生动形象深入浅出释疑，使这一教学流程顺利开展，是大有文章可做的。教师在实际教学操作中，可以充分地吸取当代发现学习、探究学习、掌握学习、最近发展区、结构主义等教学论思想，以及讲述、谈话、情景复现、图示、讨论等教学方法中的优点，引进现代教学手段，根据教学的目的和学生实际，创设问题情境，引导学生质疑和释疑，从而使历史教学活动丰富多彩，充分实现历史素质教育目标。

第七、历史课堂采用问疑教学，深受学生欢迎。在实验过程中，我们通过调查、问卷和学生交谈，了解到学生对这一教学模式给予了充分肯定：

安健同学说："听汪老师讲历史课，胜如观看电视台播放的辩论对抗赛，很多疑惑不解的历史问题在汪老师巧妙点拨和精彩解惑中，令我茅塞顿开，受益匪浅。我在高中历史毕业会考中，轻松地得了满分，这实在要归功于汪老师教学得法。"

张翔同学说："老师的课有三点令我终身受益：一是培养了我凡事问个为什么的思维习惯；二是使我学会了从不同角度，不同层次用逻辑思维和历史思维的方法看来题；三是学会了从历史上吸取经验教训，以历史的眼光看待现实和展望未来，确立自己的人生目标。我为自己能接受你的教诲而庆幸！"

胡少华同学说："在教我的老师中，最好的历史老师有两个，一是谢庭桂老师，二是您。谢老师讲课声情并茂，很认真仔细，字也写得好，但我总觉得美中不足，就是在分析历史时少了深度，而您讲课不但是声情并茂，而且问题环环相扣，分析透彻精辟，令人耳目一新，豁然开朗，听您的课，像是在欣赏一门艺术一样。"

第八、本次实验过程中，实验课题组成员，尤其是汪瀛老师，将本课题研究所取得的成果，撰写成论文和教案，已获得专家和同仁的肯定，有的被专业学术杂志刊发，有的获奖，有的在不同范围内交流。其中主要有．《以问疑教学为中心实现历史素质教育目标》在"全国教师素质与创新教育研讨会"上荣获二等奖（1999年10月），又获《中学历史教学参考》编辑部"全国当代历史教学优秀论文评选"一等奖（1999年10月）；《历史问疑教学模式的探索与实践》被收入《中学教师优秀论文集》（北京燕山出版社出版，1999年7月），本文又获永州市人事局、永州市科学技术委员会和永州市科学技术协会优秀学术论文一等奖（2000年12月）；《运用历史课堂提问开发学生智能》，刊发于人民教育出版社、课程教材研究所主办的《中小学教材教学》第4期（2000年）；《问疑教学与素质教育》，刊发于人民教育出版社、课程教材研究所主办的《中小学教材教学》第12期（2000年）。汪瀛和汪华明还依据历史问疑教学思想，编著湖南省九年义务教育三年制初级中学教科书、《中国历史第一册·教学参考书》中的大部分教案，现已在全省初一历史教学中应用和推广。汪瀛老师还应永州市教委师训科和零陵师专成人教育部之邀，给全市参加继续教育的历史教师做了有关历史问疑教学思想和方法的专题学术讲座，深受专家、教授和同仁的赞颂。也就是说，本实验成果，不仅在本市区得以推广，产生了重大影响，而且在全省、全国范围产生了较大影响，推动了历史素质教育实践与研究的发展。

总之，历史问疑教学，融历史知识传授、思想品德教育和智能培养于一体，有助于推动中学历史教学改革的深化；能有力推动教学活动和教学过程的全面展开；能有效地更新教师的教育观念，把教学重心由"教"转移到"教"与"学"和谐统一上，从而让学生学会学习历史，培养学生的主体意识和主动精神；能充分发挥教师的"主导"和学生"主体"作用，防止"教"与"学"相脱节，实现教师业务素质与学生整体素质同步提高，从而最终实现大面积大幅度提高中学历史教学质量，实现历史素质教育目标。

六、附件

1.本实验方案设计前，汪瀛老师在历史问疑教学研究方面的已取得的成果证书.《历史问疑教学模式探索与实践》先后获得全国首届教学与管理优秀论文评比一等奖复印件（1997年），永州市芝山区（今零陵区）首届教研教改成果暨先进教改经验评比一等奖复印件（1997年）；《历史课堂提问漫谈》获湖南省教科所优秀论文评比一等奖复印件（1997年）。

2.《以问疑教学为中心实现历史素质教育目标》在"全国教师素质与创新教育研讨会"上荣获二等奖证书复印件（1999年10月）；又获《中学历史教学参考》编辑部"全国当代历史教学优秀论文评选"一等奖证书复印件（1999年10月）。

3.《历史问疑教学模式的探索与实践》被收入《中学教师优秀论文集》(北京燕山出版社出版，1999年7月）的复印件。

4.《运用历史课堂提问开发学生智能》复印件（刊发于人民教育出版社、课程教材研究所主办的《中小学教材教学》第4期 [2000年]）。

5.《中国历史第一册·教学参考书》(汪瀛和汪华明依据历史问疑教学思想，编著的教案，岳麓书社出版，2001年7月第二版）。

6.《历史课堂提问研究》打印稿。

7. 零陵师专成教部对汪瀛老师专题讲座与教学推广教研成果的评价的复印件。

参考文献

1.《中国教育改革和发展纲要》.

2. 杨银付 . 素质教育若干理论问题的探讨 .

3. 陈白玉 . 全面实施素质教育的构想 [J]. 湖南教育 ,1996-03.

4. 魏宗宣主编 . 中学素质教育 [M]. 长沙：湖南人民出版社出版，1998-06.

5. 钟启泉 . 现代教学论发展 [M]. 北京：教育科学出版社出版，1992-10.

6. 张楚廷 . 教学原则今论 [M]. 长沙：湖南师范大学出版社出版，1993-05.

7. 王益 . 教师应用心理学 [M]. 长沙：湖南大学出版社出版，1987-08.

8. 湖南省教育科学研究所编著 . 现代教学论 [M]. 长沙：湖南教育出版社出版，1988-11.

历史研究性学习理论与实践的研究 [①]

（结题报告）

一、问题的提出

中学历史研究性学习是伴随着我国新一轮课程改革而提出的一个新课题。目前，我国有关中学历史研究性学习的理论与实践研究，尚处于起步阶段。已有的著述，或是借鉴国外的一些研究成果进行"纯理论分析"，文字游戏多于实践研究；或是编辑经过不断"加工"的理想案例。这就出现看了兴奋，实践丧气的状况。总之，我国目前还没有真正形成经得起实践检验的、系统的、科学的中学历史研究性学习理论和具体高效的、可供操作的教学策略。国外在这方面虽然有一定的研究成果，但由于各国的国情不同，教学环境、设施、班级规模等方面的不同，其研究成果在我国难以有效实施。因此，从理论与实践上深入研究适合我国国情的中学历史研究性学习理论、教育教学策略和教学模式，对实现新课程改革理念，充分发挥中学历史教育教学功能，提高我国广大中学生人文素养，具有十分重要的意义。

二、"历史研究性学习"界定

中学历史研究性学习，是指学生在学习历史过程中，依据已展现的历史问题，或自主发现的历史问题，在教师引导下，运用历史研究相关的理论和方法，自主解决相关问题，获得相关历史知识和情感体验，形成相关能力、态度和价值观的学习方式，具有明显的问题性、自主性、探索性、开放性和

[①] 本课题于2011年7月先后获得教育部教师发展基金会全国"十一五"教育科研成果二等奖，湖南省教育学会"十一五"教育科研课题成果一等奖。

实践性特征。

历史研究性学习作为一种学习方式，不同于历史专家所进行的史学研究。它并不强调学生发现和研究前人没有发现和研究过的历史问题，而重在通过类似于史学研究的学习实践，培养学生发现和研究历史问题的素养，形成大胆创新、善于合作、勇于探索的精神。

历史研究性学习作为一种学习方式，也不同于传统的接受式的模仿性学习方式。现代不少教育研究者认为，"以学生与教师的关系为标准，可以将学习分为观察性学习、模仿性学习、研究性学习三大层次"[①]；依据学习内容的呈现形式（定论或问题），可分为接受式学习和发现式学习两大类别。研究性学习就是相对于传统的接受式学习而言，属于发现式学习类别。"作为一种学习方式，'研究性学习'是指教师不把现成结论告诉学生，而是学生自己在教师指导下自主地发现问题、探究问题、获得结论的过程"[②]，其宗旨是"以满足学生在开放性的现实情境中主动探索研究，获得亲身体验，培养解决实际问题能力的需要"[③]。中学历史研究性学习，是学生在观察、模仿性学习的基础上，以问题为载体，自主地了解和思考人类以往的事实，取其精华，去其糟粕，从而知道过去、理解现在，懂得社会、认识自己，并孕育创新意识和实践能力的一种以课题研究为典型特征的学习方式（对教师而言是教学方式）[④]。

三、理论基础

1. 马克思主义关于人的全面发展理论和实践理论是历史研究性学习的哲学基础

实现人的全面发展是马克思主义教育理论中的核心思想。马克思主义认为，全面发展是人的基本需求和基本权利。历史研究性学习，以问题为载体，强调学生自主发现、自主探究、自主解决、自主创造，这就极大地发挥了学生的主动性和创造性，而且以指向个体为主要特征的目标群，可以使每一个

---

① 聂幼犁，於以传. 中学历史课程研究性学习理论与目标纲要 [J]. 历史教学,2003（4）.

② 朱慕菊. 走进新课程 [M]. 北京：北京师范大学，2002.

③ 教育部. 普通高中"研究性学习"实施指南（试行）[M]. 北京：人民教育出版社，2001:3.

④ 聂幼犁，於以传. 中学历史课程研究性学习理论与目标纲要 [J]. 历史教学,2003（4）.

学生超越自我、超越昨天，达到各自期望以及可能达到的发展目标，从而确保了人全面发展的基本需求和权利。马克思主义还认为，实践是认识的基础，社会实践最终使人完成社会化的过程；实践是检验和发展真理的标准。历史研究性学习的目标之一，就是培养学生的实践能力，强调学生亲自探索、亲身体验，在探究实践中获得发展，在自主探索历史问题过程中明白——有关历史与现实认识的一切思想、观点、结论，都是人们在自主实践探索中获得的，并通过实践探索来检验，以证明其正确与否。

2. 国家课程计划和普通高中历史课程所规定的课程目标是历史研究性学习的法规基础。

新颁布的《中华人民共和国普通高中课程计划》中明确规定，在全国普通高中开设"研究性学习"课程。中华人民共和国教育部新颁布的《普通高中历史课程标准（实验）》，在"课程的基本理念"中明确规定，"普通高中历史课程的设计与实施有利于学生学习方式的转变，倡导学生主动学习，在多样化、开放式的学习环境中，充分发挥学生的主体性、积极性与参与性，培养探究历史问题的能力和实事求是的科学态度，提高创新意识和实践能力。""课程目标"也明确包涵了历史研究性学习方法意义，要求学生"在掌握基本知识的过程中，进一步提高阅读和通过多种途径获取历史信息的能力；通过对历史事实的分析、综合、比较、归纳、概括等认识活动，培养历史思维和解决问题的能力。""学习历史唯物主义的基本观点和方法，努力做到论从史出，史论结合；注重探究学习，善于从不同的角度发现问题，积极探索解决问题的方法；养成独立思考的学习习惯，能对所学内容进行较为全面的比较、概括和阐释；学会同他人，尤其是具有不同见解的人合作学习和交流。"

3. 建构主义理论、发现学习理论、创造教育理论和研究性学习法是历史研究性学习的教育心理学基础。

以皮亚杰为代表的建构主义学习理论认为，儿童是在与周围环境相互作用过程中，通过同化与顺应，逐步建构起知识，从而使自身认知结构得到发展。对于学习者来说，重要的并不是个体获得越来越多外部信息的过程，而是自己能够提出问题，并在解决这些问题过程中学到越来越多的有关他们认识事物的程序，即建构了新的认知图式。历史研究性学习正是提高学习者发现和提出问题，并在解决这些问题过程中学到认识事物的程序，建构起新的知识结构。

布鲁纳发现学习理论认为，学生学习的过程就是主动地不断地探索寻找问题答案的过程。在这一过程中，学生掌握信息本身并不是学习的目的，学习应该超过所给的信息。学生的心智发展主要是遵循他自己特有的认知程序，教学是帮助学生形成智慧或认识的生长。发现学习理论的主要特点是强调学习过程、直觉思维、内在动机和信息的提取。历史研究性学习，正是通过历史问题的研究过程，培养学生对信息的获取、选择、分析、判断和运用能力。

现代创造教育理论认为，培养学生的创造能力是当代教育的核心。江泽民指出："创新是一个民族的灵魂，是一个国家兴旺发达的不竭动力。"（载《人民日报》1998年11月25日）近年来，如何培养学生的创造力成为各国教育工作者共同关心的问题，个性教育与创造力培养在学校教育中开始占有重要地位。而现代创造教育理论认为，一个人是否有创造力，首要的关键性的一步就是看他能否发现和提出问题。美国创造学教育专家托兰斯把是否感知、或感受到问题列为创造性思维的第一条。我国著名的教育家陶行知在《创造宣言》一文中明确指出："处处是创造之地，天天是创造之时，人人是创造之人""点滴的创造固不如整体的创造，但不要轻视点滴的创造而不为"。历史研究性学习，正是为了培养学生良好的创新精神和创造能力。

苏霍姆林斯基研究性学习法认为，学生的学习是积极的思考活动，是学生进行独立的过程，是研究性学习的活动。其核心是思考，即观察、比较、分析、综合、抽象、概括、推理、判断等一系列思维活动的高度综合。教师的任务就是知道学生的脑力劳动，让学生明确思考的目的，激发学生思考的积极性；指导学生学会观察和记忆；丰富学生的智力活动，让知识活动起来；培养学生学习的欲望和成就的动机。

四、研究目标

本课题的研究目标，是通过对历史研究性学习的理论与实践研究，探索一条实现历史新课程教学目标的途径和方法，促进师生共同成长。具体而言：

1. 促进教师深入研究历史研究性学习的开放性、探究性和实践性的特征，创建适合时代和新课程改革需要的课堂教学模式。

2.促进学生学习方式的改变，增强学生学习历史的兴趣，培养学生自主学习和探究学习的能力，提高学生实事求是地分析问题和解决问题的能力；促进学生与学生之间、学生与教师之间、学生与社会之间的交流与合作，养成良好的合作意识。

3.在历史教学中运用研究性学习理论，提供个案分析，实现资源共享，建立历史学科研究性学习教学资源库，同时为师生实践提供资源支持。

4.促进课题组教师积极学习教育教学理论，更新教师教学观念，改革教学方法，提高科研能力，培养一支研究型、学者型的教师队伍。

五、研究内容

研究的具体内容，是以历史研究性学习的理论和实践为主要对象的学习方法的创新、课堂教学模式的创新。可供参考的研究主题如下：

1.高中历史研究性学习的教学设置在中学历史教学中的地位，学习目标、教学原则与研究方法指导问题。

2.高中历史研究性学习与接受性学习、模仿性学习的内在联系。

3.高中历史研究性学习资源库的创建。

4.高中历史研究性学习中"研究性问题"的发现与选择，研究性学习课题、方式、方法、策略及其适度性。

5.高中历史研究性学习的途径、教学效果的测量与评价。

六、研究原则与方法

1.理论与实践相结合，坚持以实践为主。理论与实践相结合，坚持以实践为主，是本研究的基本原则。理论性研究主要是积极搜集国内外历史研究性学习的先进理论、设计原理及方法，并加以鉴别研究和吸收利用，以指导相关成员在历史教学过程中科学进行历史研究性学习的教育教学实践。研究成员的主要任务是依据课题方案、计划和自己承担的研究任务开展历史研究学习教育教学实践研究，通过行动、观察和反思，在实践中发现问题和解决问题，并将研究结果上升为历史研究性学习理论与方法，向其他历史教育教学工作者加以推广应用。

2.本课题在研究方法上主要采用行动研究、文献研究、个案研究、调查研究等类型相结合的方法开展研究。

3.本课题在研究过程中，主要围绕三方面开展工作：一是以学校历史教研组为依托，组成专题组，组织历史教师开展理论与实践的研究讨论。二是以备课组为单位，分批分任务地开展研究，成果及时通报、讨论。三是发挥教师个人特长，积极支持单个老师指导学生开展历史研究性学习。

七、研究过程

（一）课题立项准备（2005年1月至12月）

为了顺利申报省级课题，本课题曾作为校级课题进行了为期一年的准备研究，其主要研究活动包括组建课题研究小组；组织课题组成员搜集本课题相关理论和实践经验介绍；组织课题组成员进行集中和分散的理论学习；调查研究，了解学生学习历史现状；组织课题组成员进行相关技术培训；组织课题组成员进一步讨论修正课题研究方案，使之切合我们学校和学生的实际；在历史教育教学活动中，我们尝试进行了历史研究性学习的教学活动，并及时总结相关研究成果。

在这一研究阶段，我们取得了不少研究成果。如汪瀛的《历史研究性学习中的几个问题》获省级一等奖、市级一等奖。在2005年湖南省基础教育新课程培训班上，他又以《感悟历史和历史研究性学习中的几个问题》为题，以专题讲座的形式，向全省历史骨干教师推介了历史研究性学习教学的研究成果。彭泽波的《"你如何评价拿破仑"活动课教学例析》获省二等奖。龙祖军的《对中学历史研究性学习的一点认识和探索》、欧阳建荣的《历史研究性学习中"研究性问题"的发现和选择》等荣获市论文评比一等奖，彭泽波的《从活动课〈评价拿破仑〉看中学历史活动课型教学》、黄练平的《浅析高中历史研究性学习的选题原则》荣获二等奖。汪瀛老师指导青年教师高冲设计的研究性学习课型《郑和下西洋》，在市区初中历史新课程教学竞赛中获一等奖；研究性学习课型《六王毕，四海一》，获得全市初中历史新课程教学竞赛决赛一等奖。

（二）课题立项实施（2006年1月至2009年12月）

第一阶段：研究的起始（一年一期，2006年1月至2006年6月）本阶段主要以"课题立项准备"研究为基础，优化了课题研究小组、研究方案与计划，完成了省级课题立项任务。具体活动主要有：

1.重建了课题小组。在原校级课题研究小组基础上，根据新的需要和学校历史教师的实际，重新组建了课题研究小组。

2.优化了研究方案与计划。组织和鼓励课题成员，在原校级课题研究方案和研究计划的基础上进一步深入研究和修正，进一步完善了课题研究方案和研究计划。

3.组织课题组成员进行再培训。组织课题组全体成员学习与历史研究性学习相关的教育教学理论，历史研究必备的理论和方法。

4.具体落实课题组成员的研究任务。将本课题分解成若干子课题，具体下达给每个课题组成员，并要求全体成员，既要明确和积极承担自己的研究任务，迅速投入相关问题的研究，又要注意在具体研究过程中相互之间主动协作。

5.调查研究学校全体高中学生对历史研究性学习的态度、历史研究性学习的实际状况。

6.向湖南省教育学会呈报了课题研究方案，得到省市相关专家的研究指导，并获准立项。

7.聘请省市专家完成了课题的开题论证。

第二阶段：研究成果初成（一年二期至三年二期，2006年7月至2008年12月）本阶段课题组成员主要是依据研究方案和计划，按照现行教材和即将使用的新课程、新课标、新教材和历史研究性学习理论的要求，围绕自己承担的研究任务，团结协作，从理论与实践、教与学等方面，有重点地分步完成相关研究内容，初步达到所拟定的研究目标。

1.分步重点完成了如下研究内容：（1）历史研究性学习的教学原则；（2）历史研究性学习的课堂教学设置与实施；（3）历史研究性学习的中"研究性问题"的发现与选择；（4）历史研究性学习的途径与研究方法指导；（5）历史研究性学习的效果与评价；（6）历史研究性学习的中的个性差异及解决方法；（7）历史研究性学习的在中学历史教学中的地位；（8）历史研究性学习与现代教育

技术的整合。

2. 为了推动课题研究扎实进行，我们主要组织了如下活动：（1）每周检查课题组成员的备课情况，看教案是否渗透历史研究性学习要求，是否将课题研究精神与相关内容落实贯彻到备课之中。（2）课题组成员必须对每一届高一新生上一次历史研究性学习的"专题课"，传授学生历史研究性学习的基本方法，为学生在高中阶段进行历史研究性学习奠定基础。（3）每两周课题组成员必须有一人上一节渗透历史研究性学习的公开课或示范课，并组织全体课题组成员讨论研究其中得失。（4）课题组每两周组织课题组成员进行一个历史研究性学习的"专题研究"，要求有专人作中心发言，然后大家讨论，再由中心发言人综合整理大家的讨论，形成专题研究论文。（5）课题主持人，每月坚持随堂听取两个以上的课题组成员的授课，检查课题组成员平时上课是否落实了历史研究性学习。（6）课题组每一位成员每一学期要完成一个历史研究性学习的相关专题研究，每一年必须有一篇与历史研究性学习相关的专题论文获市级二等奖以上，并力求在公开刊物上发表。（7）建立一个包含历史研究性学习方式的历史课堂教学模式，确保历史研究性学习在平时课堂教学中落到实处。（8）坚持在每次历史考试中渗透历史研究性学习的内容，增强学生历史研究性学习意识，检查历史研究性学习的效果。（9）课题组每一位成员都要积极参与"高中历史研究性学习资源库"的建设，其中有创意的"课题课"不少于20个，相关配套资料不少于2万字。（10）每学期在高一、高二学生中组织一次"专题式"的历史研究性学习活动，并配合这一活动组织一次历史研究性学习"研究成果"评比活动，奖励和展示学生的"研究成果"，对特别好的"研究成果"，向有关刊物推荐公开发表。（11）每学期组织一次学生调查，了解学生对历史研究性学习的认识、看法和成长变化，及时发现相关问题，并对发现的问题进行研究和解决，逐步完善历史研究性学习的课题研究。（12）每学期课题组成员对自己的历史研究性学习的研究状况做一次全面总结，并与全体课题组成员进行交流，取长补短，共同进步。

3. 由于全体课题组成员的共同努力，这一阶段我们取得了丰硕成果。其主要表现在：不少课题研究论文在省级以上专业刊物发表；不少论文、案例在省市一级获奖；课题组教师在省市级教学竞赛中多次获奖；学生的学业成绩也得到了普遍提高。

第三阶段：研究成果总结推广（四年一期至二期，2009年1月至2009年12月）本阶段主要是课题组成员系统总结了自己的实践研究、文献研究、个案研究、调查研究的研究成果；完成了各种研究成果与相关资料的归档与整合，分析研究结果、《历史研究性学习教学案例精选和优秀课件集锦》的汇编、现代教育技术环境下历史研究性学习资源库、课题研究报告的撰写；聘请省市专家对课题研究成果进行鉴定和论证，组织成果展示与推广会。

八、研究成果分析

1.初步构建了系统的历史研究性学习理论

研究性学习理论在国内外虽有不少研究，也出了不少研究成果。但如何将研究性学习理论具体运用到中学历史教学，则缺乏系统可行的理论与方法。我们通过几年的研究与总结，初步形成了中学历史性研究性学习理论与方法，主要包括历史研究性学习的理论依据、历史研究性学习在教学中的地位、历史研究性学习的基本特点、历史研究性学习与接受性学习关系、历史研究性学习的教学目标、历史研究性学习的实施、网络环境下历史研究性学习、历史研究性学习的选题、历史研究性学习的教学原则、历史研究性学习应处理好的关系、中学生历史研究性学习成果的评价问题、历史研究性学习值得注意的问题等（具体参见附件《高中历史新课程教与学》和已经发表或获奖的论文），从而较好解决了中学历史研究性学习过程中所面临的主要问题，为广大中学历史教师运用历史研究性学习理论进行教育教学奠定了坚实基础。

2.创建了具有研究性学习特征的高效的历史课堂教学模式

创建具有研究性学习特征的高效的历史课堂教学模式，是中学历史教学能否贯彻落实历史研究性学习理念的关键。因为，日常课堂教学是学生学习历史的主要途径，只有教师在日常历史课堂教学中，不断渗透历史研究性学习理念、方法、途径，才能真正培养学生历史研究性学习意识和能力。我们精心研究创建的"自主感悟，互动创新"历史教学模式，很好地解决了这些问题。

"自主感悟，互动创新"历史课堂教学模式，在教学流程上归结为如下图示：

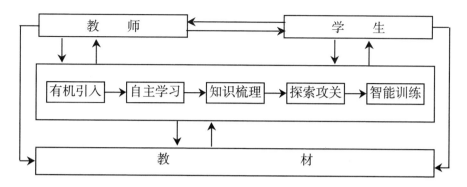

本流程表明，"自主感悟，互动创新"历史课堂教学模式的最大特征就是师生以教材为依托，在互动中实现自主、感悟和创新，把学科知识嵌入活的认识过程之中。不论教师，还是学生，在整个教学活动中，师生之间的关系，始终是互动的，是主导与主体的关系。学生在任何一个教学环节，都要求明确问题，运用相关方法，通过一定的途径，翻阅自己占有的资料，从中寻找相关信息，并经过自主思考、加工，最后解决问题；都有机会发现和提出自己的问题，并向教师质疑求解。这样，历史学习不再是一种负担，而是学生施展才能的舞台。本模式能让学生高效认识、理解和掌握大量新知识，形成历史研究性学习意识和能力，获得情感、意志的成功体验，接受思想品德熏陶，养成良好的情感、态度与价值观，全面提高素质。

"自主感悟，互动创新"历史教学模式形成以后，株洲市四中教研科邀请了相关专家对这一教学模式进行了鉴定，得到相关专家的高度肯定，并收入我校"校园创新教育丛书"《新课程背景下学科教学模式研究》一书。主研汪瀛，又将这一历史教学模式发表在《创新教育》2007年第3期上；依据这一教学模式撰写的教学案例《我的教学设计：祖国的统一大业》发表在《新课程》2008年第9期上。课题组教师依据这一教学模式设计的教学多次在省市历史教学竞赛中获得大奖。

3. 成功解决了历史专题研究性学习模式和师生之间的关系

接受性学习在我国根深蒂固，历史研究性学习一个重要方面，就是要充分发挥学生的学习自主性。因此，如何发挥学生自主进行历史研究性学习，是历史研究学习不可回避的重大问题。为解决这一重大问题，我们除创建具有研究性学习特征的高效的"自主感悟，互动创新"历史教学模式外，我们建立了课外学生自主进行历史专题研究学习模式，并较好地解决了学生自主性与教师指导性的关系。具体见如下图示：

| 学生自主研究 | 指导
咨询 → | 教师全程指导 |
| 了解历史课题研究的一般过程 ← | | 历史课题研究知识讲座 |

| 个体研究 | 小组研究 ← | | 指导与协调 |
| | 组建小组 ← | | |

发现问题，形成课题 ←		课题的发现与选择讲座
提出研究方案，制定研究计划 ←		组织答辩论证，完善方案计划
搜集资料，分析研究 ←		检查、督促、协调、指导
研究总结，撰写报告 ←		指导整理资料，帮助分析总结
成果汇报，接受评价 ←→		组织评价与交流

4. 有力改变了教师的教育教学理念和教学方式

教师教育教学理论的改变不仅需要学习，更需要不断地教育教学实践。在历史研究性学习教学过程中，一方面教师必须从课程理念的高度来研究课程标准、教科书、学生和其他历史教育教学资源，才能实现课程教育教学目标，从而促进教师形成一定的现代课程理论；另一方面教师作为学生课外研究课题的指导者，在学生不断咨询与请求下，需要全程指导学生完成课题研究，与学生一起学习和研究相关知识、一起讨论研究课题研究过程中遇到的众多问题，并指导学生获得解决相关问题之道，一起为课题研究搁浅而忧虑，一起为课题难关的攻破而喜悦，形成一种前所未有的师生平等关系，教师的教育教学理念有不知不觉中改变了。

同样，在探索如何创建具有研究性学习特征的高效的历史课堂教学模式过程中，参与课题研究的全体历史教师的教学方式也得到了根本性改变。现在每一位教师，不仅能自觉熟练运用"自主感悟，互动创新"历史课堂教学模式进行历史教学，而且能根据不同年级、不同历史教学内容、不同基础的学生进行灵活变通与创新。因此，我们的历史课不再是故事课，也不再是死扣教材照本宣科，而是充满兴趣、充满思辨、充满探索的课。

5.有效地促进了学生历史学科素养的提高

学生通过历史研究性学习,对历史学科学习兴趣大大提高,学习历史的方式有了改进,他们不再死抠书本,死记硬背,人云亦云;他们善于中外联系,以古观今,对众多历史现象、事件和人物有自己的认识;他们走出了课堂,了解了社会、他人与自己,学会了交往与合作,学会了利用图书馆、网络、走访调查和考察本地各种乡土历史资源等进行研究性学习,从而在转变了学生的学习方式,形成了较强的尊重事实、实事求是的科学精神和创新精神,练就了克服困难、战胜挫折的意志品质,体验了历史研究的艰辛与快乐,社会责任感和使命感有明显增强,形成了获取、处理和分析信息等多方面的探索和实践能力,形成了综合运用知识的能力,数以百计的学生撰写出高质量的历史研究论文或调研报告等。这就为学生可持续发展和终身学习奠定了基础。

从对研究性学习的课堂观测来看,95%以上学生在活动中情绪饱满,兴趣浓烈,注意力集中,参与积极。事实上,由于种种原因,我校近几年来生源在同类学校中处于劣势,但是阶段考试、综合考试、高考中的历史成绩在株洲市和株洲市市区学校中总能名列前茅(见下表),这在一定程度上反映了我们历史研究性学习的教学成果。

2005-2008 年株洲市四中学生高考文科综合成绩统计分析表

年度	比较对象	人平	总分差	标准差	差异分析
2005 年	株洲市	193.18	0.00	36.18	株洲市四中是一个生源中等的学校,表中数据表明:从实施历史研究性学习教学以来,学生高考的文科综合水平得到了较大的提升,尤其是实施三年后的 2008 年,文科综合成绩得到了显著提高。
	株洲市区	187.01	−6.17	38.18	
	株洲四中	204.05	+10.87	29.08	
2006 年	株洲市	191.67	0.00	39.86	
	株洲市区	184.77	−6.90	42.35	
	株洲四中	197.62	+5.96	31.17	
2007 年	株洲市	180.20	0.00	无此统计分析	
	株洲市区	174.42	−5.78		
	株洲四中	186.78	+6.58		
2008 年	株洲市	166.86	0.00	无此统计分析	
	株洲市区	157.48	−9.36		
	株洲四中	180.06	+37.73		

注:资料来源于《株洲市 2005 — 2008 年普通高校招生考试统计册》

2009年株洲市四中学生毕业水平测试成绩统计分析表

	人平分	合格率	优秀率	差异分析
株洲市	91.10	98.40%	91.50%	作为学业水平测试，难度不大；但本校学生仍占优势。
株洲市四中	93.4	99.7%	97.9%	

注：资料来源于株洲市2009年学生水平测试成绩统计分析电子表格

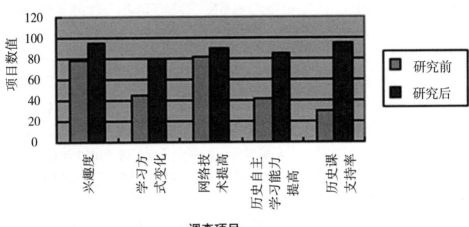

学生学习发展情况表

调查显示，通过研究性学习的学生约90%觉得自己在资料收集（包括查阅图书、考察、走访调查，网络等）、分类、整理方面的能力有提高；约80%认为经过研究性学习，自己学习方式有改变；约75%的学生开始懂得考虑问题时，要从不同角度、不同途径去寻找办法；约90%的学生感到通过研究性学习，网络技术有提高；约85%感到学习的自主意识得到加强。邓昭敏同学说："（研究性学习）磨砺了我的毅力和增长了我的历史知识的积累，从而今后使我对历史更加理性。活动锻炼了我们的交流能力和合作能力，我们为此讨论，为此共同进退。"周童唯同学说："一个高中生除了应该好好学习课本上的知识外，还要多关心时事，多关心政治，让我们更加完善。"颜诗敏同学说："在课题的研究调查中，我确实感到，作为新世纪的青年人，中学生，决不能死死地盯着书本，死读书，应当放眼出去，关注我们的社会，我们的生活。"

6. 有效地促进了教师历史教育教学能力和科研能力的提高

加强教师科研能力是当今教育发展对教师发展的一种必然要求。但由于传统观念的影响，本课题开始实施时，部分参与研究的教师对实施历史研究性学习持怀疑态度，认为教师的任务就是把课上好，学生在考试中能获得好成绩就可以了，指导学生进行历史研究性学习不是教师的任务。持这种观念的教师，除传统观念影响外，也与自己的历史教育科研能力有限密切相关。但随着本课题的研究不断深入，参与研究的教师越来越深刻地认识到历史研究性学习对学生终身发展的重要意义，也越来越深刻地体会到历史研究性学习对自我教育教学能力和科研能力的发展的促进作用。因此，整个课题组成员对本课题的研究热情越来越高，他们在理论学习和教学实践中，不断深入研究总结，撰写出了一批高质量的专题研究论文、教学设计、案例分析，制做出不少高质量的教学课件。这些研究成果，或荣获省市级以上的奖励，或在省级以上刊物公开发表。具体成果，参见下表：

"历史研究性学习理论与实践"实施前后课题组成员科研成果比较表

课题实施前后		论文发表或获奖	课题教学、案例、课件发表或获奖	理论专著	成果总数
课题实施前		16	3	无	19
课题实施后	2005 年	10	3	无	80
	2006 年	12	5	1	
	2007 年	10	4	1	
	2008 年	12	5	1	
	2009 年	10	5	1	

注：表内数据不包括课题主持人汪瀛发表的100余篇论文等。

7. 创建了师生共享的历史研究性学习资料库

为了给全体师生进行历史研究性学习和交流创造条件，我们创建了师生共享的历史研究性学习资料库。资料库里，有研究性学习指导、教师的教学设计、制作的教学课件、教学参考资料、教师的教研论文、学生研究性学习习作等。师生在研究过程中，若需要相关资料，都可以登陆"株洲市四中教育科研网→历史组→历史研究性学习资料库"进行查阅和下载使用。这就有力促进了全校师生进行历史研究性学习的教与学。

8.有力推动了我校历史学科课程教学的改革

本课题实施前，我校的历史教学是单一的课堂教学，教学方法以传统的讲授法为主。为改变这一局面，本课题实施后，我们除创建"自主感悟，互动创新"历史课堂教学模式外，通过学生课外历史专题研究性学习、历史校本课程开发、历史专题讲座、社区或家庭调查、结合学生社会实践活动考察历史遗迹等活动，使我校的历史学科课程教学变得越来越丰富多彩起来，历史学科也越来越受到学生的欢迎。

"十年磨一剑"，由于全体课题组成员的同心协力，孜孜以求，我们终于出色地完成了研究任务，实现了既定研究目标：目前，我们已初步构建了系统的历史研究性学习理论，创建了具有研究性学习特征的高效的历史课堂教学模式，成功解决了历史专题研究性学习模式和师生之间的关系；课题研究实践证明，它有力改变了我们教师的教育教学理念和教学方式，有效地促进了学生历史学科素养的提高，有效地促进了教师的历史教育教学能力和科研能力的提高；同时，我们还创建了全校师生共享的历史研究性学习资料库，有力推动了我校历史学科和其他学科的课程与教学的改革。本课题的研究成果，在全省和株洲市得到了较好推广应用，在全国也有一定影响。

九、讨论

1.关于历史研究性学习是否会影响学生高考升学的问题

在万众拥挤高考独木桥的今天，无论是学校和历史教师，还是家长与学生，都存在一种普遍担心——历史研究性学习费时费力，是否会影响学生未来的高考成绩？我们的回答是：当今高考历史试题，已摆脱"死记硬背"，基本上是清一色的材料题，且越来越具有研究性学习特征。学生平时进行历史研究性学习，表面上看，似乎费时费力，且不少"专题"历史研究性学习所涉及的历史知识或问题又几乎与高考无关。殊不知，学生在历史研究性学习中所形成的能力，恰恰使他们在高考中如鱼得水。只要我们师生能正确把握历史研究性学习的"度"——难度、量度和效度，这种担心是多余的。也就是说，我们在实施历史研究性学习时，无论是课堂渗透，还是专题研究，所选问题"难度"不能过大，谨防学生消化不良；每节课研究问题"数量"不能过多，应控制在2-3个之间，若历史专题式研究，一个学年研究一个问题足矣，谨防学生耗时和耗费精力太多，影响历史和其他学科正常学习；要高度重视研究学习过程的检查与指导，提高学习"效度"，谨防过场式的无效研究性学习。实践表明，只要我们认真做好了这些工作，历史研究性学习，不仅不会影响学生的历史学业成绩，反而会提升学生的学业成绩。

2. 关于历史研究性学习与接受性学习的关系问题

在历史研究性学习与接受性学习关系问题上，一些学校领导和历史教师往往将两者的关系人为地对立起来。保守者认为中学生智能尚差，不能进行历史研究性学习，接受性学习方式才是他们的正确途径；激进者则认为，接受性学习方式是将学生当成"学习容器"，严重束缚学生思维和制约学生创新能力的培养，呼吁把传统的接受性学习方式打入冷宫。这实在是对历史研究性学习与接受性学习一种误解。我们知道，历史研究性学习的过程较多使用的是探索性学习，与以往的"接受性学习"确实有所不同。但是"研究性学习"方式的引入并不能排斥老师用最简捷的方式使学生尽快地获得知识，如一些基本的历史史实，包括历史人物的活动、历史事件的前因后果，历史概念等等并没有什么必要让学生去进行什么探索，更何况时间也不允许什么都要学生自己去研究一番。而且，学生在求知和求真的过程中也需要思想和感情的相互激荡，所以"接受性学习"还是具有它独特的魅力的。我们现在之所以引入"研究性学习"并非要全面否定"接受性学习"或贬低其作用，而是因为在传统教育模式中没有"研究性学习"应有的位置。在实施教育素质的今天，理应回归事物的本真，让"研究性学习"和"接受性学习"结伴而行，牵手渗透于我们历史学科的教学活动。

3. 关于历史研究学习成果"真"与"假"的问题

我们在研究性学习开展过程中，应该要求学生从实际出发，通过认真踏实的探索，实事求是地获得结论，并且养成尊重他人的思想和成果的科学态度。可是从我们目前所了解的情况看，有一种令人担忧的现象。那就是很多学生缺乏实事求是的求知精神，为了赶时间完成任务，往往简单地从书上、网上、报纸上把现存的别人的东西剪下来，七拼八凑，成为一篇文章，充当自己的研究成果，其实没有一点自己的东西。他们对自己的研究课题根本就未认真思考过、研究过。这种研究性学习，不仅无法实现提倡这种学习方式的初衷，反而会造成学风的沦丧，其害大矣。所以我们老师平时一定要严格要求和教育学生，让学生明确：高中阶段开展历史研究性学习活动的目的是让他们通过模拟历史学家的研究过程，学会如何提出问题，如何整理、分析和运用相关的历史材料来解决研究课题所提出的问题，绝不是要求他们像历史学家那样通过历史研究来揭示人类历史发展的规律，或强调研究结论的科学与创新，而是重在参与过程和体验。同时在对研究性学习进行评价时，一定要突出学生的"研究过程"，主要以学生的现实表现作为评价的依据，如参与活动的积极性、责任感、主动团结协作精神、查阅资料的数量，以及个人承担任务的记录情况、活动中学的新知识和新技能的情况等来进行综合评价，对发现抄袭的学生应严肃批评教育，规范其研究性学习方法。

4.有待进一步研究解决的问题

本课题从立项研究以来，经过全体研究成员的共同努力，我们已圆满完成了课题研究内容，实现了课题研究目标。但历史研究性学习作为一种新的教与学方式，我们在研究过程发现也发现了不少新问题，如教师的职业惯性、智能水平、工作负担与历史研究性学习不相适应的问题，高初中学生历史研究性学习的衔接问题，影响历史研究性学习的内外部因素及解决方法问题，历史研究性学习的保障体系问题等，还有待于我们以后进一步深入研究。

十、成果已有推广效益

本课题始于2005年，2006年10月被湖南省教育学会正式立项。从研究伊始，我们就不忘将研究成果通过种种途径推广出去，扩大研究成果的使用效益。具体推广效益，主要表现在下列三个方面：

第一，我们通过市级教育培训、历史教学竞赛和全市教学案例征评等活动、向全市历史教师推广我们的研究成果。

课题主持人汪瀛通过2005年8月在株洲市中小学教师继续教育市级骨干教师历史学科培训班上做《历史教学中的几个问题》专题讲座，2007年7月在株洲市高中历史教师新课程培训班上做《新课程背景下的教学方式与教学评价》专题讲座，2009年7月在株洲市高中历史新课程教师培训班上分别给高一、高二历史教师做《关于高中历史课堂教学有效性的思考》专题讲座等，从不同角度将课题研究成果推介给参加培训的历史教师。课题组成员高冲、彭泽波、周瑞珍等，以历史研究性学习理念设计的教学，在市级竞赛中获一等奖，从而有力推动了历史研究性学习在全市的推广。在此基础上，2009年我们通过市历史教育学会，在全市历史教师中开展了一次历史研究性学习教学案例征评，收到高质量的历史研究性学习教学案例42篇，从一个侧面说明了我们的研究成果在株洲市的推广效益。

第二，我们通过省教育培训、历史教学竞赛和学校之间的交流活动，向全省历史教师推广我们的研究成果。

课题主持人汪瀛通过2005年9月在湖南省基础教育新课程培训班上做《感悟历史和历史研究性学习中的几个问题》专题讲座，2009年7月在湖南省高中新课程骨干教师培训班上分别给高一、高二历史教师做《关于高中历史课堂教学有效性的思考》专题讲座等，从不同角度将课题研究成果推介给参加培训的历史教师。课题组成员高冲、彭泽波、周瑞珍等，以历史研究性学习理念设计的教学，在湖南省历史说课竞赛中获一等奖；株洲市十八中青年教师杨育华在课题组张建军等教师指导下，以历史研究性学习设计的《美国联邦政府的建立》在2007年湖南省历史新课程教学竞赛中荣获一等奖。这些说课和实际课堂教学具有较强的示范作用，向全省历史教研专家和与会教师，推广了我们的研究成果。同时，我们还通过与省内浏阳三中、衡东二中和市内株洲市一中等学校之间的教研交流活动，推广了我们的研究成果。

第三，我们通过著书立说，向全国推广自己的研究成果。

课题主持人汪瀛撰写的《历史研究性学习初探》《网络环境下历史研究性学习》《"自主感悟，互动创新"历史课堂教学模式概说》《如何撰写历史小论文》《我的教学设计：祖国的统一大业》先后在省级以上刊物发表。张建军的《历史研究性学习实施的探研》发表于《中学文科》，后为中国人民大学书报资料中心《中学历史、地理教与学（2008.11）》全文转载。

2007年汪瀛、张建军等人著写的《高中历史新课程教与学》由线装书局出版，书中"历史新课程中的研究性学习"（第135–185页），从10个方面系统地阐述了历史研究性学习理论依据、基本特点、教学目标、网络利用、研究选题、教学原则、成果评价、多种关系处理和应注意的问题。本书出版后，深受读者欢迎。2008年，株洲市、永州市、衡阳市、岳阳市、郴州市等将本书作为高中历史新课程培训教材。

鸣谢

本课题在研究过程中，我们曾多次得到湖南省教育学会刘先捍、李铖，湖南省教科院历史教研员刘林生老师、株洲市教科院丁文平院长、黄怀清主任、株洲市四中姜野军校长、章帆副校长和刘跃军科长等人的大力指导和帮助，我们课题组全体成员特在此表示衷心感谢！

参考文献：

1. 施良方 . 学习论 [M]. 人民教育出版社 .2005.

2. 苏霍姆林斯 . 给教师的建议 [M]. 杜殿坤，编译 . 教育科学出版社1984.

3. 李小平 . 创造技法的理论与应有 [M]. 武汉：湖北教育出版社，2002.

4. 教育部基础教育司组织编写 . 走进新课程·与课程实施者对话 [M]. 北京：北京师范大学出版社，2002.

5. 陶行知 . 中国教育改造 [M]. 东方出版社 ,1996:189.

6. 皮连生，刘杰主编 . 现代教学设计 [M]. 首都师范大学出版社 ,2005.

7. 陈旭远主编 . 新课程新理念——基础教育课程改革通识培训教材 [M]. 东北师范大学出版社 ,2004.

8. 聂幼犁，於以传 . 中学历史课程研究性学习理论与目标纲要 [J]. 历史教学 ,2003（4）.

9. 朱慕菊 . 走进新课程 [M]. 北京师范大学 .2002.

10. 教育部 . 普通高中"研究性学习"实施指南（试行）[M]. 人民教育出版社 ,2001:3.

03

课题示例

作为从事基础教育的广大教师而言，他们的主要任务就是做好班级管理和自己所承担的学科教学工作。学校、地方教育行政管理部门、社会与学生及其家长，最看重的是他们的班级管理与学科教学业绩，这是任何从事基础教育的教师都无法回避的客观事实。正因为如此，广大从事基础教育的教师，对教育科学课题研究不感兴趣。又因为，他们的日常教育教学工作繁重而难以挤出时间大量阅读教育教学理论著作、深入细致地做好教育科学课题研究。他们不得不年复一年、日复一日、昼夜轮回地坚守在教育教学第一线。这或许就是当今中国基础教育轰轰烈烈搞素质教育，扎扎实实抓应试教育的重要原因吧！

　　走进基础教育课堂，也许你会发现这样有趣的现象——教师的授课不一定有趣，授课方法也可能传统呆板，知识讲解或许了无新意，甚至可能出现知识性错误，但他们执教的学生考试成绩可能相当不错，甚至遥遥领先，学校、家长、教育行政管理领导和当地社会对他们的教育教学赞誉有加。原因何在？这里，除了考试本身的局限外，更多的是因他们舍得时间与精力"死抠"学生读与练。我每年听课百余堂，儿时曾经听过的那种视野开阔、思维灵动、左右逢源、启迪智慧、寓教于乐、令我神往的课已很难期遇。这或许是我重视教育科学课题研究，向读者提供并不成熟的"课题示例"的原因所在。因为，他能为从来没有做过教育科学课题研究的教师提供简单与可供操作的范本，减轻他们的学习和研究负担，或许能激励他们乐意从事教育科学课题研究，使他们的教育教学活动达到理想的彼岸！

年度	
编号	

（以上由省教育科学规划办填写）

湖南省教育科学规划课题
立项申请·评审书

学科分类　　　　　　　　基础教育

课题类别　　　　　　省级自筹经费课题

课题名称　　新课程背景下中学历史有效教学行为的研究

课题主持人　　　　　　　汪　瀛

主持人所在单位　　　　　株洲市第四中学

填报日期　　　　　2011 年 4 月 8 日

湖南省教育科学规划领导小组办公室

2008 年修订

申请者的承诺与成果使用授权

一、本人自愿申报湖南省教育科学规划课题。本人认可所填写的《湖南省教育科学规划课题立项申请·评审书》(以下简称为《课题申请·评审书》)为有约束力的协议,并承诺对所填写的《课题申请·审批书》所涉及各项内容的真实性负责,保证没有知识产权争议。同意湖南省教育科学规划领导小组办公室有权使用《课题申请·评审书》所有数据和资料。课题申请如获准立项,在研究工作中,接受湖南省教育科学规划领导小组办公室及其委托部门的管理,并对以下约定信守承诺:

1.遵守相关法律法规。遵守我国《著作权法》和《专利法》等相关法律法规。遵守我国政府签署加入的相关国际知识产权规定。遵守《湖南省教育科学规划课题管理办法》及其实施细则的规定。

2.遵循学术研究的基本规范。科学设计研究方案,采用适当的研究方法,如期完成研究任务,取得预期研究成果。

3.尊重他人的知识贡献。客观、公正、准确地介绍和评论已有学术成果。凡引用他人的观点、方案、资料、数据等,无论曾否发表,无论是纸质或电子版,均加以注释。凡转引文献资料,均如实说明。

4.恪守学术道德。研究过程真实,不以任何方式抄袭、剽窃或侵吞他人学术成果,杜绝伪注、伪造、篡改文献和数据等学术不端行为。成果真实,不重复发表研究成果;对课题主持人和参与者的各自贡献均要在成果中以明确的方式标明;不侵占他人研究成果,不在未参与研究的成果中挂名,不为未参与研究工作的人员图虚名。

5.维护学术尊严。保持学者尊严,增强公共服务意识,维护社会公共利益。维护全国教育科学规划课题声誉,不以课题名义牟取不当利益。

6.遵照管理规范。课题研究名称、课题研究组织、研究主体内容、研究成果形式与课题申请书和立项通知书相一致。若有重要变更,必须向湖南省教育科学规划领导小组办公室提出书面申请并征得同意。

7.明确课题研究的资助和立项部门。研究成果发表时须在醒目位置标明"湖南省教育科学××规划××年度××××课题(课题批准号:××××)成果"字样,课题名称和类别应与课题立项通知书相一致。凡涉及政治、宗教、军事、民族等问题的研究成果须经湖南省教育科学规划领导小组办公室同意后方可公开发表。

8.标明课题研究的支持者。要以明确方式标明为课题研究做出重要贡献的非课题组个人和集体。

9.正确表达科研成果。按照《国家通用语言文字法》规定,规范使用中国语言文字、标点符号、数字及外国语言文字。

10.遵守财务规章制度。合理有效使用课题经费,不得滥用和挪用。课题结题时如实报告经费使用情况,不报假账。

二、作为课题研究者,本人完全了解湖南省教育科学规划领导小组办公室的有关管理规定,完全意识到本声明的法律后果由本人承担。特授权湖南省教育科学规划领导小组办公室,有权保留并向国家有关部门或机构报送课题成果的原件、复印件、摘要和电子版;有权公布课题研究成果的全部或部分内容,同意以影印、缩印、扫描、出版等形式复制、保存、汇编课题研究成果,允许课题研究成果被他人查阅和借阅;有权推广科研成果,允许将课题研究成果通过内部报告、学术会议、专业报刊、大众媒体、专门网站、评奖等形式进行宣传、试验和培训。

申请者(签章): 汪 瀛

2011年4月8日

填 表 说 明

一、请用计算机准确如实填写各项内容。

二、本表报送一式2份，其中1份电子文档，1份纸质文档。电子文档一经上传，不能更改。

三、封面上方2个代码框申请人不填，其他栏目由申请人用中文填写。

四、本表所附活页（设计论证书）供初评入围用，表中不得出现申请人和课题组成员姓名、单位名称等个人资料。

五、请按"填写数据表注意事项"的要求，准确、清晰地填写数据表各栏内容；若有其他不明问题，请与湖南省教育科学规划领导小组办公室联系。

六、纸质文档须经课题负责人所在单位领导审核，签署明确意见，承担信誉保证并加盖公章后方可上报。

七、湖南省教育科学规划领导小组办公室联系地址：长沙市长岛路香格里嘉园郡楼4楼413房（五一大道长岛饭店后面）湖南省教科院 省教育科学规划办 邮政编码：410001 联系电话：（0731）4464167、4463659、4464167（传真）。电子邮箱：yzy1234567890@163.com

填写数据表注意事项

课题名称： 应准确、简明反映研究内容，最多不超过40个汉字（包括标点符号）。

关键词： 按研究内容设立。关键词最多不超过3个，关键词之间空一格。

学科分类 请按以下学科选项填写。限报1项。例如：9.高等教育

1、教育基本理论与教育史。2、教育心理。3、教育信息技术。4、比较教育。5、德育。6、教育经济与管理。7、教育发展战略。8、基础教育。9、高等教育。10、职业技术教育。 11、成人教育。 12、体育卫生美育。13、民族教育。 14、国防军事教育。

课题类别： 请按以下类别选项填写，限报1项。例如A省级重点资助课题

A.省级重点资助课题　B.省级一般资助课题　C.省级一般课题。

D.青年专项资助课题　E高校党建研究专项　F 中小教师专项课题

研究类型 请选项填写，限报1项。 例如：C.综合研究

A.基础研究　B.应用研究　C.综合研究　D.其他研究

工作单位 按单位和部门公章全称填写。

所在市州 请选项填写，限报1项。例如：A.长沙市

A.长沙市　B.株洲市　C.湘潭市　D.衡阳市　E.常德市　F.岳阳市 G.益阳市　H.邵阳市　I.郴州市　J.永州市　K.怀化市　L.娄底市　M.湘西自治州　N.张家界市

所属系统 系指申请人单位的属性。请选项填写，限报1项。例如：E.中小学校

A.教育部直属高等院校　B.其他高等院校　C.省教育厅直属研究机构

D.其他科研机构　E.中小学校（包括职业学校、技校、幼儿园等）　F.军事机关及院校　G.省教育厅各处室　H.省委、省政府机关　I.市（州）教育行政部门　J.其他

主要参加者　必须真正参加本课题的研究工作，不含课题负责人。不包括科研管理、财务管理、后勤服务等人员。最多不得超过15人。

预期最终成果　系指预期取得的最终研究成果形式。研究报告属必须填写的最终成果，其他选项填写，最多限报2项。例如：A.专著　C.论文D.研究报告

A.专著　B.译著　C.论文　D.研究报告　E.工具书　F.电脑软件　G.其他

申请经费　以万元为单位，填写阿拉伯数字，注意小数点位置。一般课题者，不填此栏。

一、基本数据表

课题名称	新	课	程	背	景	下	中	学	历	史	有	效	教	学	行	为	的	研	究	
关键词	中	学	历	史	有	效	教	学	行	为		新	课	程						

课题类别	C	省级一般课题		学科分类	8	基础教育		研究类型	C	综合研究
主持人姓名	汪赢			性别	男	民族	汉族	出生日期		1959 年 01 月 14 日
行政职务				专属职务	中教高级（特级）			研究专长		中学历史课程与教材教法研究
最后学历	大学			最后学位				担任导师		
所在市（洲）	B	株洲市			所属系统		E		中小学校	
工作单位	株洲市第四中学				电子邮箱		wangying@yuhoo.com.cn			
通讯地址	湖南省株洲市新四路 80 号					邮政编码			412011	
联系电话	（区号）0731（单位）28475202（家）					（手机）13007335638				
身份证号码	432901195906141011									

姓名	性别	年龄	职称	职务	研究专长	工作单位	签名
邓莹	女	41	中教高级	历史教师	历史教学	合贺家土中学	
龙梦娜	女	35	中教高级	历史教师	历史教学	株洲市第二中学	

主要参加者	刘玲玲	女	45	中教高级	学生科长	课堂教学理论	九方中学	
	匡志林	女	29	中教一级	历史教师	历史教学	株洲市第四中学	
	朱世荣	女	36	中教一级	历史教师	历史教学	醴陵市第二中学	
	李建明	男	45	中教高级	历史教师	历史教学	株洲市第八中学	
	陈庚发	男	51	中教特级	历史教师	历史教学	茶陵县第一中学	
	欧帽辉	男	40	中教高级	历史教师	历史教材教法	株洲市第十三中学	
	张建军	男	48	中教高级	历史教研员	历史教学	株洲市教育科学研究院	
	胡慧	女	35	中教一级	历史教师	历史教学	株洲市枫叶中学	
	谭星醒	男	40		副校长	历史教学	茶陵县第二中学	
	蔡志忠	男	46		教务主任	历史教学	攸县第一中学	

| 预期最终成果 | A D | 专著 | 研究报告 | |
| | | | 预计完成时间 | 2013 年 12 月 |

二、主持人和课题组成员近三年已取得的与本课题有关的研究成果

成 果 名 称	作者	成果形式	发表刊物或出版单位	发表出版时间
湖南省历史课堂教学竞赛听课随想	汪瀛	论文	《历史教学》	2010.3
"历史影像"的真实性与历史教学效果——从"邓小平与英国首相撒切尔夫人会谈"影像材料说起	汪瀛 匡志林	论文	《中学历史教学参考》	2010.9
理学·心学·成语	汪瀛	论文	《中学历史教学》	2010.10

科学整合历史知识，有效提升第二轮复习效益	汪瀛	论文	《中学政史地》	2010.2
科学串联历史知识，提高历史复习效率	汪瀛	论文	《中学政史地》	2010.3
基于历史课堂观察的问题和感悟——我看历史"角色体验"教学	汪瀛	论文	《中学历史教学参考》	2011.1－2
历史新课程教学要培养学生成为"有思想力的人"	蔡志中	论文	《中国校外教育》	2010.2
试论历史学案导读合作探究五步教学法	蔡志中	论文	《湖南教育》	2010.2
把握历史知识内在逻辑，将历史与现实相结合	朱世荣	论文	《当代中学生报》	2009
用建构主义观点搭建 新课程的课堂模式	刘玲玲	论文	《学习方法报》	2008.7
让历史课堂充满生命的灵魂	刘玲玲	论文	《新课程学习》	2011.3

三、主持人和课题组成员"十五"规划以来承担的研究课题

主持人	课题名称	课题类别	批准时间	批准单位	完成情况
汪瀛	历史研究性学习理论与实践	省级一般课题	2006.10	湖南省教育学会	2010.5结题
刘玲玲	新课程背景下高中教师教材处理策略	XJK08CJJ033	2009.03	湖南省教育科学规划领导小组办公室	已完成
张建军	中学历史发现式教学模式研究	株洲市规划课题	2006	株洲市基础教育"十五"科研立项课题，序号：6.	2005.8 荣省一届基教成果叁等奖
蔡志中（参与）	《农村示范性高中学生自主发展的研究》	XJK06CJJ111	2006 年	湖南省教育科学研究院	已结题
陈庚发（参与）	中学生心理素质研究	省级一般课题	2002 年	湖南省教育学会	已结题省二等奖

四、课题设计论证

---

1. 问题的提出、课题界定、国内外研究现状述评、选题意义与研究价值。
2. 课题理论依据、研究目标、研究内容、研究假设、创新之处。
3. 研究思路、研究方法、技术路线、实施步骤。
（要求逐项填写，限 4000 字以内）

一、问题的提出、课题界定、国内外研究现状述评、选题意义与研究价值。

（一）问题的提出

新课程改革并没有从根本上改变以历史教师为中心且教育教学效益相对低下教学行为。究其原因复杂，"如课程与高考评价的脱节、课程要求与实施设备的脱节、课程内容与教学资源的脱节"，特别是新课程改革理论研究、教师培训与实际教学严重脱节。因此，无论是我们所在的市、县（区）中学，还是全国其他中学，历史教师的教学行为的有效性还有待于大幅提升。

（二）课题界定

我们认为，中学历史有效教学行为，就是中学师生在历史课程教与学的过程中，其教与学行为是一种有益于其身心健康、专业和学业发展的高效劳动。他主要包括两个方面：一是历史教师在课前准备、课堂施教、课后辅导、考试评价、师生交往等行为活动中，其行为能否高效影响师生身心健康、专业和学业发展；二是学生在课前准备、课堂学习、课后作业、复习巩固、迎考评价、师生与生生交往讨论等活动中，其行为能否高效影响师生身心健康、专业和学业发展。

中学历史有效教学行为与传统中学历史教学行为的最大区别，就是特别强调和追求教师的"教"与学生的"学"必须是高效的；强调和追求历史教学三维目标，即知识与能力、过程与方法、情感态度与价值观在历史教学活动的有机融合与全面实现；强调和追求的教与学效率没有最好，只有更好。

（三）国内外研究现状述评

有效教学理论源于 20 世纪上半叶西方的教学科学化运动，经历了优秀教师品质的研究、好教学的特点研究和有效教学的综合研究三个阶段。国内从 20 世纪 90 年代末开始对有效教学进行研究，近期有越来越热的趋势，并出版了不少理论研究成果。就中学历史教学而言，中学历史教学界虽从历史教育的价值取向、教师角色、教师的课堂智慧、教育评价体系、教师专业成长、教育机制等方面开展过一些讨论，但至今还没有一部系统阐述中学历史有效教学行为，且具有很强操作性的专著。

（四）选题意义与研究价值

深入研究中学历史教学行为的有效性，系统构建适合我国中学历史教学发展需要、操作性强的中学历史有效教学行为方式与策略，对实现新课程改革理念，充分发挥中学历史教育教学功能，提高我国广大中学生人文素养，促进历史教师专业发展，具有十分重要的意义。

本课题研究价值主要表现在五个方面：即丰富"中学历史有效教学行为"理论；形成符合素质教育发展要求的中学历史有效教学行为策略；为学生的终身发展奠定坚实基础；有力促进历史教师的专业成长与发展；有力促进中学历史教与学整体质量的提升。

二、课题理论依据、研究目标、研究内容、创新之处。

（一）理论依据

1. 教育文化论是中学历史有效教学行为研究的教育学基础。教育文化论认为，"在现代社会中，教育与文化存在相互包含、相互作用、互为目的和手段的交融关系。"其中，学校文化，即"学校全体成员或部分成员习得且共同具有的思想观念和行为方式"，对教师的教学活动和学生的学习活动有着不可忽视的影响。

2.行为主义学习论、建构主义学习论是中学历史有效教学行为研究的心理学基础。行为主义学习论认为，"学习者的行为是他们对环境刺激做出的反应；所有行为都是习得的。"这就是说，学生在学习过程中，来自教师、同伴等种种行为的刺激，将毫无疑义地影响着其学习的有效性。以皮亚杰为代表的建构主义学习理论认为，"知识既不是客观的东西，也不是主观的东西，而是个体在与环境交互作用的过程中逐渐建构的结果。""智慧行为依赖于同化与顺化这两种机能从最初不稳定的平衡过渡到逐渐稳定的平衡。"因此，教师的教学行为与学生的学习行为，时刻影响着学生知识构建与发展，影响着教与学的有效性。

3.国内外有效教学理论研究成果为中学历史有效教学行为研究提供了可资借鉴的理论与方法。如苏联巴班斯基"最优化教学理论"。国内崔允漷教授将教师的课堂教学行为分为主要教学行为、辅助教学行为、课堂管理行为三大类，九种具体教学行为。学者白益民通过实证调查，认为高成效教师的行为特征包括3类8个因素。台湾学者林进材借鉴国内外学者的研究与教学实践经验，提出了20条有效的教学行为。这些宏观的有效教学理论研究，为中学历史有效教学行为的研究提供了可资借鉴的理论与方法。

（二）研究目标

1.促进教师教学方式的转变。即由重传授向重发展转变；由统一规格教育向差异性教育转变；由重"教"向重"学"转变；由教学模式化向教学个性化转变；由重结果向重过程转变。

2.促进学生学习方式的改变。即增强学生学习历史的兴趣，培养学生自主学习和探究学习的能力，提高学生实事求是地分析问题和解决问题的能力；促进生生之间、师生之间、学生与社会之间的交流与合作，养成良好的合作意识，最终使学生学习方式由被动接受型向主动参与型转化。

3.丰富中学历史有效教学行为理论，加强个案分析，建立中学历史有效教学行为教学资源库，实现资源共享，为中学历史有效教学行为实践提供资源支持。

4.促进课题组教师积极学习教育教学理论，更新教师教学观念，改革教学方法，提高科研能力，培养一支研究型、学者型的教师队伍。

（三）研究内容

1.研究中学历史教师的有效教学行为，探索高效实现新课程背景下中学历史教学目标的教师教学行为方式、方法、原则与策略。

2.研究中学生的有效历史学习行为，探索高效实现新课程背景下中学历史教学目标的学生学习行为方式、方法、原则和策略。

3.研究中学历史有效教学行为的测量与评价，初步建立起在新课程理念下的教师教学行为与学生的学习行为评价标准（模式）。

4.研究和建立中学历史有效教学行为资源库。

（四）创新之处

1.构建中学历史教师有效教学行为体系（理论、途径、方法、原则等），规范中学历史教学行为，以高效促进中学历史教学效益的提升，有效促进历史教师的专业发展。

2.构建中学学生有效学习行为体系（理论、途径、方法、原则等），规范中学生历史学习行为，以高效促进中学生历史学习效益的提升，有效促进学生身心健康的发展。

3.建立中学历史有效教学行为资源库，编撰中学历史有效教学行为典型案例集，增强操作性，实现研究成果共享。

三、研究思路、研究方法、实施步骤。

（一）研究思路

本课题研究坚持理论与实践相结合，且以实践研究为主。其研究主要围绕三个方面开展工作：一是以"株洲市历史名师基地"为依托，组织全体成员深入开展理论与实践研究。二是"化大为小"，将本课题分解出若干个"子课题"，以"基地成员"为核心，以"基地成员"所在学校的历史教研组为"研究小组"，有计划地开展研究，积累研究成果，集研究研究解决问题。三是同一个"子课题"由两个不同的"研究小组"在不同时间和学校进行交叉错位研究，以丰富研究成果，验证研究成果的可靠性。

（二）研究方法

本课题主要采用行为研究、个案研究、调查研究、文献研究等方法开展研究。

（三）实施步骤

第一阶段：2011 年 1 月至 2011 年 12 月。这一阶段为本课题研究的准备阶段，其主要任务为：①收集积累相关理论资料，寻找理论支持，形成课题研究方案与研究计划。②组建课题研究小组，对课题组人员进行理论与课题研究培训。③向湖南省教育科研规划办呈报"十二·五"规划课题立项，力求获得省市主管教育科研部门的领导和相关专家的支持与指导。④聘请省市专家对本课题开题论证。⑤全体课题组成员，依据本课题的研究方案与研究计划形成初步研究。

第二阶段：2012 年 1 月至 2013 年 12 月。这一阶段为本课题研究的实践探索阶段，其主要任务为：①课题组全体成员在课题主持人的直接指导下，依据课题研究方案与研究计划，对所承担的研究内容，在理论与实践两个方面开展深入细致的研究。②积累本课题研究素材，并对其进行初步分析，初步整理总结出相关成果，包括具有中学历史学科特色的有效教学行为模式、优秀论文、典型案例等。③课题主持人组织课题组成员，就本课题研究过程中出现的疑难问题、重点问题等进行讨论，集体攻关。④课题组成员，依据研究方案和研究计划，在课题主持人的指导下，利用一学期时间（2013 年上学期）完成"子课题"交叉研究，为"子课题"原承担者提供新的研究素材与研究建议，并完善各自的主研任务。⑤课题主持人以引进走出的方式，积极组织课题组成员开展课题研究成果交流活动，以推动课题研究的深入。

第三阶段：2014 年 1 月至 2014 年 12 月。这一阶段为本课题的结题阶段，其主要任务为：①课题主持人指导全体研究成员对各自承担的研究任务进行查漏补缺，组织力量对难以解决的问题进行集体攻关。②课题主持人指导全体研究成员系统整理各自的实践研究、个案研究、调查研究、行为研究、文献研究等方面的研究素材与成果，完成各种研究素材与成果的归档，并进行系统分析，形成各自的研究成果。③课题主持人组织相关成员，完成《新课程背景下中学历史有效教学行为论文汇编》和《新课程背景下中学历史有效教学行为典型案例汇编》工作；完成中学历史有效教学行为资源库建设，并实现资源共享。④课题主持人完成《新课程背景下中学历史有效教学行为的研究》报告的撰写，并组织一次成果展示与推广会。⑤聘请省市专家对课题研究成果进行鉴定和论证，完成本课题结题。

五、完成课题的可行性分析

1. 已取得的相关研究成果和主要参考文献。

2. 主要参加者的学术背景和研究经验、组成结构（如职务、专业、年龄等）。

3. 完成课题的保障条件（如所在单位的经费、设备、资料、时间安排等条件以及单位原有的研究基础）。

1. 已取得的相关研究成果：本课题主持人汪瀛在中学历史有效教学行为研究方面成果较多，仅 2010 年以来就有：①《湖南省历史课堂教学竞赛听课随想》，载全国中文核心期刊《历史教学》2010 年第三期（2 月上半月刊）。②《"历史影像"的真实性与历史教学效果——从"邓小平与英国首相撒切尔夫人会谈"影像材料说起》，载《中学历史教学参考》2010 年第 9 期。③《理学·心学·成语》，载《中学历史教学》2010 年第 10 期。④《科学整合历史知识，有效提升第二轮复习效益》，载《中学政史地》2010 年第 2 期。⑤《科学串联历史知识，提高历史复习效率》，载《中学政史地》2010 年第 3 期。⑥《2010 年高考文综历史考试大纲要旨与复习备考策略》，载《中学政史地》2010 年第 4 期。⑦《基于历史课堂观察的问题和感悟——我看历史"角色体验"教学》，载《中学历史教学参考》2011 年第 1—2 期合刊。

2. 主要参考文献：崔允漷《有效教学》；陈厚德《有效教学》；黎奇《新课程背景下的有效课堂教学策略》；魏清《中学有效教学策略研究》；湖南省中小学教师继续教育指导中心编《教育学》；施良方著《学习论》；宋秋前《有效教学的涵义和特征》；陈晓端、马建华《试析新课程标准指导下有效教学行为的基本特征》。

3. 研究者的学术背景：课题主持人汪瀛为历史特级教师，国家基础教育课程教材专家工作委员会委员，湖南省最高教育奖"徐特立教育奖"获得者。湖南省普通高中新课程实验教学指导委员会历史学科组指导专家。湖南省教育科学研究院兼职教研员。湖南省"株洲市名校长名教师培养工程历史学科名师培养基地"主持人。从教以来，他已在全国中文核心刊物和 20 余家省级以上刊物发表史学论文和历史教研论文及辅导文章200 余篇，90 多万字。其中不少论文为权威信息刊物全文转发；著有《高中历史新课程教与学》（获湖南省基础教育教学成果二等奖）等理论性专著七部；主持完成省教育学会课题 1 个，参与国家级课题研究 1 个，承担省市级中学历史专题讲座（或学术报告）、骨干教师培训班和新课程培训班的教学任务上百次。本课题其他主要成员，均为株洲市历史名师基地成员。他们或是历史特级教师（陈赓发），或是株洲市学术带头人（张建军）、或为株洲市历史学科带头人或骨干教师，不仅历史教育教学经验丰富，而且都参加过不同级别的课题研究，取得过不少研究成果，拥有较强的历史教育科研能力，能胜任本课题的研究工作。

4. 本课题的立项获得株洲市教育局和株洲四中的大力支持。由于主要研究成员均是"株洲市历史名师基地"成员，依据《株洲市名校长名教师培养工程实施意见》（株教字 [2009]36 号）和《株洲市名校长名教师培养基地建设及管理办法》，以及名师培养对象所在学校签署的《株洲市名校长名教师培养工程承诺书》，课题研究所需师资、经费、资料、设备和时间都有可靠保证。我们决定，从"历史名师基地"每年度的培训科研经费 30000 元中，单列出 5000 元作为本课题的专项研究经费，共计 15000 元。

六、预期研究成果

主要阶段性成果（限报 10 项）				
序号	研究阶段 （起止时间）	阶段成果名称	成果 形式	负责人
1	2011.9—2013.1	中学历史有效教学行为之"备课与教学设计行为"。	论文 案例	刘玲玲
2	2011.9—2013.1	中学历史有效教学行为之"课程资源开发行为"。	论文 案例	李建明
3	2011.9—2013.1	中学历史有效教学行为之"课堂教学语言与肢体艺术行为"。	论文 案例	匡志林
4	2011.9—2013.1	中学历史有效教学行为之"课堂师生互动与反馈评价行为"。	论文 案例	蔡志中
5	2011.9—2013.1	中学历史有效教学行为之"课堂现代教育技术使用与传统板书行为"。	论文 案例	胡 慧
6	2011.9—2013.1	中学历史有效教学行为之"课堂教学预设与教学生成行为"。	论文 案例	龙梦娜
7	2011.9—2013.1	中学历史有效教学行为之"课前与课堂学生学习行为"。	论文 案例	邓 莹
8	2011.9—2013.1	中学历史有效教学行为之"课后学生学习与教师辅导行为"。	论文 案例	谭星醒
9	2011.9—2013.1	中学历史有效教学行为之"考试测量行为与学生整体学习评价行为"。	论文 案例	欧帽辉
10	2011.9—2013.1	中学历史有效教学行为之"师生教与学行为观察与评价系统"。	论文 案例	朱世荣

最终研究成果（限报 3 项，其中必含研究报告）				
序号	完成时间	最终成果名称	成果形式	负责人
1	2013.1—10	《新课程背景下中学历史有效教学行为研究论文汇编》和《新课程背景下中学历史有效教学行为研究案例汇编》	汇编 文本	张建军
2	2013.1—11	新课程背景下中学历史有效教学行为研究资源库	专题网络资源库	陈赓发
3	2013.8—12	《新课程背景下中学历史有效教学行为研究报告》	研究 报告	汪 瀛

七、经费

由单位承诺严格监督课题经费合理有效的使用，督促课题主持人严格按《湖南省教育科学规划课题经费暂行管理办法》经费开支，遵守财务制度。承诺保证课题经费单独立户、专款专用、不挤占和挪用课题经费。承诺配套经费的具体数额和渠道，保证配套经费的落实。
我们依据《株洲市名校长名教师培养工程实施意见》（株教字 [2009]36 号）和《株洲市名校长名教师培养基地建设及管理办法》，以及名师培养对象所在学校签署的《株洲市名校长名教师培养工程承诺书》，决定本课题研究所需经费，将从"株洲市历史名师基地"每年度的培训科研经费 30000 万元中，单列 5000 元作为本课题的专项研究经费，共计 15000 元。 　　我们承诺严格监督课题经费合理有效的使用，督促课题主持人严格按《湖南省教育科学规划课题经费暂行管理办法》经费开支，遵守财务制度。承诺保证课题经费单独立户、专款专用、不挤占和挪用课题经费。 单位负责人签章：（电子文档 略） 单位公章：（电子文档 略）

经费管理单位名称、通信地址、邮政编码、开户银行、账号	户名：株洲市国库集中支付处（株洲市第四中学）。 开户银行：华融湘江银行株洲金洋支行。 账号：5016810300013

八、推荐人意见

不具有副高专业技术职称的申请人，须由两名具有副高专业技术职称的同行专家推荐。推荐人须认真负责地介绍课题负责人和参加者的专业水平、科研能力、科研态度和科研条件，并说明该课题取得预期成果的可能性。

第一推荐人姓名：　　　专业职称、职务：　　　研究专长：

推荐人单位：　　　　　推荐人签章：

第二推荐人姓名：　　　专业职称、职务：　　　研究专长：

推荐人工作单位：　　　推荐人签章：

九、课题负责人所在单位意见

　　申请书所填写的内容是否属实；该课题负责人和参加者的政治业务素质是否适合承担本课题的研究工作；本单位能否提供完成本课题所需的时间和条件；本单位是否同意承担本课题的管理任务和信誉保证。

　　申请书所填内容属实。本课题负责人汪瀛和参加者张建军、陈庚发等 12 人的政治业务素质适合承担本课题的研究工作。本单位保证为课题主持人等提供完成本课题所需的时间和条件。本单位同意承担本课题的管理任务和信誉保证。

　　　　　　　　单位科研管理部门公章（电子文档略）
　　　　　　　　单　位　公　章　（电子文档略）
　　　　　　　　　　　　　　　　　　　　2011 年 4 月 8 日

　　　　　　　　单位负责人签名：（电子文档略）
　　　　　　　　　　　　　　　　　　　　2011 年 4 月 8 日

十、市级教育科学规划办（或教育局）意见

对课题负责人所在单位意见的审核意见；是否同意报湖南省教育科学规划办公室；其他意见。

（高校、省直单位可以不填）

此处本人无法提供，请原谅！

公　章：

负责人签字：

年 月 日

十一、学科评审组评审意见

主审专家意见	此处本人无法提供，请原谅！ 主审专家签字： 年 月 日

评审组人数		实到人数		表决结果	
赞成票		反对票		弃权票	

评审组建议立项意见	此处本人无法提供，请原谅！ 评审组长签字： 年 月 日
评审未通过原因	1.活页评审未通过； 2.投票表决未通过，主要问题（可多项选择，在选择处画沟）； （1）选题问题； （2）课题设计问题； （3）研究内容问题； （4）研究方法问题； （5）课题组织问题； （6）经费资助问题； （7）研究成果问题； （8）其他问题。 此处本人无法提供，请原谅！ 主审专家签字： 年 月 日 评审组长签字： 年 月 日

十二、湖南省教育科学规划领导小组审批意见

此处本人无法提供，请原谅！

公　章　　　　　　　　　负责人签名：

年　月　日

十三、湖南省教育科学规划领导小组办公室批准经费意见

批准资助类别		批准金额	万元	拨款次数	
年度拨款计划（万元）	年	年	年	年	年

此处本人无法提供，请原谅！

公　章

负责人签字：

年　月　日

湖南省教育科学规划领导小组办公室

湘教科规通[2011]004 号

关于下达湖南省教育科学"十二五"规划
2011 年度立项课题的通知

汪　瀛同志：

经湖南省教育科学规划领导小组批准，您申报的课题被批准为湖南省教育科学"十二五"规划 2011 年度立项课题。

课题名称：**新课程背景下中学历史有效教学行为的研究**

课题批准号：**XJK011CJJ060**

课题资助类别：**省级一般课题**

根据《湖南省教育科学规划课题管理暂行办法》的规定：

1、省级教育科学规划课题实行分级管理，课题的日常管理分别委托市州教育科研机构、高校主管部门和课题所在单位负责；课题的重要变更要及时报我办审批；课题研究的重要活动须报我办和市州教育科研机构（或高校主管部门）备案。所有的课题必须切实做好自我管理工作。

2、按照《湖南省教育科学规划课题管理暂行办法》，课题负责人接到立项通知后，应尽快确定具体的课题实施方案，在三个月内组织开题。考虑到今年课题立项通知下达的实际情况，开题截止日期为 2011 年 11 月底，请各主持人接此通知后，务必在此期间组织开题，并于 11 月底前将《湖南省教育科学规划课题开题论证书》统一报送我办和市州教育科研机构（或高校主管部门）备案。

3、凡有经费资助的课题，课题单位必须落实相应的配套经费，配套比例不低于1：1。没有资助的一般课题，所在单位应参照省级一般资助课题的标准提供必要的课题研究经费，请课题主持人主动向有关主管部门汇报，以期落实。

4、为加强立项课题的管理，帮助和指导课题主持人做好课题研究，我办将分别举办 2011 年课题主持人研修班。具体时间、地点另行通知。

5、有经费资助的课题经费通知另行下达。

湖南教育科学规划网址：www.hnjykxgh.com

邮箱：hnsjykxghb@163.com

联系电话：0731-84402927 84402925 84402923

湖南省教育科学规划领导小组办公室
2011 年 9 月 1 日

新课程背景下中学历史有效教学行为的研究
开 题 报 告

一、问题的提出

新课程改革业虽已实施几年，但我国目前"课堂教学方式发生转变的现象并不普遍，传统的以知识点传授为主的讲授式教学、练习和解题为主的学习活动，在诸多学校的课堂中仍比较多的存在。"[①]以历史教师为中心的课堂教学行为，以历史知识灌注为基本特征的施教方式，以闭卷考试和分数为历史学习评价的唯一标准，仍然统治着中学历史教师的历史教学行为。与此相对应，以被动接受、死记硬背为基本特征的历史学习行为，则统治着中学生的历史学习行为。有人戏言：中学历史学习就是上课"勾"教材（在教材上按老师的指点作符号、标出重点等），课后"对"教材（对照教材完成作业），考前"背"教材，考完"扔"教材。

广大中学师生为什么没有从根本上改变自己的历史教学行为和历史学习行为呢？其原因复杂，"如课程与高考评价的脱节、课程要求与实施设备的脱节、课程内容与教学资源的脱节"，特别是新课程改革理论研究、教师培训与实际教学严重脱节，其研究成果与教师培训，或为"纯理论分析"的文字游戏，缺少有说服力的实践探索，缺乏操作性；或为编辑经过不断精心"加工"的理想案例，让人看了兴奋，做了沮丧。"教师是实践工作者，他对新课改的理解，不能只停留在口头上、文字中，必须转化为在课堂教学中可以操作的步骤和环节。新课改开始后，尽管各地教育行政部门和学校陆续组织了一些新课改方面的教师培训，但多半脱离教师的实际，宏观的东西太多，操作性

[①] 霍益萍主编.普通高中现状调研与问题讨论 [M].上海：华东师范大学出版社，2010：54.

的东西太少，缺乏具体的指导，教师参加完培训后还是一头雾水，无所适从，不知道从何做起。"①因此，无论是我们所在的市、县（区）中学，还是全国其他中学，历史教师的教学行为的有效性还有待于大幅提升。

二、"中学历史有效教学行为"界定

何谓"有效教学行为"？目前教育界对其有不同的定义，有人认为，"有效的教师教学行为是以学生发展为取向的"②的行为。也有人认为，"有效教学行为是能够促进学生学习与发展并有利于教师自身专业成长的教学行为。"③

我们认为，中学历史有效教学行为，就是中学师生在历史课程教与学的过程中，其教与学行为是一种有益于身心健康、专业和学业发展的高效劳动。他主要包括两个方面：一是历史教师在课前准备、课堂施教、课后辅导、考试评价、师生交往等行为活动中，其行为能否高效影响师生身心健康、专业和学业发展；二是学生在课前准备、课堂学习、课后作业、复习巩固、迎考评价、师生与生生交往讨论等活动中，其行为能否高效影响师生身心健康、专业和学业发展。

中学历史有效教学行为与传统中学历史教学行为的最大区别，就是特别强调和追求教师的"教"与学生的"学"必须是高效的；强调和追求历史教学三维目标，即知识与能力、过程与方法、情感态度与价值观在历史教学活动的有机融合与全面实现；强调和追求教与学的效率没有最好，只有更好。

三、国内外研究现状述评

有效教学理论源于20世纪上半叶西方的教学科学化运动，"有效教学"的提出也是"教学是艺术还是科学"之争的产物。其核心是教学的效益，即怎

① 霍益萍主编. 普通高中现状调研与问题讨论 [M]. 上海：华东师范大学出版社，2010：61.

② 宋秋前. 有效教学的涵义和特征 [J]. 教育发展研究，2007（1A）.

③ 陈晓端，马建华. 试析新课程标准指导下有效教学行为的基本特征 [J]. 教育科学研究，2006（2）.

样的教学才是有效的？是高效、低效还是无效？其研究探索大致经历了优秀教师品质的研究、好教学的特点研究和有效教学的综合研究三个阶段。

第一阶段是关于优秀教师品质的研究（20世纪30年代初—60年代末）。以卡特尔和瑞安为代表的研究者认为，教师的品质影响着教学的有效性，教师的优秀品质是教学的有效性的重要保证。其研究方法主要是访谈、调查等。这种研究存在用孤立的静止的观点看待问题的缺陷，忽视教师在课堂中的活动表现，显得简单化。

第二阶段是关于好教学的特点的研究（20世纪70年代初—80年代末）。

以弗兰德斯和多勒为代表的研究者认为，好教师的品质不能完全代表有效教学，判断有效教学的标准应在教学实践中去寻找，从而开始了对教师教学行为的研究，即有效课堂教学特点的研究。格德撰写的《教师行为和学生成绩》一文，归纳综合了教师教学行为有效性的研究结果，其中5种是关键的有效行为，清晰明了的课堂，教学变异性，以任务为导向，让学生参与学习过程，确保学生的成功率。

第三阶段是关于有效教学的综合研究（20世纪90年代初至今）。进入20世纪90年代后，西方关于有效教学的研究开始向综合化的方向发展，学者们在考察有效教学的特点和有效教学的标准时，已走出了单一的思维模式，突破了仅仅着眼于教师品质或教师的课堂教学行为的老圈子，而试图从多方面、多角度来考察有效教学。国际经济合作和发展组织将教学的有效性综合为五个要素：即教师所掌握的实际课程领域的知识和教学内容的知识；教师教学的技能，包括使用有效教学策略的意识和能力；教师教学反思的能力及教师专业化的品质；教师教学管理的能力；教师的沟通能力。与上述关于有效教学的研究相比，将教师具有的学科知识和教师的反思能力列为有效教学的要素，对有效教学研究的视野更加开阔，研究的问题更加深刻全面

国内从20世纪90年代末开始对有效教学进行研究，近期有越来越热的趋势，并出版了不少理论研究成果。就中学历史教学而言，中学历史教学界虽从历史教育的价值取向、教师角色、教师的课堂智慧、教育评价体系、教师专业成长、教育机制等方面展开过一些讨论，但至今还没有一部系统阐述中学历史有效教学行为，且具有很强操作性的专著。因此，要真正实现新一轮历史新课程改革目标，就必须实实在在地转变历史教师的教学行为和学生的

学习行为，提高历史教师的教学行为和学生学习历史行为的有效性。这是广大中学一线历史教师不可推卸的历史责任。

四、选题意义与研究价值

转变教师的教学方式和学生的学习方式是新课程改革的基本理念。他直接关系到学生的学习效果，关系到素质教育能否真正落实，关系到我们的教育能否满足日新月异的社会对人才的需要。因此，深入研究中学历史教学行为的有效性，系统构建适合我国中学历史教学发展需要、操作性强的中学历史有效教学行为方式与策略，对实现新课程改革理念，充分发挥中学历史教育教学功能，提高我国广大中学生人文素养，促进历史教师专业发展，具有十分重要的意义。

第一，丰富"中学历史有效教学行为"理论。本课题从理论、特别是实践层面深入研究中学历史有效教学行为，从而为教育理论指导教育实践提供经验和有价值的案例。

第二，形成符合素质教育发展要求的中学历史有效教学行为策略。本课题研究以提高中学历史教学效益为目标，针对现行中学历史有效教学行为的缺失问题，探索创设积极的中学历史有效教学行为氛围，并具有课程改革新理念的系列的中学历史有效教学行为方式、方法与策略。

第三，为学生的终身发展奠定坚实基础。本课题研究将面向全体学生和学生个体发展相结合，深入研究如何充分调动学生主体性，变被动学习为主动学习，形成主动、探究、批判、合作的学习方式，培养学生养成良好的有效的系列学习行为习惯；深入研究如何帮助学生形成正确的情感态度与价值观，以促进学生学习能力、独立思维能力及动手能力的不断提高，促进学生身心健康发展，为学生终身发展奠定坚实基础。

第四，有力促进历史教师的专业成长与发展。中学历史有效教学行为的研究过程，就是教师积极研究采用各种有效教学行为策略来组织和实施中学历史教学的过程，是教师了解和掌握研究有效教学行为策略和基本步骤的过程，是教师继承、创新与发展中学历史有效教学行为的过程。因此，他是有力促进历史教师专业成长与发展的好渠道。

第五，有力促进中学历史教与学整体质量的提升。本课题研究将学习的民主性和科学性作为激活学生学习的内在机制的因素，一方面激发学生学习的内在动力，引发学生的有效学习，从而使教学活动结果与预期教学目标的相吻合，使教学目标与21世纪社会和个人的教育需求相吻合，以尽少的时间、精力和物力投入，取得尽可能多的教学效果。另一方面增强课题组教师的科研意识，提高教师的教学和研究水平，推进学校历史教学向更深层次方向发展，从而提升学校的整体办学水平。

五、研究假设和理论依据

（一）研究假设

1. 历史教师的教学行为与中学历史教学质量存在直接关系，历史教师的全部教学行为是否得当直接影响到中学历史教学质量的高低。具体而言，如果历史教师的课前准备、课堂施教、课后辅导、考试评价、师生交往等一系列教学行为得当，其历史教学有效性就高（即历史教师的教学行为能高效影响师生身心健康、专业和学业发展）。否则就低。

2. 学生的历史学习行为与中学历史教学质量存在直接关系，学生的历史学习行为是否得当直接影响到中学历史教学质量的高低。具体而言，如果学生的课前准备、课堂学习、课后作业、复习巩固、迎考评价、师生与生生交往讨论等一系列历史学习行为得当，其历史学习有效性就高（即学生的学习历史行为能高效影响师生身心健康、专业和学业发展）。否则就低。

（二）理论依据

1. 教育文化论是中学历史有效教学行为研究的教育学基础

教育文化论认为，"文化与教育是社会发展过程中的一对双胞胎，在现代社会中，教育与文化存在相互包含、相互作用、互为目的和手段的交融关系。"其中，学校文化，即"学校全体成员或部分成员习得且共同具有的思想观念和行为方式"，对教师的教学活动和学生的学习活动有着不可忽视的影响。他"既可能会给学校预定教育目的达成带来积极意义，也可能阻碍教育目的达成"。"教师所采用的教学形式不同，学生的反映也就随之各异。不同的师生互动模式，可以产生不同的社会气氛和不同的行为方式。不少研究表明，不同年龄阶段的学生都渴望与自己的老师建立一种亲切、和谐的关系，渴望与教师平等交流，想了解教师权威后面遮盖的真实生活面貌。"①

2. 行为主义学习论、建构主义学习论和多元智能理论是中学历史有效教学行为研究的心理学基础

行为主义学习论（亦称刺激—反应学习理论）认为，"学习者的行为是他们对环境刺激做出的反应；所有行为都是习得的。"②这就是说，学生在学习过程中，来自教师、同伴等种种行为的刺激，将毫无疑义地影响着其学习的有效性。

以皮亚杰为代表的建构主义学习理论认为，"知识既不是客观的东西（经验论），也不是主观的东西（活力论），而是个体在与环境交互作用的过程中逐渐建构的结果（Inhelder，1997）。""智慧行为依赖于同化与顺化这两种机能从最初不稳定的平衡过渡到逐渐稳定的平衡。"③也就是说，儿童是在与周围环境相互作用过程中，通过同化（个体对刺激输入的过滤或改变的过程）与顺应（有机体调节自己内部结构以适应特定刺激情境的过程），逐步建构起知识，从而使自身认知结构得到发展的。因此，教师的教学行为与学生的学习行为，都无时无刻不在影响着学生的知识构建与发展，影响着教与学的有效性。

加德纳多元智能理论认为：人类的智能是多元化而非单一的，主要是由语言智能、数学逻辑智能、空间智能、身体运动智能、音乐智能、人际智能、自我认知智能、自然认知智能八项组成，每个人都拥有不同的智能优势组合。因此，无论是教师的"教"，还是学生的"学"，都存在扬长避短的问题。高效的历史教与学过程，就是师生之间沟通合作，相互扬长避短的过程。换言之，教师要依据自己和学生各自的智能优势与差异，进行有效的教学引导，进而实现有效教学，促进学生更好地更健康地有个性地发展。④

① 湖南省中小学教师继续教育指导中心编. 教育学 [M]. 北京：北京教育出版社，2009:55-60-62.

② 施良方. 学习论 [M]. 北京：人民教育出版社，2001：14.

③ 施良方. 学习论 [M]. 北京：人民教育出版社，2001：168-173.

④ 梅汝莉主编. 多元智能与教学策略 [M]. 北京：开明出版社，2003.

3. 国家普通高中历史课程标准相关规定是中学历史有效教学行为研究的法规基础

中华人民共和国教育部新颁布的《普通高中历史课程标准》(实验),一方面要求"普通高中历史课程的设计与实施有利于教师教学理念的更新,有利于教学方式的转变,倡导灵活运用多样化的教学手段和方法,为学生的自主学习创造必要的前提"。另一方面要求"普通高中历史课程的设计与实施有利于学生学习方式的转变,倡导学生主动学习,在多样化、开放式的学习环境中,充分发挥学生的主体性、积极性与参与性,培养探究历史问题的能力和实事求是的科学态度,提高创新意识和实践能力。"课程目标也明要求学生"在掌握基本知识的过程中,进一步提高阅读和通过多种途径获取历史信息的能力;通过对历史事实的分析、综合、比较、归纳、概括等认识活动,培养历史思维和解决问题的能力。""学习历史唯物主义的基本观点和方法,努力做到论从史出,史论结合;注重探究学习,善于从不同的角度发现问题,积极探索解决问题的方法;养成独立思考的学习习惯,能对所学内容进行较为全面的比较、概括和阐释;学会同他人,尤其是具有不同见解的人合作学习和交流。"[1]

4. 国内外有关有效教学的理论研究成果为中学历史有效教学行为研究提供了可资借鉴的理论与方法

有效教学理念源于20世纪上半叶西方的教学科学化运动,且取得了不少研究成果。巴班斯基"教学过程最优化理论"认为,教学要达到最优化目的,就必须分析学生状况和教学任务,明确教学内容,选择教学方式、方法,拟定教学进度,对教学结果加以测定和分析等等。其最优化的关键:一是分析教材中主要的和本质的东西,确保学生能掌握这些内容;二是选择能有效地掌握所学内容、完成学习任务的教学方法、方式,进行有区别的教学。[2]

21世纪初,国内学术界以现代教育教学理论、心理学理论为基础,大规模进行有效教学理论的相关研究。崔允漷教授把教学实践分解为教师的"教"和学生的"学"两部分,认为教师的"教"是教学理论的中心问题:一是怎样教得有效,二是怎样教得好?据此,他将教师的课堂教学行为分为主要教

① 中华人民共和国教育部制订. 普通高中历史课程标准(实验)[M]. 北京:人民教育出版社,2003:2.

② [苏]尤·克·巴班斯基. 教学过程最优化:一般教学论方面[M]. 张定璋,译. 北京:人教育出版社,2007.

学行为、辅助教学行为、课堂管理行为三大类，九种具体教学行为。[①] 学者白益民通过实证调查，认为高成效教师的行为特征包括3类8个因素，即实质性互动行为——积极的师生互动，让学生明确教学目标与课堂常规，创造更适应教学的教学模式，提供实质性反馈、复习方式和内容；维持学生专注行为——课堂管理行为，引导学生的专注；教学的计划与反思——课前与课后思维。台湾学者林进材借鉴国内外学者的研究与教学实践经验，提出了20条有效的教学行为。[②] 这些宏观的有效教学理论研究，为中学历史有效教学行为的研究提供了可资借鉴的理论与方法。

六、研究目标

新课程背景下研究中学历史有效教学行为，旨在探索一条实现历史新课程教学目标的途径和方法，促进师生共同成长。具体而言：

1.促进教师教学方式的转变，即由重传授向重发展转变；由统一规格教育向差异性教育转变；由重"教"向重"学"转变；由教学模式化向教学个性化转变；由重结果向重过程转变。改变过去以"教师为中心，教材为中心，双基为中心，考试为中心"的课堂结构，逐步构建"以学生为中心，生活为中心，三维（知识与技能、过程与方法、情感与态度及价值观）为中心，全面评价为中心"的课堂模式。

2.促进学生学习方式的改变，增强学生学习历史的兴趣，培养学生自主学习和探究学习的能力，提高学生实事求是地分析问题和解决问题的能力；促进学生与学生之间、学生与教师之间、学生与社会之间的交流与合作，养成良好的合作意识，最终使学生学习方式由被动接受型向主动参与型的转化。

3.丰富中学历史有效教学行为理论，加强个案分析，建立中学历史有效教学行为教学资源库，实现资源共享，为中学历史有效教学行为实践提供资源支持。

4.促进课题组教师积极学习教育教学理论，更新教师教学观念，改革教学方法，提高科研能力，培养一支研究型、学者型的教师队伍。

---

① 崔允漷.有效教学[M].上海：华东师范大学出版社,2009.
② 李洪山.国内有效教学理论与实践研究经验概述[J].教学研究,2010：2.

七、研究内容

1. 研究中学历史有效教学行为，丰富和完善中学历史有效教学理论。

2. 研究中学历史教师的有效教学行为，即教师的课前准备、课堂施教、课后辅导、考试评价、师生交往等行为的有效性，探索高效实现新课程背景下中学历史教学目标的教师教学行为方式、方法、原则与策略。

3. 研究中学生的有效历史学习行为，即学生课前准备、课堂学习、课后作业、复习巩固、迎考评价等行为的有效性，探索高效实现新课程背景下中学历史教学目标的学生学习行为方式、方法、原则和策略。

4. 研究中学历史有效教学行为的测量与评价，初步建立起在新课程理念下的教师教学行为与学生的学习行为评价标准（模式）。

5. 研究和建立中学历史有效教学行为资源库。

八、课题拟解决的关键问题

1. 如何运用相关学习理论有效指导本课题研究，建立符合中学历史教学特征与需要的中学历史有效教学行为理论体系。

2. 探索出切合目前我国、特别是我省中学历史教学实际需要的，能高效实现新课程背景下中学历史教学目标的教师教学行为方式、方法、原则与策略。

3. 探索出切合目前我国、特别是我省中学历史教学实际需要的，能高效实现新课程背景下中学历史教学目标的学生学习行为方式、方法、原则和策略。

4. 探索出切合目前我国、特别是我省中学历史教学实际需要的，能高效实现新课程背景下中学历史教学目标的中学历史有效教学行为的测量、评价模式及其编制方法与技术。

九、拟采取的研究方法、思路及技术路线

（一）研究方法

本研究在研究方法上，主要采用行为研究、案例研究、调查研究、文献

研究等研究方法开展研究。

1.行为研究：就是在本课题研究过程中，参与本课题研究的教师把自己的教育教学实践活动作为研究对象，边研究边实践，边实践边研究。具体遵循"确定研究问题—拟定研究计划—实施教学行动—观察记录效果—反思评价行动—重检行动效果"研究程序，并从中总结出能提升中学历史有效教学行为的方式、方法、原则与策略，建立新课程理念下的教师教学行为与学生的学习行为评价标准（模式），丰富和完善中学历史有效教学理论。

2.案例研究：就是在本课题研究过程中，参与本课题研究的教师以自己或其他中学历史教师成功或失误的历史教学行为典型案例作为研究对象，通过对其进行深入和具体的考察研究，揭示其内在特点与法则，并从中总结出能提升中学历史有效教学行为的方式、方法、原则和策略，建立新课程理念下的教师教学行为与学生的学习行为评价标准（模式），丰富和完善中学历史有效教学理论。

3.调查研究：就是在本课题研究过程中，参与本课题研究的教师以自己承担的子课题为研究内容，通过访问调查、问卷调查、行为观察、电话调查、网络调查等途径获得中学师生的历史教与学行为与教学质量的相关材料，然后对这些材料进行系统统计、归纳与研究，从而揭示中学师生的历史教与学行为与教学质量之间的关系，总结出能提升中学历史有效教学行为的方式、方法、原则和策略，建立新课程理念下的教师教学行为与学生的学习行为评价标准（模式），丰富和完善中学历史有效教学理论。

4.文献研究：就是在本课题研究过程中，参与本课题研究的教师以自己承担的子课题为研究重点，系统检索中学历史有效教学行为研究方面的文献，收集了解国内外在这方面的已有研究成果，为本课题研究提供有益借鉴和参考，以开拓自己的研究思路与视野，为提升本课题的成果价值奠定基础。

（二）研究思路

本课题在研究过程中，拟主要围绕以下三方面开展工作：一是以"株洲市历史名师基地"为依托，组织全体成员深入开展理论与实践研究。二是"化大为小"，也就是将本课题分解出若干个"子课题"，以"基地成员"为核心，以"基地成员"所在学校的历史教研组为"研究小组"，有计划地开展研究，积累研究成果，然后集中研究讨论。三是"交叉研究"，也就说，同一个"子课题"由两个不同的"研究小组"在不同时间和学校进行交叉错位研究，既可丰富研究成果，又能验证研究成果的可靠性。

在具体研究过程中，本课题研究坚持理论与实践相结合，且以实践研究为主。在理论上，积极搜集和借鉴国内外"有效教学行为"的研究成果，并有机融入"中学历史有效教学行为"的理论和实践研究之中，创造出新的研究成果。为此，我们特别强调两点：

第一，关注过程，坚持加强学习与积累，努力寻求理论与实践之间的通道。课题研究是一项细致的工作，它需要在研究过程中积累点点滴滴数据、信息、经验。为此，我们课题组设计了《课题研究活动记录》，要求课题组成员围绕研究课题，设立本学年或本学期研究的子课题，并围绕自己研究的子课题积极学习有关理论知识，努力开展教学实验活动。在《活动记录》上记下每次学习、活动的内容，并反思自己实验过程中的所作所为，总结归纳有关数据信息，从而为期末撰写教学科研论文积累一批翔实、有价值的素材。在这些活动记录中，既有理论学习的记录，又有实践印证，还有各课题组成员的心得体会，它不仅将各课题组成员的思维导入深处，同时也促进了课题研究工作向更高的台阶迈进。

第二，加强反思，对研究情况进行实事求是的评析、总结。我们的课题研究，是在不断反思、总结的过程中逐步走向完善的。我们将所学理论运用于实践，又在实践中产生新的问题，不断琢磨、推敲。在申报本课题后，我们在实践中进一步对方案进行了论证，使其更趋科学合理而富有研究价值。在实施新课程的过程中，我们对照新课程标准，在本课题研究中及时调整了具体的目标和要求。平时，在教学中我们不断反思自己的实验经过，善于发现本课题研究中出现的具体问题，与他人合作解决，并在理论联系实际的过程中及时撰写下来，形成教学案例、论文。

（三）技术路线

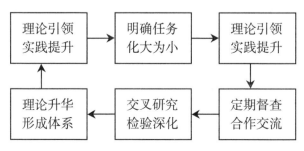

十、本研究方案的可行性分析

我们之所以确立《新课程背景下中学历史有效教学行为的研究》为自己的研究课题，其可行性主要表现为：

1. 本课题研究的理论基础坚实科学（参见"课题的理论依据"）。

2. 拥有一支实力雄厚、团结务实的历史教育教学研究队伍，并勇于承担和愿意努力完成这一课题研究任务。

本课题主持人为特级教师汪瀛。他是国家基础教育课程教材专家工作委员会委员，湖南省最高教育奖"徐特立教育奖"获得者。湖南省普通高中新课程实验教学指导委员会历史学科组指导专家。湖南省教育科学研究院兼职教研员。湖南省"株洲市名校长名教师培养工程历史学科名师培养基地"主持人，供职于株洲市四中。从教以来，他已在全国中文核心刊物和20余家省级以上刊物发表史学论文和历史教研论文及辅导文章200余篇，90多万字。其中不少论文为权威信息刊物全文转发；著有《高中历史新课程教与学》（获湖南省基础教育教学成果二等奖）、《自然环境与人的生存发展》（获株洲市哲学社会科学成果二等奖）、《中学历史校本课程开发理论与实践》《汉武帝》《新加坡教育观感》《历史学习与复习迎考》《中学历史题型解法研究》等理论性专著；主持完成省教育学会课题1个，参与国家级课题研究1个，承担省市级中学历史专题讲座（或学术报告）和骨干教师培训班和新课程培训班的教学任务上百次。完全有能力和信心领导课题组成员完成本课题的研究任务。

本课题组骨干成员，为株洲市历史名师基地成员。他们或是历史特级教师（陈赓发），或是株洲市学术带头人（张建军），或为株洲市历史学科带头人或骨干教师，不仅历史教育教学经验丰富，而且都参加过不同级别的课题研究，取得过不少研究成果，拥有较强的历史教育科研能力，能胜任本课题的研究工作。

3. 新课程实施以来，我们已在中学历史有效教学行为方面做过一些探索与研究，积累了一定的研究经验，且已取得一些研究成果：

（1）本课题主持人汪瀛在中学历史有效教学行为研究方面成果较多，仅2010年以来就有：①《湖南省历史课堂教学竞赛听课随想》，载全国中文核心期刊《历史教学》2010年第三期（2月上半月刊）。②《"历史影像"的真实性与历史教学效果——从"邓小平与英国首相撒切尔夫人会谈"影像材料说起》，载《中学历史教学参考》2010年第9期。③《理学·心学·成语》，载《中学历史教学》2010年第10期。④《科学整合历史知识，有效提升第二轮复习效益》，载《中学政史地》2010年第2期。⑤《科学串联历史知识，提高历史复习效率》，载《中学政史地》2010年第3期。⑥《2010年高考文综历史考试大纲要旨与复习备考策略》，载《中学政史地》2010年第4期。⑦《基于历史课堂观察的问题和感悟——我看历史"角色体验"教学》，载《中学历史教学参考》2011年第1-2期合刊。

（2）本课题骨干成员在中学历史有效教学行为研究方面也取得一些研究成果。如：蔡志中的《历史新课程教学要培养学生成为"有思想力的人"》，发表在《中国校外教育》2010年第2期上；《试论历史学案导读合作探究五步教学法》，发表在《湖南教育》2010年第2期上。刘玲玲的《用建构主义观点搭建 新课程的课堂模式》，发表在《学习方法报》（2008.7）；《让历史课堂充满生命的灵魂》，发表在《新课程学习》2011年第3期上。

4.本课题的立项获得株洲市教育局和株洲四中的大力支持，实验所需师资、技术手段和资金已经具备。如汪瀛老师主持的"历史名师基地"，每年度的培训科研经费就有三万元之多。

十一、课题预期研究的特色和创新之处

本课题预期研究成果特色和创新之处，就是突出历史新课程理念，构建新课程背景下中学历史有效教学行为体系，丰富中学历史有效教学行为理论，为高效实现中学历史教学目标提供科学规范的教与学途径、方法、原则和大量典型案例，展现好学、易操作和实效好的特点。具体来说：

1.突出落实历史新课程理念。即突出强调以人为本，倡导教学形式和学习方式的多样化；注重教师"教"、学生"学"和教学的过程性评价；突出实践性、探究性和社会性，以促进中学历史教学更能担负起历史教育改革的使命，顺应时代的发展要求。

2.构建中学历史教师有效教学行为体系（理论、途径、方法、原则等），

规范中学历史教学行为，以高效促进中学历史教学效益的提升，有效促进历史教师的专业发展。

3. 构建中学学生有效学习行为体系（理论、途径、方法、原则等），规范中学生历史学习行为，以高效促进中学生历史学习效益的提升，有效促进学生身心健康的发展。

4. 编撰中学历史有效教学行为典型案例集，增强操作性，为其他中学历史教师学习和模仿本研究成果奠定坚实基础。

5. 建立中学历史有效教学行为资源库，与全国中学历史教师共同分享我们的研究成果。

十二、课题研究计划

本课题研究时间为3年。实行边研究、边总结、边推广的方式进行，力求在课题的研究过程中提高教师的专业水平和教学质量。具体实施计划：

第一阶段：2011年1月至2011年12月。这一阶段为本课题研究的准备阶段，其主要任务为：①收集积累相关理论资料，寻找理论支持，形成课题研究方案与研究计划。②组建课题研究小组，对课题组人员进行理论与课题研究培训。③向湖南省教育科研规划办呈报"十二·五"规划课题立项，力求获得省市主管教育科研部门的领导和相关专家的支持与指导。④聘请省市专家对本课题开题论证。⑤全体课题组成员，依据本课题的研究方案与研究计划形成初步研究。

第二阶段：2012年1月至2013年12月。这一阶段为本课题研究的实践探索阶段，其主要任务为：①课题组全体成员在课题主持人的直接指导下，依据课题研究方案与研究计划，对所承担的研究内容，在理论与实践两个方面开展深入细致的研究。②积累本课题研究素材，并对其进行初步分析，初步整理总结出相关成果，包括具有中学历史学科特色的有效教学行为模式、优秀论文、典型案例等。③课题主持人组织课题组成员，就本课题研究过程中出现的疑难问题、重点问题等进行讨论，集体攻关。④课题组成员，依据研究方案和研究计划，在课题主持人的指导下，利用一学期时间（2013年下学期）完成"子课题"交叉研究，为"子课题"原承担者提供新的研究素材与研究建议，并完善各自的主研任务。⑤课题主持人以引进走出的方式，积极组织课题组成员开展课题研究成果交流活动，以推动课题研究的深入。

第三阶段：2014年1月至2014年12月。这一阶段为本课题的结题阶段，其主要任务为：①课题主持人指导全体研究成员对各自承担的研究任务进行查漏补缺，组织力量对难以解决的问题进行集体攻关。②课题主持人指导全体研究成员系统整理各自的实践研究、个案研究、调查研究、行为研究、文献研究等方面的研究素材与成果，完成各种研究素材与成果的归档，并进行系统分析，形成各自的研究成果。③课题主持人组织相关成员，完成《新课程背景下中学历史有效教学行为论文汇编》和《新课程背景下中学历史有效教学行为典型案例汇编》工作；完成中学历史有效教学行为资源库建设，并实现资源共享。④课题主持人完成《新课程背景下中学历史有效教学行为的研究》报告的撰写，并组织一次成果展示与推广会。⑤聘请省市专家对课题研究成果进行鉴定和论证，完成本课题结题。

十三、成果展示形式

本课题的相关成果完成时间与展现形式如下：

主要阶段性成果				
序号	研究阶段 （起止时间）	阶段成果内容	成果 形式	负责人
1	2011.1—12	新课程背景下中学历史有效教学行为的研究方案与计划	方案 计划	汪 瀛
2	2011.9—2013.1	中学历史有效教学行为之"备课与教学设计行为"。	论文 案例	刘玲玲
3	2011.9—2013.1	中学历史有效教学行为之"课程资源开发行为"。	论文 案例	李建明
4	2011.9—2013.1	中学历史有效教学行为之"课堂教学语言与肢体艺术行为"。	论文 案例	匡志林
5	2011.9—2013.1	中学历史有效教学行为之"课堂师生互动与反馈评价行为"。	论文 案例	蔡志中

6	2011.9—2013.1	中学历史有效教学行为之"课堂现代教育技术使用与传统板书行为"。	论文案例	胡 慧
7	2011.9—2013.1	中学历史有效教学行为之"课堂教学预设与教学生成行为"。	论文案例	龙梦娜
8	2011.9—2013.1	中学历史有效教学行为之"课前与课堂学生学习行为"。	论文案例	邓 莹
9	2011.9—2013.1	中学历史有效教学行为之"课后学生学习与教师辅导行为"。	论文案例	谭星醒
10	2011.9—2013.1	中学历史有效教学行为之"考试测量行为与学生整体学习评价行为"。	论文案例	欧帽辉
11	2011.9—2013.1	中学历史有效教学行为之"师生教与学行为观察与评价系统"。	论文案例	朱世荣
12	2013.1—10	上述各子课题交换研究	论文案例	课题组全体成员

最终研究成果				
序号	完成时间	最终成果名称	成果形式	负责人
1	2013.1—10	《新课程背景下中学历史有效教学行为研究论文汇编》和《新课程背景下中学历史有效教学行为研究案例汇编》	汇编文本	张建军
2	2013.1—11	新课程背景下中学历史有效教学行为研究资源库	专题网络资源库	陈赓发
3	2013.8—12	《新课程背景下中学历史有效教学行为研究报告》	研究报告	汪瀛

十四、课题组成员

1. 课题主持人：汪瀛

2. 课题主要成员（以姓氏笔画为序）：邓莹 龙梦娜 刘玲玲 匡志林 朱世荣 汪瀛 李建明 陈赓发 欧帽辉 张建军 胡慧 谭星醒 蔡志中

十五、条件保障

1. 研究组织保障：本课题是为了落实《株洲市名校长名教师培养工程实

施意见》（株教字 [2009]36 号）、《株洲市名校长名教师培养基地建设及管理办法》的精神而申报的科研课题，获得了株洲市教育局、主持人所在单位株洲市四中和其他骨干研究成员所在学校的大力支持（见各学校承诺书）。

2. 研究人员保障：拥有一支实力雄厚、团结务实的历史教育教学研究队伍，并勇于承担和愿意努力完成这一课题研究任务。本课题主持人为特级教师汪瀛。他是国家基础教育课程教材专家工作委员会委员，湖南省最高教育奖"徐特立教育奖"获得者。湖南省普通高中新课程实验教学指导委员会历史学科组指导专家。湖南省教育科学研究院兼职教研员。湖南省"株洲市名校长名教师培养工程历史学科名师培养基地"主持人。本课题组骨干成员，系株洲市历史名师基地成员。他们或是历史特级教师（陈赓发），或是株洲市学术带头人（张建军），或为株洲市历史学科带头人或骨干教师，不仅历史教育教学经验丰富，而且都参加过不同级别的课题研究，取得过不少研究成果，拥有较强的历史教育科研能力，能胜任本课题的研究工作。

3. 研究经费保障：一是本课题立项单位株洲四中承诺支持本课题研究所需师资、技术手段和资金；二是株洲市教育局依据《株洲市名校长名教师培养工程实施意见》（株教字 [2009]36 号）、《株洲市名校长名教师培养基地建设及管理办法》给本课题主持人汪瀛老师所主持的"历史名师基地"科研培训经费叁万元。

参考文献

1. 霍益萍主编.普通高中现状调研与问题讨论 [M].上海：华东师范大学出版社，2010.

2. 宋秋前.有效教学的涵义和特征 [J].教育发展研究，2007（1）.

3. 陈晓端，马建华.试析新课程标准指导下有效教学行为的基本特征 [J].教育科学研究，2006（2）.

4. 湖南省中小学教师继续教育指导中心编.教育学 [M].北京：北京教育出版社，2009.

5. 施良方.学习论 [M].北京：人民教育出版社，2001.

6. 中华人民共和国教育部制订 . 普通高中历史课程标准（实验）[M].
北京：人民教育出版社，2003.

7. 崔允漷 . 有效教学 [M]. 上海：华东师范大学出版社，2009.

8. ［苏］尤·克·巴班斯基 . 教学过程最优化：一般教学论方面 [M].
张定璋，译 . 北京：人教育出版社，2007.

9. 梅汝莉主编 . 多元智能与教学策略 [M]. 北京：开明出版社，2003.

10. 陈厚德 . 有效教学 [M]. 北京：教育科学出版社，2000.

11. 胡捷利，杨扬 . 关于有效教学策略思想的阐述 [J]. 教育研究与实践，
1992（1）.

12. 李康 . 教学策略及其类型探析 [J]. 西北师大学报，1994（2）.

13. 程红，张天宝 . 论教学的有效性及其提高策略 [J]. 中国教育学刊，
1998（5）.

14. 黎奇 . 新课程背景下的有效课堂教学策略 [M]. 北京：首都师范大
学出版社，2006.

15. 周军 . 教学策略 [M]. 北京：教育科学出版社，2003.

16. 钟启泉 . 课程与教学论 [M]. 上海：上海教育出版社，2000.

湖南省教育科学"十二·五"规划 2011 年度立项课题

新课程背景下中学历史有效教学行为的研究
开题论证意见

受株洲市四中的邀请，我们对汪瀛同志主持的湖南省教育科学"十二·五"规划2011年度立项课题《新课程背景下中学历史有效教学行为的研究》进行了开题论证，通过听取课题组的汇报，查阅课题相关资料，围绕课题进行质疑答辩，经认真评议形成如下鉴定意见：

1. 本课题以教育文化论、行为主义学习论、建构主义学习论、多元智能理论和中学历史新课程理念为指导，以新课程背景下中学历史教学行为有效性为研究中心，以"株洲市历史名师基地"为依托，采用行为研究、案例研究、调查研究、文献研究等研究方法，将理论与实践有机结合起来，通过"化大为小"、团结协作、"交叉研究"等方式，主要围绕中学历史教师的教学行为，如教师的课前准备、课堂施教、课后辅导、考试评价、师生交往等教学行为与教学质量之间的关系，学生的历史学习行为，如课前准备、课堂学习、课后作业、复习巩固、迎考评价、师生与生生交往讨论等历史学习行为与教学质量之间的关系开展研究，既有利于全面提升中学历史教师的教学行为与学生的历史学习行为的效率、效益和效能，又能有力促进历史教师的教育教学理念的变革，有力促进中学历史教师的教学行为方式和学生的历史学习行为方式的转变和完善，丰富和完善中学历史有效教学理论，有力促进中学历史教师的教育科研能力的提升和教师专业的发展。因此，本课题研究对全面实现中学历史新课程理念，全面提升中学历史教学质量，促进中学师生和谐健康发展，充分发挥中学历史教育教学功能具有普遍指导意义。

2. 本课题的研究方案设计规范、科学，理论论据科学丰厚，研究指导思想与研究目标明确，研究内容具体，研究思路清晰，研究计划周详可行，研究措施得力，研究方法得当，重视理论与实践的有机结合。

3. 课题主持人汪瀛具有丰硕历史教育教学研究成果和丰富的历史教育教学经验，具有较强的教育教学研究能力和组织能力；课题组其他成员都有较丰富的教育教学经验、较强的科研意识，他们有能力完成这一课题研究任务。

4. 本课题研究准备工作扎实，课题主持人所在单位和主要研究人员所在单位领导高度重视，在研究时间和研究经费方面给予充分保证和落实，课题研究所需要的条件已经具备，能确保本课题研究顺利完成。

5. 基于论证，同意《新课程背景下中学历史有效教学行为的研究》开题研究。

鉴定专家签名：

姓　名	职称、职务	工　作　单　位	签名
刘林生	中高·基教所文科室主任	湖南省教育科学研究院	
丁文平	特级副院长	株洲市教育科学研究院	
郭克勤	特级工会主席	株洲市第四中学	
吕国祎	特级副校长	株洲市第四中学	
贺新民	特级	株洲市第四中学	
潘民华	特级	株洲市第四中学	

2011年11月19日

说明

按照湖南省教育科学规划课题的相关规程，凡教育科学规划课题开题前，课题主持人应向湖南省教育科学规划办和相关专家提交一份《〈新课程背景下中学历史有效教学行为的研究〉课题设计论证书》，其形式为表格式，因内容与"开题报告"大同小异，且"开题报告"比"论证书"更为详细，故此处省略了"论证书"。敬请读者原谅！

"新课程背景下中学历史有效教学行为的研究"年度研究计划

新课程背景下中学历史有效教学行为的研究
2011年度研究计划

根据《株洲市名校长名教师培养工程实施意见》（株教字[2009]36号）、《株洲市名校长名教师培养基地建设及管理办法》精神，以及《株洲市名校长名教师培养工程历史学科名师培养基地工作方案》和《株洲市名校长名教师培养工程历史学科名师培养基地工作设想》特制定"新课程背景下中学历史有效教学行为的研究"2011年度课题立项与研究计划，借以推动"名师基地"工作的开展与全体成员的共同成长。

1.2011年2月24日，在株洲市教科院召开专家指导团成员会议。主要议题为：第一，研讨基地"十二·五"研究课题《新课程背景下中学历史有效教学行为的研究》申报问题（要求每人撰写一份课题立项方案等）。第二，研讨确定各培养对象2011学年度阅读书目（重点突出与新课程背景下中学历史有效教学行为方面的著作）。

2.2011年3月（具体时间待定），在株洲市四中学讨论完善基地"十二·五"研究课题《新课程背景下中学历史有效教学行为研究》立项方案。第二，布置与新课程背景下中学历史有效教学行为有关的2010－2011学年度阅读书目。

3.2011年4月（具体时间待定），在株洲市四中召开课题专题研讨会。主要议题为；第一，邀请全国中学历史教学研究专家委员会副理事长华东师大著名教授聂幼犁先生来株洲讲学，并对课题立项与研究进行理论指导。第二，课题主持人组织完善《新课程背景下中学历史有效教学行为研究》立项方案，并向上级主管部门申报立项。第三，各培养对象依据课题分工，撰写好本人所承担的"了课题"的研究方案与计划。

4.2011年5月（具体时间、地点待定），召开课题全体研究成员会议。主要议题为：第一，课题主持人做课题研究培训报告。第二，龙梦娜和匡志林两位老师各上一堂研究课。第三，理论联系实际，就新课程背景下中学历史有效教学行为问题展开深入研讨。

5.2011年6月（具体时间、地点待定），组织课题组赴茶陵世纪星学校参加参加市中考研讨会。要求每位研究成员从各自承担的"子课题"视角，观察研究"中学历史有效教学行为"。

6.2011年7－8月，暑期研究活动安排：第一，创造条件，组织课题研究成员参加理论培训学习，提升研究者的理论水平。第二，在家自修，并结合自己的教学实践，总结研究中学历史教学行为有效性问题，撰写心得或研究性文章。

7.2011年9月（具体时间、地点待定），课题研讨交流会。主要议题为：第一，组织课题组成员在株洲市四中进行一次课题研讨专题交流。第二，组织课题组成员赴长沙，与长沙名师工作室进行高三历史有效复习行为进行专题研讨与交流。

8.2011年10月（具体时间、地点待定），高三历史教学行为有效性专题研究。第一，组织课题组成员参加全国性高三历史教学研讨会，提升研究成员高三历史教学与研究的理论水平。第二，组织全体研究成员参加株洲高三历史教学研讨会，现场观察研讨高三历史教学有效行为问题。

9.2011年10月（具体时间待定），在株洲市四中召开《新课程背景下中学历史有效教学行为的研究》课题开题论证会，要求全体研究成员参加。

10.2011年11月（具体时间、地点待定），组织课题组研究成员参加湖南省历史教学委员会年会，现象观摩高初中历史教学与说课竞赛，研究中学历史有效教学行为问题。

11.2011年12月（具体时间、地点待定），召开全体研究成员会议，总结课题研究经验，探讨研究中存在的问题，以进一步推进本课题的研究。

注："活动时间"之所以没有具体确定为"某日"某些活动地点没有标明，是因为有些活动需要与相关主办部门商量才能确定，有些则需要主办部门直接确定。

课题主持人：汪瀛

2011年1月8日

新课程背景下中学历史有效教学行为的研究
2012 年度研究计划

　　为进一步推进新课程背景下中学历史有效教学行为的研究，促进全体工作室成员的共同成长，特制定 2012 年度研究计划。

　　1.2012 年 2 月（具体时间、地点待定），在株洲市九方中学开会，会议主题有二：一是研究制定《〈新课程背景下中学历史有效教学行为的研究〉2012年度研究计划》；二是学习有助于推进"中学历史有效教学行为"研究的相关理论成果。

　　2.2012 年 3 月（具体时间待定），为进一步提高工作室全体成员专业素养，将与株洲市中学历史学科基地联合邀请任世江教授（原《历史教学》主编，天津古籍出版社副总编、编审，天津师范大学兼职教授。）作高端学术讲座，主题为"历史教学的有效性"和"历史学科的前沿知识"。

　　3.2012 年 4 月（具体时间待定），在株洲市枫叶中学举行一次"新课程背景下中学历史有效教学行为研究"活动。活动内容有二：一是本课题研究者之一的胡慧老师围绕本课题、特别是她自己承担的子课题，上一节研究课。二是以胡慧老师所上研究课为切入点，就中学历史有效教学行为进行深入剖析，总结经验教训，切实推进本课题的研究。

　　4.2012 年 5 月（具体时间待定），在株洲市第十五中学举行一次"新课程背景下中学历史有效教学行为研究"活动。活动内容有三：第一，请沈红光老师（市十五中）和李川柏老师（景炎学校）以"中学历史有效教学行为"为研究主题，上两节研究课。第二，以两堂研究课为例，围绕"新课程背景下中学历史有效教学行为"，特别是"课堂教学预设与教学生成行为"进行深入研讨，寻找规律与操作规范。第三，名师基地成员，简要汇报自己所承担的子课题研究进展。

5.2012年6月（具体时间、地点待定），部分课题组成员（即名师工作室高中组部分成员），以协助市教科院修订好历史"自主学习新学案"为契机，深入研究"中学生历史有效学习行为"，并将相关研究成果融入历史"自主学习新学案"之中。

6.2012年7月（具体时间、地点待定），课题组全体成员，在主持人率领下，参加中国教育学会中学历史教学专业委员会年会，听高端报告，拓展自己的视野，提升自己的专业学术水平和历史教育教学能力，增强对外交流，扩展课题研究的影响力。

7.2012年9月（具体时间、地点待定），在株洲市攸县一中结合"名师工作室"省级规划课题开展专题研讨。研究主题为：课堂师生互动及反馈评价有效性研究。主讲："名师工作室"培养对象蔡志中。研讨方式：先上课，然后结合实际开展研讨。

8.2012年10月（具体时间、地点待定），联合株洲市历史教学专业委员会在株洲市北师大附中举办一次"株洲市2012年历史新课程教学竞赛"，要求课题组全体成员参与观摩，并围绕"中学历史有效教学行为"撰写观摩心得体会。另组织有条件工作室成员赴江西南昌参加中国教育学会历史教学专业委员会组织的全国课堂教学与说课竞赛，并围绕"中学历史有效教学行为"撰写观摩心得体会，然后在适当时期组织工作室成员交流研讨。

9.2012年11月（具体时间、地点待定），组织工作室全体成员参加在湘潭召开的湖南省教育学会历史教学专业委员会年会，积极观摩课堂教学与说课竞赛，并围绕"中学历史有效教学行为"撰写观摩心得体会，撰写观摩心得体会。

10.2012年12月（具体时间、地点待定），在株洲市四中召开年终课题总结表彰会。第一，结合本课题开展专题研讨。研究主题为：历史课堂教学语言与肢体艺术行为的有效性研究。主讲："名师工作室"培养对象匡志林。研讨方式：先上课，然后结合实际开展研讨。第二，围绕课题，交流读书心得体会。第三，总结表彰课题研究先进个人。

课题主持人：汪瀛

2012年1月12日

新课程背景下中学历史有效教学行为的研究
2013 年度研究计划

为进一步落实《〈新课程背景下中学历史有效教学行为的研究〉研究方案》，验证和深化本课题的研究成果，提升全体研究成员的课题研究能力，推广课题研究成果，特制定本年度课题研究计划。

一、课题年度研究基本目标

第一，课题组坚持理论与实践相结合、走出去与请进来相结合、专家指导与自主修炼相结合，通过相关研修活动，进一步促进新课程背景下中学历史有效教学行为的研究，提升其研究质量，并以此为基础扩大全体研究成员的影响力，研究成果的辐射力，借以推动株洲市全体历史教师的进步与历史教育教学的发展。

第二，完成《新课程背景下中学历史有效教学行为的研究》的研究成果《中学历史学习导引》专著的出版工作。

第三，全体研究成员应完成如下任务：1.围绕研究课题，一方面完成自己所承担的子课题研究任务，另一方面通过自主选择交换研究各自所承担的子课题。2.全体研究成员在各自学校或所市县区承担1次与课题密切相关的专业学术讲座。3.撰写课题研究心得体会或研究论文，至少要有1篇论文获省级一等奖或公开发表。4.承担1次以上公开课、或研讨课、或示范课。5.高质量完成年度教育教学方法、经验和课题研究的总结。

二、课题年度主要研究日程

时间	工作内容	活动地点	责任人
2013.2	1. 召开课题组全体会议，组织学习历史教学与教研新成果。 2. 研讨和落实《〈新课程背景下中学历史有效教学行为的研究〉2013年度研究计划》，重点布置年度学习与研究任务。	株洲市四中	汪瀛
2013.3	邀请"工作室"专家团外聘教授——陕西师大《中学历史教学参考》杂志社社长任鹏杰教授来"基地"做专题学术报告。全体"工作室"专家和培训对象到会聆听学术报告，撰写学习心得体会。	株洲市九方中学	刘玲玲 张建军 汪瀛
2013.4	1. 根据各研究成员所在的不同教学岗位，分类组织相关研究成员参加市外组织的2013年初中中考、高中学业水平测试和高考研讨会，为相关研究成员参与学习和交流提供平台。 2. 召开株洲市历史中考、高中历史学业水平测试和高三历史教学研讨会，为全体研究成员展示自己的研究成果提交流平台。	待定	张建军 汪瀛
2013.5—8	1. 组织交流高中学业水平测试和高考研究信息（包括信息卷、考试方向预测与应考方法等） 2. 以"中学历史名师工作室QQ群"为平台，组织全体研究成员开展读书、研讨与交流活动，提升全体研究成员的研究水平与研究能力。	网络	张建军 汪瀛 陈庚发
2013.6—8	1. 开展课题研究情况年度中期检查。 2. 配合株洲市教科院组织的"初中历史新版课标与教材培训"，开展相关研究活动，为课题组初中研究成员展示自己的研究成果提供平台。 3. 若条件成熟，组织全体研究成员赴外地参观学习，为其学习成长与交流研究成果创造条件。	待定	汪瀛 张建军
2013.9	1. 课题研究成果《中学历史有效教学行为研究》审稿定稿会。 2. 新学年高中历史教学研究交流会。	醴陵四中	汪瀛 张建军
2013.10	1. 课题组成员读书成果交流会。 2. "初中历史教学与高中历史教学衔接"专题研讨会。	贺嘉土中学	张建军 陈庚发
2013.11	组织课题组全体成员参加湖南省历史教学专业委员会2013年学术年会。	待定九方中学	汪瀛 张建军
2013.12	1. 课题组2013年年度工作总结会议。 2. 研究制定新年度课题研究计划。	株洲市四中	汪瀛

注：

1.本计划"活动时间"之所以没有具体确定为"某日"，主要是因为，有些"活动时间"需要根据当时教育局、培训对象所在学校教学实际和所面临的具体情况才能最终确定。

3.本稿"活动内容"与"活动安排"为初步计划，若省市和相关学校有重大教育教学活动安排，有可能临时调整，以确保上述活动顺利进行，并取得预期成果。

课题主持人：汪瀛

2013年1月10日

新课程背景下中学历史有效教学行为的研究 2014 年度研究计划

2014年是《新课程背景下中学历史有效教学行为的研究》的最后一年。本年度的主要任务有三：一是查漏补缺，全面完成《〈新课程背景下中学历史有效教学行为的研究〉研究方案》，进一步验证、完善和深化本课题的研究成果。二是整理分析《新课程背景下中学历史有效教学行为的研究》的全体研究材料，撰写出研究报告，邀请湖南省教育科学研究规划办相关专家完成本课题的鉴定与结题任务。三是利用各种途径或机会，进一步推介本课题研究成果。为此，特制定本年度本课题研究计划。

一、主要研究任务分配

1.2014年11月底之前，汪瀛主要负责《新课程背景下中学历史有效教学行为的研究》材料的整理、分析和研究报告的撰写。

2.2014年10月底之前，张建军主要负责《新课程背景下中学历史有效教学行为研究论文汇编》和《新课程背景下中学历史有效教学行为研究案例汇编》。

3.2014年10月底之前，陈庚发主要负责完善《新课程背景下中学历史有效教学行为研究》资源库建设。

4.2014年10月底之前，全体研究成员应完成如下任务：①整理分析自己的所有研究成果。②查漏补缺，进一步验证、完善和深化各自所承担的子课题研究。③利用各种途径或机会，积极推介本课题研究成果。

三、本年度其他研究活动安排

时间	工作内容	活动地点	责任人
2014.2	1. 召开课题组全体会议，组织学习历史教学与教研新成果。 2. 研讨和落实《〈新课程背景下中学历史有效教学行为的研究〉2014 年度研究计划》，布置年度学习与研究任务。	株洲市四中	汪瀛
2014.3	借助株洲市教科院组织的"市直属高中教学督评"活动这一平台，积极推介《新课程背景下中学历史有效教学行为的研究》的研究成果。	市直各高中与北师大附中	张建军
2014.4	1. 组织课题组全体成员参加株洲市历史教学专业委员会组建的"株洲市第二届中学历史名师工作室成立大会"，积极推介《新课程背景下中学历史有效教学行为的研究》的研究成果。 2. 组织课题组全体成员参加市教科院与市历史学科基地共同举办的"2014 年高考复习对策与预测"学术研讨会。 3. 组织课题组成员研究与指导株洲市七中杨雄敏参加全国历史教学专业委员会竞赛课。	株洲市四中、九方中学、株洲市七中	张建军 汪瀛
2014.5—8	1. 组织交流高中学业水平测试和高考研究信息（包括信息卷、考试方向预测与应考方法等） 2. 以"中学历史名师工作室 QQ 群"为平台，组织全体研究成员开展读书、研讨与交流活动，提升全体研究成员的研究水平与研究能力。 3.8 月，课题主持人汪瀛领课题组成员赴辽宁大连参加"中国教育服务中心培训中心"举办的"全国中小学'促名师成长'高级研修班"培训活动。	网络	张建军 汪瀛 陈庚发
2014.9	1. 借助株洲市教科院组织的"市直属高中教学督评"活动这一平台，进一步推介《新课程背景下中学历史有效教学行为研究》的研究成果。 2. 组织课题组成员参加在株洲市一中召开的"甲午 120 周年祭与纪念"九一八"活动。	市直各高中与北师大附中、株洲市一中	张建军
2013.10	1. 组织课题组成员赴山东泰安参加"全国历史学专业委员会学术年会"；汪瀛将向全国与会历史教师上一堂示范课，推介课题研究成果。 2. 张建军、陈庚发和所有课题组成员，全面完成各自所承担的《新课程背景下中学历史有效教学行为研究》研究任务。	山东泰安	汪瀛 张建军 陈庚发

2013.11	1. 组织课题组全体成员参加湖南省历史教学专业委员会 2014 年学术年会。 2. 汪瀛负责完成《新课程背景下中学历史有效教学行为的研究》材料的整理、分析和研究报告的撰写。	待定	汪 瀛 张建军
2013.12	1. 邀请湖南省教育科学研究规划办相关专家和其他专家对《新课程背景下中学历史有效教学行为的研究》进行鉴定与结题。 2. 鉴定与结果资料的整理与装订。	株洲市四中	汪 瀛

注：1. 本计划"活动时间"之所以没有具体确定为"某日"，主要是因为，有些"活动时间"需要根据当时教育局、培训对象所在学校教学实际和所面临的具体情况才能最终确定。

3. 本稿"活动内容"与"活动安排"为初步计划，若省市和相关学校有重大教育教学活动安排，有可能临时调整，以确保上述活动顺利进行，并取得预期成果。

课题主持人：汪瀛

2014年1月6日

新课程背景下中学历史有效教学行为的研究 2011年度研究总结

　　为进一步推动《新课程背景下中学历史有效教学行为的研究》课题研究，推动"名师基地"培养对象研究意识和研究能力的提高，实现《新课程背景下中学历史有效教学行为的研究》的既定目标，特对本课题的酝酿、申报立项和相关研究工作总结如下：

　　1.2011年2月24日，在株洲市教科院召开专家指导团成员会议。本次会议主要研讨了基地"十二·五"研究课题《新课程背景下中学历史有效教学行为的研究》申报问题。第一，会议决定，凡"历史名师基地"培养对象每人必须撰写一份课题立项方案、研究计划等，并提交给本课题主持人汪瀛审阅与汇总。这既有利于集思广益，又为本课题的正式立项和深入开展研究奠定了良好基础。第二，会议决定，课题主持人汪瀛在汇总"历史名师基地"培养对象所撰写的课题研究方案、研究计划的基础上，正式撰写课题立项方案和研究计划，然后提交给课题组全体研究成员集体讨论定稿。第三，会议讨论确定"历史名师基地"培养对象2010—2011学年度阅读书目，重点突出了与新课程背景下中学历史有效教学行为研究方面的著作，从而为推动本课题研究奠定良好的理论基础。

　　2.2011年3月5日，在株洲市四中召开了"株洲市历史学科名师培养基地"全体专家指导团和全体培养对象会议。本次会议就《新课程背景下中学历史有效教学行为的研究》进行了专题研讨。第一，讨论完善了"历史名师基地""十二·五"研究课题《新课程背景下中学历史有效教学行为研究》立项方案。第二，向全体"历史名师基地"培养对象布置了与新课程背景下中学历史有效教学行为有关的2011年度阅读书目。

　　3.2011年4月，第一，课题主持人组织完善了《新课程背景下中学历史有效教学行为研究》立项方案。并向上级主管部门申报立项。各培养对象依据课题分工，撰写好本人所承担的"子课题"的研究方案与计划，发至课题主持人"汪瀛的电子信箱：wwdzyx1@126.com"，并按方案与计划开始相关研究。第二，4月24日上午，应课题主持人汪瀛老师的邀请，中国历史教学专业委员会副理事长、华东师范大学教育科学研究院课程系著名教授、博士生导师聂幼犁来到株洲市四中，做了题为"愤启悱发（Problem）——让'试题'理性智慧、放飞思想"的学术专题讲座。就试题命制问题与全市中学历史教师200余人进行了交流互动。在为时四个小时的讲座中，聂教授幽默风趣的言辞，随意洒脱的风范博得了全场阵阵掌声，而其长期的教育教学研究实践经验和理论知识更使到场的历史教师受益匪浅，享受了一道中学历史试题命制问题的精神盛宴。与会聆听的教师纷纷表示，聂教授的讲座不仅拓展了自己的命题思路，同时，也引发了自己对新课改条件下历史试题命制方面的深度思考。

4.2011年5月12日，在株洲市二中，课题组全体成员对历史课堂教学有效性进行了专题研讨，龙梦娜和匡志林两位老师各上了一堂录像课，专家组核心成员张建军和陈庚发做了专题点评，全体成员以这两堂课为切入点，就提高历史课堂教学有效性各抒己见，汪瀛给与会研究人员做了"提高历史课堂教学有效性"专题辅导报告。

5.2011年6月，由于本月高考、高中学业水平测试、中考、期末考试等接踵而来，组织课题组全体研究成员集体研讨相当困难。于是，课题主持人汪瀛通过"中学历史名师工作室"QQ群发布通知，要求课题组全体研究成员，一方面在日常教学活动中要坚持观察、纪录和研究历史教与学各种行为与教学效率之间的关系，分析其影响因素与作用大小。另一方面要注意学习与本课题研究密切相关理论书籍，积极吸取有价值的信息，并将其转化为自己的有效教学行为。

6.2011年7—8月暑期研究活动，我们主要做了两件事：第一，创造条件，组织课题研究成员参加理论培训学习，提升研究者的理论水平。如2011年7月30日—8月5日，课题主持人汪瀛组织课题组全体研究成员赴北京参加了全国中小学"促名师成长高级研修班"的学习。期间，主题主持人对培训班的学术报告做了全程录像。返回株洲后，我们又将相关学习资料，如《名师成长策略》《读书与教师生命成长》《谈教师专业发展》《做有价值的老师》《教学内容的确定与教学策略的选择》等，上传至"中学历史名师工作室QQ群"上，与所有参加本群的历史教师共同分享，从而大大提升了这次"培训学习"

的影响面。第二，要求课题组全体研究成员在家自修，并结合自己的教学实践，总结研究中学历史教学行为有效性问题，撰写心得或研究性文章。

7.2011年9月28日上午，在株洲市四中就《新课程背景下历史有效教学行为的研究》开展了一次专题研讨。下午，组织全体成员赴长沙市天心区一中与长沙市中学历史名师工作室全体成员就"高三历史复习教学有效性"进行了面对面的深入交流。课题主持人汪瀛在会上做了《高三历史教学随想》的专题报告，就高三历史复习教学行为的有效性，发表了自己的独特见解。

8.2011年10月，我们主要围绕高三历史复习教学的有效性开展专题研究。第一，21—23日，组织课题组中的高中教师参加在湖北武汉召开的"中国教育学会历史教学专业委员会2011年学术年会暨全国历史新课程高考改革研讨会"，从而促进了本专题研究的深入，提升了本专题研究质量。第二，27—28日，组织课题全体研究人员前往茶陵二中参加了"株洲市2012届高三历史教学研讨会"，在会上课题主持人汪瀛做了《高三历史复习教学复习有效性》的专题报告。这一报告与相关活动，既促进了"基地"成员课堂教学实际能力的提高，又扩大了研究成员与课题研究成果的影响力，为他们成为真正有影响力的名师创造了条件，同时也促进了"基地"研究成果的推广与普及。

9.组织课题组全体研究成员于2011年11月18日—21日赴郴州市参加"湖南省2011年中学历史课堂教学竞赛与观摩活动"。要求全体研究成员注意观察记录他们的教学行为，并做好深入思考与研究工作。会上，欧帽辉、邓莹荣获说课竞赛一等奖；汪瀛就历史课堂教学问题做了专题点评，受到与会专家和教师的高度赞赏。

10.2011年11月28日，课题主持人汪瀛依据湖南省教育科学研究规划课题的管理要求，邀请湖南省教育科学研究院基教所文科室主任历史教研员（中高）刘林生先生，株洲市教育科学研究院院长（特级），株洲市第四中四位特级教师郭克勤、吕国祎、贺新民、潘民华组成开题论证专家团，以会议开题论证的形式，对本课题进行了开题论证。课题组全体研究成员参加了这次论证会，并回答了专家们的提问与质疑。专家组对本课题的前期预研、立项方案、计划、举措、研究价值等做出了充分肯定，同意开题。

11.2011年12月15日（星期四）在株洲市第十三中学召开"株洲市名师基地2011年读书报告会暨2011年历史名师基地工作总结表彰会"。第一，本次会议由株洲市第四中学匡志林老师和株洲市第十三中学欧帽辉老师代表"株洲市历史名师基地培养对象"就本年度读书学习做了专题发言。第二，参与本课题研究的全体成员自由讨论和交流了自己读书心得与体会。第三，表彰了优秀成员。第四，课题主持人汪瀛就本课题研究现状、成绩与存在的问题做了专题发言。

12. 由于全体研究成员的共同努力，我们在新课程背景下中学历史有效教学行为的研究方面取得了较好的研究成果。其主要有：①汪瀛、匡志林.《"历史影像"的真实性与历史教学效果——从"邓小平与英国首相撒切尔夫人会谈"影像材料说起》，载《中学历史教学参考》2010年第9期。②汪瀛.《理学·心学·成语》，载《中学历史教学》2010年第10期。③《基于历史课堂观察的问题和感悟——我看历史"角色体验"教学》，载《中学历史教学参考》2011年第1-2期合刊。本文还为中国人民大学主办的复印报刊资料《中学历史、地理教与学》全文转发。④刘玲玲.《让历史课堂充满生命的灵魂》，载《新课程学习》2011年第3期。⑤汪瀛，《史实的掌握与运用》，载《中学政史地》2011年第7-8期。⑥汪瀛，《历史概念的掌握与运用》，载《中学政史地》2011年第10期。⑦汪瀛，《历史结论的理解与阐释》，载《中学政史地》2011年第11期。⑧欧帽辉，《研究性学习与高中历史教学》，载《新课程》2011年第11期。⑨汪瀛，《对历史现象的理解与阐释》，载《中学政史地》2011年第12期。

总之，近一年来，课题组全体成员，以课题研究为抓手，既有力促进了自身的发展与成长，也在各自学校或市、县（区）发挥了模范带头作用。如邓莹老师2011年两次执教市、区毕业学科复习研讨课，获区一等奖。刘玲玲老师承担株洲市远程教育辅导教师。欧帽辉老师被评为2011年市教育局"勤于学习的党员标兵"。谭星醒老师主持茶陵县"历史名师工作室"工作。朱世荣老师获醴陵市第19届奖教基金优秀教师。还有汪瀛、匡志林、刘玲玲、朱世荣、欧帽辉等老师有论文或辅导文章在省级以上刊物发表，其中以朱世荣老师表现最为突出（发表5篇、收录发表一篇、辅导学生发表两篇）。

当然，在本课题研究过程中，因种种因素影响或制约，也存在一些问题。如部分学校对本课题研究成员的研究活动不够支持。部分课题研究成员对参加集权研究活动不太积极。部分研究成员完成任务不及时等等。这需要我们在以后学习研究活动过程中必须尽力克服的。

课题主持人：汪瀛

2011年12月28日

新课程背景下中学历史有效教学行为的研究
2012年度研究总结

为进一步推进新课程背景下中学历史有效教学行为的研究，促进全体研究成员的专业发展，现特就2012年度本课题研究作一简要总结。

一、加强了课题研究管理，积极推进了课题研究

第一，2012年2月28日，我们在株洲市九方中学召开了"株洲市中学历史名师工作室年度计划与寒假学习检查交流会"。本次会议主要解决了两个问题：一是在广泛征求意见的基础上研讨制定了《〈新课程背景下中学历史有效教学行为的研究〉2012年度研究计划》。二是检查交流了2012年寒假学习笔记，部分代表在会上就自己的寒假学习做了简要汇报，反思了本人在学习上的得失。会上，主持人汪瀛就本年度课题研究目标、要求和继续深入研究问题做了专题讲话。

第二，2012年12月28日，在株洲市四中信息楼二楼会议室召开了本课题年度总结表彰会。本次会议主要内容包括：1. 课题主持人汪瀛做了《新课程背景下中学历史有效教学行为的研究》专题总结报告。2. 株洲市第四中学匡志林老师和株洲市第二中学龙梦娜老师就各自所承担的课题研究内容做了专题发言，交流了研究心得体会和研究成果。3. 全体课题组研究成员，围绕汪瀛的总结报告和匡志林、龙梦娜两位老师的研究成果及本人所承担的研究任务，畅谈研究心得、体会与研究中所遇到的问题，集体讨论解决课题研究中所遇到的疑难问题。4. 表彰了本年度课题研究先进个人（欧帽辉、匡志林、

龙梦娜）。

二、实行分散研究与集中研究相结合，有效推进了课题研究

第一，按课题研究方案与各子课题承担者的研究计划，课题组全体研究成员坚持立足于自己所在的工作岗位，结合自己的历史教育教学实践开展研究。在研究过程，全体研究成员既高度重视自己所承担的研究内容，不断解决研究中所面临的种种问题，又注意旁及本课题的其他研究内容，并通过"中学历史名师工作室"QQ群相互交流，从整体上促进了本课题的研究。

第二，2012年4月26日，在株洲市枫叶中学举行了"新课程背景下中学历史有效教学行为研究"活动。本次研讨活动的主要内容有四：一是名师基地成员胡慧、邓莹围绕研究主题各上一堂研讨课。二是以两堂研讨课为例，围绕"新课程背景下中学历史有效教学行为"，特别是现代教育技术使用与传统板书行为、课前与课堂学生学习行为进行了深入研讨，寻找规律与操作规范。二是全体研究成员简要汇报了自己所承担的子课题研究进展。四课题主持人汪瀛就本次研讨和课题研究进展做了专题点评，并就如何进一步推进课题研究提出了明确要求。

第三，2012年5月17日，在株洲市第十五中学举行了"新课程背景下中学历史有效教育行为研究"系列活动。本次研讨活动的主要内容有四：一是特邀沈红光老师（市十五中）和李川柏老师（景炎学校）各上了一堂研讨课；二是全体"名师工作室"成员以两堂研讨课为例，围绕"新课程背景下中学历史有效教学行为"，特别是"课堂教学预设与教学生成行为"进行深入研讨，寻找规律与操作规范。三是全体研究成员简要汇报了自己所承担的子课题研究进展。四是主持人汪瀛就本次研讨和课题研究进展做了专题点评。

第四，2012年9月26日，课题主持人汪瀛率全体研究成员集聚攸县一中，拉开了2012年下半课题集中研究与交流的序幕。27日上午，攸县一中工会主席、资深历史教师蔡志忠老师就高三历史第一轮复习课堂教学有效性这一专题，结合攸县一中教学模式与经验，以"第21课 新中国的民主政治建设"为例给大家呈现了一堂高质量、大容量的高三历史一轮复习课。课后，参与听

课的名师工作室成员与听课老师在肯定赞赏蔡老师的授课及攸县一中学生素养的同时，就"高三历史一轮复习及其有效性"进行了激烈讨论。大家各抒己见，就新课程改革后的高考实际，以及今天中学教育教学面临的实际等发表了自己的看法。他们一致认为，在今天，单纯地依靠时间来提升质量的教育教学之路已毫无希望可言，如何提升课堂教学有效性成为必经之路。因而，在今后的高三历史教育教学中，大家更应关注的是单位时间内的效率问题，并加以研究。高三历史一轮复习是学生应对高考的关键环节，创建有效的高三历史一轮复习模式成为大家共同的课题。

三、以请进来和走出去的方式推进了课题研究与成果交流

第一，2012年3月17日，为了进一步提高我市历史教师的专业素养，加强高中历史学科基地建设和历史名师的培养，"株洲市中学历史名师工作室"联合"株洲市中学历史学科培训基地"，邀请任世江教授（原《历史教学》主编，天津古籍出版社副总编、编审，天津师范大学兼职教授。）作高端学术讲座，主题为"历史教学的有效性"和"历史学科的前沿知识"。课题主持人组织全体研究成员参加了这次培训，从而开阔了全体研究成员的理论与实践视野，有力促进了本课题的研究。

第二，2012年7月18—20日，课题主持人率课题组研究成员，参加了中国教育学会中学历史教学专业委员会在广东珠海召开的年会。19日上午，北京大学教授钱乘旦先生就"世界历史研究的若干问题"做了专题报告，阐述了世界历史研究的发展动态及其脉络，并对中学历史教学过程中企图"还原真实历史"的努力予以肯定。下午，美国佐治亚州大学副教授、美国社会科学教育学会国际联合会主席赵亚莉教授就中美中学历史教育教学问题的异同进行了对比分析，对中学历史教师提出了如"不要过于忧虑自己未知的东西、教师不一定要无所不知"等建议，勇于接受现实的挑战，坚守历史教育教学的阵地。珠海斗门区一中的邓晓妮老师和北京人大附中的丹筱彤老师分别呈现了一堂精彩连连的展示课，课后，全国各地一线教师针对教育教学以及两堂课中的诸多问题进行了激烈的探讨。20日上午，高中分会场，中国社会科

学院的吴伟教授就"关于高中历史学科能力培养"做了专题讲座；初中分会场，初中历史课标组组长徐蓝教授和学会学术委员会主任叶小兵教授关于初中历史课标修订情况进行了详细论述；外国分会场，美国社会科学教育学会国际联合会主席赵亚莉、纽约州科特兰大学副教授赵琳针对"在历史教学中培养学生的多视角和思维能力"进行了全新的探讨与研究。下午，中国教育学会历史教学专业委员会理事长、人民教育出版社历史室主任李伟科做了年会工作总结及工作计划报告。21日，中国教育学会历史教学专业委员会召开全体理事会，就来年学会的工作进行整体部署与调整。会后，我们就大家共同关心的"如何提高中学历史课堂教学的有效性"及中学历史教师应当具备的史学理念等基本问题交换了意见，达成了共识。

第三，2012年10月18—20日，联合株洲市历史教学专业委员会在株洲市北师大附中举办一次"株洲市2012年历史新课程教学竞赛"，全体研究成员参与观摩研究，并撰写了观摩心得、体会和研究论文。

第四，2012年10月23—26日，组织部分研究成员赴江西南昌参加了中国教育学会历史教学专业委员会组织的全国课堂教学与说课竞赛，观摩研究全国各地选手授课行为的有效性，撰写了研究心得或论文。会后，我们又组织了一次专题交流研讨会，收获颇丰。

第五，2012年11月2—5日，组织全体研究成员参加了在湘潭召开的湖南省教育学会历史教学专业委员会年会，积极观摩课堂教学与说课竞赛，撰写观摩心得体会或论文。

四、研究成果丰硕

本年度因全体研究成员的共同努力，我们对新课程背景下中学历史有效教学行为进行了深入研究，取得了丰硕成果。其主要研究成果如下：

（一）研究成员公开出版的研究专著

1.汪瀛.义务教育历史课程标准（2011年版）解读 [M].湖北长江出版集团，湖北教育出版社，2012.

（二）研究成员公开发表的研究论文（以时间先后排序）：

1. 汪瀛.对历史事件的理解与阐释 [J]. 中学政史地·高中文综,2012（1）.

2. 汪瀛.对历史人物的叙述与评价 [J]. 中学政史地·高中文综,2012（2）.

3. 汪瀛.对历史特征的理解与阐释 [J]. 中学政史地·高中文综,2012（3）；中国人民大学复印报刊资料《中学历史、地理教与学》2012年第7期全文转发。

4. 汪瀛.《全日制义务教育历史课程标准》修订中的几个问题 [J]. 中学历史教学参考,2012（3）；中国人民大学复印报刊资料《中学历史、地理教与学》2012年第6期全文转发。

5. 汪瀛.关于《义务教育历史课程标准》坚持唯物史观的一些思考 [J]. 中学历史教学参考，2012（4）.

6. 汪瀛.对历史地图的理解与阐释 [J]. 中学政史地·高中文综,2012（4）.

7. 汪瀛.对历史数据图表的理解与阐释 [J]. 中学政史地·高中文综,2012（5-6）.

8. 匡志林.变·不变·应万变——2012年高考历史大纲解读及复习备考建议，发表于2012年《中学政史地·文科综合》第5-6期合刊.

9. 汪瀛.历史教学预设与课堂教学生成——以孙中山让权袁世凯为例 [J]. 历史教学,2012年7月上半月刊.

10. 汪瀛.对历史图画的理解与阐释[J].中学政史地·高中文综,2012(7-8).

11. 匡志林.2012年高考全国新课标文综卷历史试题的特点与启示 [J]. 中学政史地·文科综合,2012:7-8.

12. 欧帽辉.如何提高历史考试测量行为在学生整体学习评价中的有效性 [J]. 新课程,2012（9）.

13. 汪瀛.如何自主学习高中历史教材[J].中学政史地·高中文综,2012(9).

14. 汪瀛.如何自主学习政治文明史 [J]. 中学政史地·高中文综,2012(10).

15. 汪瀛.如何自主学习经济文明史 [J]. 中学政史地·高中文综,2012(11).

16. 汪瀛.如何自主学习思想文化与科技文明史 [J]. 中学政史地·高中文综,2012（12）.

课题主持人：汪瀛

2012年12月26日

新课程背景下中学历史有效教学行为的研究
2013 年度研究总结

教育教学研究是一项永无止境的事业。2013年是《新课程背景下中学历史有效教学行为的研究》最为关键的一年，也是课题组全体成员齐心协力、攻难克坚的一年。功夫不负有心人，我们不仅超额完成了去年底制定的研究任务，取得了不错的研究成果，而且还通过不同途径推广了研究成果，在同仁中引起了较大反响。现简要总结如下：

一、本年度开展的主要工作

第一，2012年12月28日，在株洲市四中召开了《新课程背景下中学历史有效教学行为的研究》总结会。主要议题为：(1)《新课程背景下中学历史有效教学行为的研究》2012年度研究工作总结。(2)表彰课题研究先进个人。(3)听取课题组全体成员的研究建议，以更好地促进2013年度的研究工作。(4)研究制定了《〈新课程背景下中学历史有效教学行为的研究〉2013年度研究计划》。

第二，2013年3月21日，在株洲市四中信息楼二楼会议室召开"株洲市中学历史名师工作室暨《新课程背景下中学历史有效教学行为的研究》课题组工作会议"。本次会议内容有三：1.张建军主讲《中学历史名师工作室暨〈新课程背景下中学历史有效教学行为的研究〉2013年活动计划与成员变化说明》，并征求相关意见。2.全体与会成员集体研讨。研讨的主题为《新课程背景下中学历史有效教学行为的研究》具体研究得失谈。3.汪瀛主讲《如何通过课题研究让自己成为一位名副其实的中学历史名师》及主持相关研讨。

第三，2012年3月31日，株洲市中学历史名师工作室与株洲市中学历史学科基地联合邀请陕西师范大学出版总社基础教育研究院院长、《中学历史教学参考》杂志主编、中国教育学会历史教学专业委员会副会长任鹏杰教授来株洲市讲学。讲学地点：株洲市九方中学。讲学主题《历史教育的价值省思——我们究竟怎样看待历史有效教学问题》。参加学术会议成员：株洲市中学历史名师工作室和课题组全体成员，株洲市中学历史学科基地第二期培训学员；株洲市高初中历史教师。共计120余人。

第四，2013年4月11日，株洲市中学历史名师工作室与长沙市中学历史名师工作室联合召开高三历史教学研讨会。地点：株洲市中学历史学科基地（九方中学）。研讨主题："2013届高三历史第二轮复习教学效率研讨"。参加会议成员为株洲市中学历史名师工作室和课题组全体成员，株洲市高三历史教师。会议由株洲市历史教研员、株洲市中学历史名师工作室专家团专家张建军主持。研讨主要内容：1.汪瀛主讲《关于高三历史第二轮复习的思考》。2.长沙一中瞿建湘主讲《提升历史素养，拥抱历史高考》。3.长沙中学历史名师工作室首席名师马如龙主讲《高三第二轮复习建议》。4.株洲市中学历史名师工作室培养对象与课题组研究成员刘玲玲主讲《从三年高考大题看历史复习策略》。

第五，2012年5月1日，株洲市中学历史名师工作室与课题主持人汪瀛应株洲市教育局和株洲晚报所约，参与了2013年株洲市名师大讲坛活动，为株洲市高三学生做了题为《历史复习考前提升与考场抢分策略》的专题讲座，推广了课题研究成果。

第六，出于每年5—6月为迎接高考与中考时段，日常教学相当紧张，7—8月又是暑假休息时间等方面的考虑，为了提高课题组成员的研究素养，让读书成为习惯，提升理论修养，促进专业成长，决定在中学历史名师工作室和课题组成员中开展读书活动。1.活动时间：2013年5月—9月。2.阅读书目《新生代历史学者访谈录》《光荣与梦想》《货币崛起：金融如何影响世界历史》《笃学行思录——一个历史教师团队的教学随笔》《优秀教师的6种核心品质——教师一定要读的哲理故事》。3.有关要求：一是每位学员自行购买书籍。二是按照每月读一本的原则，每位学员至少从推荐书目中精读三本。三是每位学员至少写一篇读书报告，定期召开读书交流会。四是评选读书活动先进个人，并予以表彰。

第七，2013年5月9日与16日，课题主持人和课题组部分成员两次到株洲市13中，指导和研讨欧帽辉老师的录像竞赛课——《英国君主立宪制的建立》，一方面进一步研究和解决《新课程背景下中学历史有效教学行为的研究》中的一些具体问题，另一方面借参加全国中学历史教学专业委员会2013年度录像课竞赛活动之机推广我们的研究成果。

第八，2013年6月，依据《株洲市中学历史名师工作室和课题组读书月活动通知》，继续组织株洲市中学历史名师工作室和课题组全体成员开展读书活动，督促全体成员撰写读书笔记与心得体会。

第九，2013年6月1日与6月8日，株洲市中学历史名师工作室主持人汪瀛先后在"中学历史名师工作室"QQ群发表《求实，应是历史教师的基本素养》和《2013高考文科综合卷历史试题印象》两篇文章，并组织工作室和课题组全体成员围绕两篇文章的主题展开讨论。

第十，2013年6月22日，株洲市中学历史名师工作室主持人汪瀛在"中学历史名师工作室"QQ群发出通知，要求工作室凡参加《新课程背景下中学历史有效教学行为的研究》课题研究的成员和做过这方面研究的成员，向工作室提供包括2011年以来的研究计划、总结、研究成果，并继续利用暑期深入开展研究。工作室将视其研究情况与成果，作为年终考核评比的重要依据。

第十一，2013年7月13日，株洲市中学历史名师工作室和课题主持人汪瀛先后在"中学历史名师工作室"QQ群发转发华东师大刘良华教授专题讲座稿《教师的专业成长》和《校长如何引领教学改革》两篇文章，并组织工作室和课题组全体成员围绕两篇文章的主题展开讨论。

第十二，2013年8月12—16日，中学历史名师工作室和课题主持人汪瀛率工作室专家张建军，课题组成员刘玲玲、欧帽辉等人，应株洲市中学历史学科基地的邀请，赴浙江嘉兴高中历史学科基地实地考察与经验交流。考察交流结束后，汪瀛撰写了《嘉兴市高中历史学科基地之旅》，并张贴在"中学历史名师工作室"QQ群中，与全体工作室成员和课题组成员共享与交流。

第十三，2013年9月，课题组成员汪瀛、张建军、刘玲玲、欧帽辉等，借参加株洲市教科院组织的指导城区各高中的历史教学之机，推介了我们课题组的研究成果。

第十四，2013年10月19—22日，课题主持人组织课题组部分成员参加了在河南洛阳召开的"2013年全国历史教学专业委员会年会"，主要活动包括：1.中国社会科学院近代史所所长步平先生学术报告；2.教育部考试中心刘芃先生学术报告；3.优质课展示；4.优秀论文和优质课表彰。

二、本年度工作业绩与收获

第一，坚定了不断促进自身成长的信念。特别是主持人汪瀛所做的题为《如何通过课题研究让自己成为一位名副其实的中学历史名师》专题报告中，系统回答了"我们为什么要培养中学历史名师"和"如何通过课题研究让自己成为一位中学历史名师"等问题。全体成员经过广泛深入研讨与交流，进一步明确了各自成长、成才、成名的路径，及其自己存在的不足和今后努力方向。

第二，进一步更新了全体成员的教育教学观念，拓展了视野。如：任鹏杰教授专题讲座，令所有参加报告会的老师耳目一新，振聋发聩。因为，新课程改革以来，中学教育教学改革过程中，领导与教师考虑最多的，就是如何改革课堂教学形式，提高学生的考试成绩。就历史教育教学而言，他们往往忽视一个重要前提条件——我们的历史教育教学的史实与史观是否正确。如果我们这一前提条件没有解决，历史课堂教育教学效果越高，可能带来的问题就越大，甚至恰恰相反。由此，我们深刻感受到，聘请一些著名专家给教师做专题讲座，能大大开阔教师的眼界，激发他们思维和深入研究教学中的问题，促进他们迅速成长。

第三，积极与其他"名师工作室"之间开展学术交流，不仅能扩大课题组全体成员的学术视野，学习了他们一些成功的做法，还促进了课题组成员的自身成长。例如，在与"长沙市历史名师工作室"研讨交流中，课题组成员刘玲玲老师在研讨会上做了专题研讨发言，受到与会专家和老师的好评。这对激励刘玲玲和其他老师的成长，无疑具有重要作用。

第四，推广了课题研究成果，且让这些历史教学研究成果为株洲市高三师生所共享，对推动株洲市的历史教育教学的发展具有重要意义。

第五，组织了课题组全体成员开展了读书活动，受到了全体成员的热烈欢迎。暑期以来，大家积极购书，积极读书和撰写读书心得体会，深化了本体知识，丰富了条件性知识，强化了实践性知识、生成了专业智慧、构建了专业精神、提升了人生境界。

第六，选派欧帽辉老师参加全国历史教学录像课竞赛，并荣获一等奖。为了使本次参赛获得预期成果，首先我们精心挑选了功底深厚且有自己教学风格的课题组成员株洲市十三中的欧帽辉老师参赛。其次，课题主持人汪瀛、课题组核心成员株洲市教科院历史教研员张建军、湖南省教育科学研究院历史教研员刘林生两次到株洲市十三中诊断、指导和修正欧帽辉的授课。再次，10月19日—22日，课题组部分成员赴河南洛阳，参加了"2013年全国历史教学专业委员会年会"，与全国同仁聆听了专家学术报告，观摩兄弟学校老师授课风采，分享欧老师的精彩授课和获奖喜悦。

第七，充分发挥了"中学历史名师工作室"QQ群的作用。一年来，我们利用本群，发表文章10余篇，并围绕文章主题开展研究，既促进了课题组全体成员之间的交流，又促进了相关问题研究的深入，获得更多更好的研究成果。

第八，有力促进了课题组全体成员的专业知识成长，提升了各成员的教育教学研究能力，《新课程背景下中学历史有效教学行为的研究》课题研究不断深化，并不断推广，有力推动了株洲市的历史教育教学的发展。一年来，课题主持人汪瀛出版了课题研究专著一部——《中学历史自主学习导引》（光明日报出版社出版）；发表了与课题相关的研究论文6篇，其中，《如何自主整合历史知识》，在《中学政史地·高中文综》2013年第3期发表后，又为中国人民大学复印报刊资料《中学历史、地理教与学》2013年第7期全文转发。朱世荣撰写的《宏观历史观与中学历史校本研修》一书也将在不久后出版发行。汪瀛、匡志林合著的《世界上最鼎尖的那些艺术家们》已由中国书籍出版社出版发行。匡志林、欧帽辉、朱世荣、龙梦娜、刘玲玲、李川柏、胡慧、邓莹等人各有论文发表或获奖。刘玲玲、朱世荣等人有自己的主持课题，或顺利结题，或取得不少研究成果。

第九，有力促进了各成员的教育教学能力和综合素养的提升。课题组全体成员，在过去的一年里都获得了不同级别或不同类型的奖励。有的在去年年终被评为先进工作者，有的在年度考核中定为优秀，有的则获得高考、学考和中考重奖等等。

三、主要问题与解决问题的对策

实事求是地说，本年度由于课题组全体成员的共同努力，我们确实取得骄人的成绩，但也存在一些问题，其主要表现在两个方面：一是因课题组成员都为各个学校的优秀骨干教师，他们的工作任务重，事务繁杂，有时确实难以抽出时间参加课题组组织的活动。二是个别学校出于自身利益考虑，对课题组成员的活动支持力度不够。这也在一定程度上影响名师工作室的工作开展与成员的专业成长。

为解决这些问题，我们经过深入研讨，决定从三个方面入手加以解决：第一，给个别因事缺席的课题组成员打电话，发文稿，做工作，积极督促其学习与思考；争取机会与其学校领导交流沟通，力争学员获得其所在学校领导的全力支持。第二，通过"中学历史名师工作室 QQ 群"共享文件，上传每次课题研讨活动的电子文件，要求所有课题组成员抽时间阅读，并积极与其他成员之间开展研讨交流。第三，建议教育局主管部门加强对课题组成员所在学校的考核评价力度，督促其领导积极支持相关成员参加课题组的活动。

课题主持人：汪瀛

2013 年 12 月 26 日

说明：因 2014 年为"新课程背景下中学历史有效教学行为的研究"结题年，故没有撰写本年度研究总结。

新课程背景下中学历史有效教学行为的研究
中期报告

尊敬的上级领导、专家：

　　《新课程背景下中学历史有效教学行为的研究》是为了促进"株洲市中学历史名师培养基地（后更名为'株洲市中学历史名师工作室'）"培养对象的专业成长而申请立项的专项研究课题。严格地说，本课题研究起始于2010年下半年，2011年4月正式向湖南省教育科学规划办申报立项，2011年9月被湖南省教育科学规划办正式批准为湖南省教育科学"十二·五"规划2011年度立项课题。

　　本课题自开展研究以来，特别是在湖南省教育科学规划办正式批准为湖南省教育科学"十二·五"规划课题后，由于省、市教育教育科学规划办和株洲市四中教育科学研究室的科学管理和指导，也由于全体课题组成员的共同努力，我们在本课题研究方面取得了不少阶段性研究成果，现特向领导和专家汇报如下：

一、课题立项与研究的缘起

　　有效教学理论源于20世纪上半叶西方的教学科学化运动，经历了优秀教师品质的研究、好教学的特点研究和有效教学的综合研究三个阶段。国内从20世纪90年代末开始对有效教学进行研究，近期有越来越热的趋势，并出版了不少理论研究成果。就中学历史教学而言，中学历史教学界虽从历史教育的价值取向、教师角色、教师的课堂智慧、教育评价体系、教师专业成长、教育机制等方面开展过一些讨论，但至今还没有一部系统阐述中学历史有效教学行为，且具有很强操作性的专著。

新课程改革并没有从根本上改变以历史教师为中心且教育教学效益相对低下教学行为。究其原因复杂，"如课程与高考评价的脱节、课程要求与实施设备的脱节、课程内容与教学资源的脱节"，特别是新课程改革理论研究、教师培训与实际教学严重脱节。因此，无论是我们所在的市、县（区）中学，还是全国其他中学，历史教师的教学行为的有效性还有待于大幅提升。深入研究中学历史教学行为的有效性，系统构建适合我国中学历史教学发展需要、操作性强的中学历史有效教学行为方式与策略，对实现新课程改革理念，充分发挥中学历史教育教学功能，提高我国广大中学生人文素养，促进历史教师专业发展，具有十分重要的意义。

2010年下半年，我根据《株洲市名校长名教师培养工程实施意见》（株教字 [2009]36 号）、《株洲市名校长名教师培养基地建设及管理办法》和株洲市教育局《关于申报名校长名教师培养基地的通知》精神，在申请"株洲市名校长名教师培养工程历史学科名师培养基地"时，就明确提出"以课题研究促进'名师培养对象'迅速成长"工作设想。申报成功后，我就开始遴选培养对象，组建本课题研究团队，搜集与学习相关研究理论和研究成果，撰写研究方案与计划，对相关问题展开研究，并取得了一些研究成果。其主要发表的研究论文有：

1. 汪瀛，匡志林.《"历史影像"的真实性与历史教学效果——从"邓小平与英国首相撒切尔夫人会谈"影像材料说起》[J].《中学历史教学参考》，2010年第9期。

2. 汪瀛.《理学·心学·成语》[J].《中学历史教学》，2010年第10期。

3.《基于历史课堂观察的问题和感悟——我看历史"角色体验"教学》，载《中学历史教学参考》2011年第1-2期合刊。本文还为中国人民大学主办的复印报刊资料《中学历史、地理教与学》全文转发。

4. 刘玲玲.《让历史课堂充满生命的灵魂》[J].《新课程学习》，2011年第3期。

二、课题立项以来的研讨活动

1. 坚持按课题研究规划有序推进

自本课题正式立项以来，我们始终坚持依据《新课程背景下中学历史有效教学行为的研究》的总体研究规划，科学制定每年度课题研究计划。与此同时，我们还要求每一个研究成员，依据自己所承担的研究内容（子课题），从自身的实际出发，研究制定自己的研究计划，从而确保了本课题能原有的研究方案有序推进，为高质量完成本课题研究奠定了基础。

2. 强化研究成员理论学习与培训

（1）为确保本课题研究质量，充分发挥教育科研理论在课题研究中的指导作用，我们坚持每学期组织课题组成员认真学习有关中学历史教学行为有效性研究方面的理论专著或文章。如《历史课堂教学有效性》（赵亚夫主编，北京师范大学出版社，2007年1月）《新课程中的历史教学艺术》（冯东升：广西师范大学出版社）；《新课程课堂教学探索系列——问题教学》（丁念金：福建教育出版社）；《历史教学研究与案例》（朱汉国：高等教育出版社）；《新课程背景下的有效课堂教学策略》（黎奇：首都师范大学出版社）；《教学策略》（周军：教育科学出版社2003年版）、《教学策略》（李晓文王莹：高等教育出版社2002年版）等。

（2）坚持请进来与走出去有机结合。所谓请进来，就是邀请全国著名专家来株洲市中学历史名师基地（工作室），给全体研究成员做专题学术研究报告。所谓走出去，就是组织研究成员参加全国或全省性的学术会议或教学竞赛活动。通过一系列的学习研讨活动，大大提升了课题组研究成员的理论水平和研究能力，开阔了研究视野，坚定了优化中学历史有效教学行为的信心。

第一，被邀请来"株洲市中学历史名师基地（工作室）"做专题学术讲座的著名专家有：①2011年4月，中国教育学会中学历史教学研究专家委员会副理事长华东师大著名教授聂幼犁先生应"株洲市中学历史名师基地（工作室）"之邀来株洲讲学。讲学的主题为"中学历史教学测量与历史教学行为有效性问题"。②2012年3月，为了进一步提高我市历史教师的专业素养，加强高中历史学科基地建设和历史名师的培养，"株洲市中学历史名师工作室"联

合 "株洲市中学历史学科培训基地"，邀请任世江教授（原《历史教学》主编，天津古籍出版社副总编、编审，天津师范大学兼职教授。）作高端学术讲座，主题为 "历史教学的有效性" 和 "历史学科的前沿知识"。③ 2012年3月31日，株洲市中学历史名师工作室与株洲市中学历史学科基地联合邀请陕西师范大学出版总社基础教育研究院院长、《中学历史教学参考》杂志主编、中国教育学会历史教学专业委员会副会长任鹏杰教授来株洲市讲学。讲学地点：株洲市九方中学。讲学主题《历史教育的价值省思——我们究竟怎样看待历史有效教学问题》。参加学术会议成员：株洲市中学历史名师工作室全体专家与培养对象，株洲市中学历史学科基地第二期培训学员；株洲市高初中历史教师。共计120余人。

第二，组织研究成员外出学习与交流的活动主要有：① 2011年暑期，我们组织课题组成员赴京进行了为期一周的 "名师专业发展培训"。② 2011年9月28日，我们组织课题组成员赴长沙市天心区一中与长沙市中学历史名师工作室全体成员就 "高三历史复习教学有效性" 进行了面对面的深入交流。③ 2011年10月22—24日，我们组织课题组成员赴武汉参加了 "中国教育教学中学历史教学专业委员会" 年会。④ 2011年11月18—21日，我们组织课题组成员赴郴州观摩研究湖南省中学历史教学专业委员会年会与课堂教学竞赛。⑤ 2012年7月18—20日，我们组织课题组成员参加了中国教育学会中学历史教学专业委员会在广东珠海召开的年会。⑥ 2012年10月23—26日，我们组织课题组成员赴江西南昌观摩研究中国教育学会历史教学专业委员会组织的全国课堂教学与说课竞赛。⑦ 2012年11月2—5日，我们组织课题组研究成员赴湘潭观摩研究湖南省教育学会历史教学专业委员会年会组织的课堂教学与说课竞赛。

3. 大力推进实践探索与研讨交流

研讨交流实践探索成果，总结研究过程中的成败得失和经验教训，是《新课程背景下中学历史有效教学行为的研究》最为主要的任务。因此，我们主要做了以下工作：

（1）课题主持人，坚持不断收集本课题研究过程中所取得的研究成果和所遇到的问题，然后加以系统整理与研究，既及时与全体研究成员共同分享课题研究成果，又为全体研究成员及时提供解决相关问题的对策。如：2011

年5月，课题主持人汪瀛在株洲市二中为全体课题组成员做了题为《〈新课程背景下中学历史有效教学行为的研究〉需要说明的几个问题》专题研讨报告；2012年2月，汪瀛在株洲市九方中学做了《〈新课程背景下中学历史有效教学行为的研究〉立项以来所取得的成果与研究中存在的问题》专题研讨报告。这些报告对有序和深入推进本课题研究起了重要指导作用。

（2）按计划大力推进课题实践探索与研讨交流。从本课题立项以来，我们在各研究成员实践探索的基础上，主要组织了以下研讨交流活动：

第一，建立了"中学历史名师工作室QQ群"，供全体成员日常教育教学研究交流。

第二，2011年5月组织全体成员在株洲市二中进行一次课题研究，以龙梦娜和匡志林两位老师专题研讨课为切入点，就中学历史有效教学行为开展了理论联系实际的深入研讨。

第三，2011年9月28日上午，在株洲市四中就《新课程背景下历史有效教学行为的研究》开展了一次专题研讨 。

第四，2011年10月27—28日，组织中学历史名师工作室高中教师参加了在茶陵县二中举行的株洲市2012届高三历史教学研讨会。全体研究成员通过学术报告，经验交流分析、课堂观察研究等环节，总结了新课程背景下高三历史有效教学行为的成败得失，提高了课题研究广度和深度。

第五，2012年4月26日，在株洲市枫叶中学举行一次"新课程背景下中学历史有效教学行为研究"活动。本次研讨活动的主要内容有四：一是名师基地成员胡慧、邓莹围绕研究主题各上了一堂研讨课。二是以两堂研讨课为例，围绕"新课程背景下中学历史有效教学行为"，特别是现代教育技术使用与传统板书行为、课前与课堂学生学习行为进行深入研讨，寻找规律与操作规范。三是名师基地成员，简要汇报了自己所承担的子课题研究进展。四主持人汪瀛就本次研讨和课题研讨进展做了专题点评，并就如何进一步推进课题研究提出了明确要求。

第六，2012年5月17日，在株洲市第十五中学举行一次"新课程背景下中学历史有效教育行为研究"系列活动。本次研讨活动的主要内容有四：一是特邀沈红光老师（市十五中）和李川柏老师（景炎学校）各上了一堂研讨课；二是全体"名师工作室"成员以两堂研讨课为例，围绕"新课程背景下中学历史有效教学行为",特别是"课堂教学预设与教学生成行为"进行深入研讨,寻找规律与操作规范。三是名师基地成员,简要汇报了自己所承担的子课题研究进展。四是主持人汪瀛就本次研讨和课题研讨进展做了专题点评。

第七,2012年9月27日,全体课题组研究成员在株洲市攸县一中就高三历史有效教学行为进行了一次专题研讨,课题组研究成员攸县一中蔡志忠来老师以高三历史第一轮复习课堂教学有效性为研究主题,结合攸县一中教学模式与经验,以"第21课 新中国的民主政治建设"为例给大家呈现了一堂高质量、大容量的高三历史一轮复习课。课后,全体研究成员肯定赞赏蔡老师的授课及攸县一中学生素养的同时,就"高三历史一轮复习及其有效性"各抒己见,进行了热烈的讨论。一致认为,在今天,单纯地依靠时间来提升质量的教育教学之路已毫无希望可言,如何提升课堂教学有效性成为必经之路。因而,在今后的高三历史教育教学中,大家更应关注的是单位时间内的效率问题,并加以研究。高三历史一轮复习是学生应对高考的关键环节,创建有效的高三历史一轮复习模式成为大家共同的课题。

第八,2012年10月18—20日,联合株洲市历史教学专业委员会在株洲市北师大附中举办一次"株洲市2012年历史新课程教学竞赛",室全体研究成员参与观摩研究,并撰写了观摩心得体会和研究论文。

第九,2013年4月11日,株洲市中学历史名师工作室与长沙市中学历史名师工作室联合,在株洲市中学历史学科基地(九方中学)召开高三历史教学研讨会,共同研讨"2013届高三历史第二轮复习行为方略"。参加会议成员为株洲市中学历史名师工作室全体成员,株洲市高三历史教师。

三、课题研究重要变更

1. 因初中历史课标重新修订再版,而课标具有法定性,是直接制约与指导中学历史教学行为的纲领性文献,故特增加了《全日制义务教育历史课程标准(2011版)》研究,以确保初中历史教学行为的有效性。

2. 因"名师工作室"成员变动等因素,李建明脱离本课题研究,新增加了三位研究成员。他们是李建荣、彭泽波、李川柏。

四、课题申报立项以来所取得的阶段性成果

由于全体研究成员的共同努力，从2005年下期开展"立项前期研究"以来，我们已完成大部分研究目标，并取得了比较好的研究成果。具体表现如下：

（一）研究成员公开出版的研究专著

1. 汪瀛 . 义务教育历史课程标准（2011年版）解读 [M]. 武汉：湖北长江出版集团，湖北教育出版社，2012.

2. 汪瀛 . 中学历史自主学习导引 [M]. 北京：光明日报社出版社，2013.

（二）研究成员公开发表的研究论文（以时间先后排序）：

1. 汪瀛 . 史实的掌握与运用 [J]. 中学政史地，2011（7~8）.

2. 汪瀛 . 历史概念的掌握与运用》[J]. 中学政史地，2011（10）.

3. 汪瀛 . 历史结论的理解与阐释》[J]. 中学政史地，2011（11）.

4. 欧帽辉 . 研究性学习与高中历史教学》[J]. 新课程，2011（11）.

5. 汪瀛 . 对历史现象的理解与阐释》[J]. 中学政史地，2011（12）.

6. 汪瀛 . 历史教学预设与课堂教学生成——以孙中山让权袁世凯为例 [J]. 历史教学，2012年7月上半月刊 .

7. 汪瀛 . 对历史事件的理解与阐释 [J]. 中学政史地·高中文综，2012（1）.

8. 汪瀛 . 对历史人物的叙述与评价 [J]. 中学政史地·高中文综，2012（2）.

9. 汪瀛 . 对历史特征的理解与阐释 [J]. 中学政史地·高中文综，2012（3）；中国人民大学复印报刊资料《中学历史、地理教与学》，2012年第7期全文转发。

10. 汪瀛 .《全日制义务教育历史课程标准》修订中的几个问题 [J]. 中学历史教学参考，2012（3）；中国人民大学复印报刊资料《中学历史、地理教与学》，2012年第6期全文转发 .

11. 汪瀛 . 关于《义务教育历史课程标准》坚持唯物史观的一些思考 [J]. 中学历史教学参考，2012（4）.

12. 汪瀛 . 对历史地图的理解与阐释 [J]. 中学政史地·高中文综，2012（4）.

13. 汪瀛 . 对历史数据图表的理解与阐释 [J]. 中学政史地·高中文综，

2012（5-6）.

14.匡志林.变.不变.应万变—2012年高考历史大纲解读及复习备考建议，发表于2012年《中学政史地·文科综合》第5—6期合刊.

15.汪瀛.对历史图画的理解与阐释[J].中学政史地·高中文综，2012（7-8）.

16.匡志林.2012年高考全国新课标文综卷历史试题的特点与启示，发表于2012年《中学政史地·文科综合》第7—8期合刊.

17.欧帽辉.如何提高历史考试测量行为在学生整体学习评价中的有效性[J].新课程，2012（9）.

18.汪瀛.如何自主学习高中历史教材[J].中学政史地·高中文综，2012（9）.

19.汪瀛.如何自主学习政治文明史[J].中学政史地·高中文综，2012（10）.

20.汪瀛.如何自主学习经济文明史[J].中学政史地·高中文综，2012（11）.

21.汪瀛.如何自主学习思想文化与科技文明史[J].中学政史地·高中文综，2012（12）.

22.汪瀛.如何自主学习古今中外社会改革史[J].中学政史地·高中文综，2013（1）.

23.汪瀛.如何自主学习20世纪的战争与和平史[J].中学政史地·高中文综，2013（2）.

24.汪瀛.如何自主整合历史知识[J].中学政史地·高中文综，2013（3）.中国人民大学复印报刊资料《中学历史、地理教与学》，2013年第7期全文转发.

25.汪瀛.历史复习迎考前如何自主查漏补缺[J].中学政史地·高中文综，2013（4）.

26.汪瀛.高三学生解答小论文试题存在的问题与应对策略——以株洲市2013届高三检测"革命与改良"题为例[J].中学历史教学参考，2013（4）.

27.汪瀛.历史复习考前提升与考场抢分策略[J].中学政史地·高中文综，2013（5-6）.

（三）学生历史研究性学习成果：

1.学生喜欢上历史课了。课堂上与教师大胆对话、提问质疑，学习中与同学热烈讨论，互相交流，课堂气氛活跃。

2.学生综合能力提高了。学生的学习思路开阔了，提高了合理运用知识信息的意识和能力。学会运用自己的直觉和想象力去体验、去猜测；掌握运用多种方法、通过多种途径寻求任何一个可能结果的策略；自主学习能力提高了。

3.学生历史学习成绩得到了普遍提高。如2013年高考，株洲市文科综合平均分位居全省第三名。这一高考成绩的取得，应与我们课题组依托株洲市教科院全力推动有着密切关系。

4.学生对历史史实的感知能力、发现和解决历史问题的能力，自主、合作、探究等历史研究性学习素养得到了较好的提升，情感态度和价值观得到了科学发展。这不仅表现在日常历史学习、日常练习和考试成绩上，还反映在历史研究性学习中，不少学生选择以"历史问题"，作为研究课题，且取得重大成功。如汪永益等学生所研究的《新航路开辟对中国的影响》，在湖南省教育科学研究院基础教育研究所主办的湖南省2011年度中学生综合实践活动成果评比中荣获二等奖；又为《中学历史教学参考》2012年第1-2期向全国推介发表。

五、存在的困惑或问题

1.部分教师参与的积极性还有待提高。客观上讲这与教师的教学工作繁忙，教师个人理论功底浅有很大关系，但主要还是与教师的教科研意识淡薄，对科研工作的重要性认识不到位有关。

2.部分教师对课题研究的过程、研究方法还不够明确，以至于研究工作处于表面化、浅层次化。

3.本课题具有很强的实践性，要求课题组成员能在平时的实践中，将某些现象、想法、感受及时总结、提炼，并能上升至理论层面，而在这方面，有的课题人员显然还达不到，对个案的理解不全面，实践中有应付思想，只求有，不求精。

六、后阶段的研究设想

1.进一步加强学习，注重正面引导。通过有关理论和教师个人成功案例的学习，使得教师明确参加教科研是教师个人专业成长迫切需要。教师只有通过亲身投入到教育教学科研中去，才会从中发现自己存在的不足，才能不断提高教师个人的专业素养，从而促进个人的快速成长。

2.总结经验，进一步明确课题研究内容、常用方法；鼓足干劲，变被动为主动，充分发挥骨干教师的示范性作用，以他们研究的成功案例做经验介绍和交流，使得课题组全体成员学有榜样、做有示范，以进一步提高课题研究的实效性。

3.反思和完善自己的教学行为和已有的研究，形成有自己风格的高效的教学行为和富有个性的研究成果；查对拟定的研究目标和研究内容的完成成况，有计划有步骤地完成相关研究项目或研究任务。

4.加强管理和督促，提高每一位研究成员自觉性、主动性和积极性，强化研究任务的落实，提高研究成果的质量。

5.加强对外交流，积极吸纳专家的建议，提升全体研究成员的研究水平与研究能力；及时推广应用研究成果，在推广应用中不断提升研究成果的质量。

6.加强全体研究成员的研究成果的汇总整理，为课题高质量顺利结题创造条件。

7.在上述基础上，全力写好课题研究结题报告，参加省市课题评选，圆满完成本课题的研究工作。

《新课程背景下中学历史有效教学行为的研究》课题组

2013年7月16日

湖南省教育科学规划课题中期检查表

课题名称	新课程背景下中学历史有效教学行为的研究	课题编号	XJK011CJJ060
开题论证时间	2011 年 11 月 28 日	开题论证形式	会议开题论证
主持人姓名	汪瀛	单位（加盖公章）	湖南省株洲市第四中学
联系电话	13007335638	QQ 号	QQ: 1272887083
参与研究的主要人员	汪瀛、张建军、匡志林、欧帽辉、彭泽波、刘玲玲、龙梦娜朱世荣、李建荣、蔡志中、胡慧、邓莹、谭星醒、陈赓发		
开题以来所开展的研究工作	1. 坚持按课题研究规划有序推进。 2. 强化研究成员理论学习与培训，包括自己组织研究成员学习、请专家来校讲学，组织教师外出聆听专家学术讲座、参加各种学术交流会议等。 3. 大力推进实践探索与研讨交流。主要包括各研究成员按自己的研究计划在各自的教学岗位上进行实践探索；以"中学历史名师工作室 QQ 群"平台进行日常研究交流；按年度计划组织全体研究成员集体研讨，突出重点，突破难点。 4. 总结学习与教学实践研究成果，撰写著作论文。		
初步形成的主要观点	1. 中学历史教学行为的有效性，首先必须确保师生所使用的历史材料的真实性、代表性；必须确保师生情感态度和价值观取向的科学性和正确性。否则，愈有效则危害愈大。 2. 中学历史教学行为的有效性，源于对高初中"中学历史课程标准"的正确认识、理解和应用。 3. 中学历史教学行为的有效性，应包括历史教师施教行为的有效性和学生学习行为的有效性。 4. 考查中学历史教师施教行为的有效性，既要考察其课堂种种施教行为的有效性，又要考察其课外学习、备课、命题、阅卷、辅导、转化等行为的有效性， 5. 考查学生学习历史行为有效性，既要考查学生日常考试成绩，又要考查学生学习行为的有效性（如课前预习、听课、作业、师生互动、生生互动、合作、探究、复习巩固、自主学习等行为的效性），还要考查学生通过相关历史学习后是否形成符合时代发展需要的科学正确的情感态度与价值观。		

	6. 历史课堂教学有效性，需要科学有效的教学方法。我们探索形成的"几种课型的基本环节"和"学案编制策略"，能有效实现历史教学三维目标。 7. 中学历史教学行为的有效性，是由教师与学生共同决定。教师是主导，学生是主体，只有主导与主体有机结合、良好合作与互动，才能取得教与学行为效益最大化。
所取得的 阶段性成果	1. 出版研究专著两部.《〈全日制义务教育历史课程标准〉教师读本》（汪瀛 编著），《中学历史自主学习导引》（汪瀛 著）。 2. 本课题预研以来至今，已发表研究论文31篇，有3篇为中国人民大学报刊复印资料全文转发。其中正式立项研究以来发表论文27篇，3篇为中国人民大学报刊复印资料全文转发。 3. 本课题立项以来，有10多篇教研论文获省市一、二、三等奖。如匡志林《中学历史课堂教学用语存在的问题与思考》获省一等奖。 4. 本课题立项以来，课题组成员邓莹、欧帽辉曾荣获湖南省历史说课竞赛一等奖。 5. 本课题立项以来，有力推动了全市中学历史"有效教学"，增强了学生"有效学习"的意识，激发了学生"有效学习"的兴趣。培养了学生"有效学习"的习惯和能力。培养了学生的创新精神和实践能力。如株洲市学生在湖南省高中历史学业水平测试中合格率连续三年稳居全省第一名，优秀率也移居全省前列。
存在的 问题与困惑	1. 部分教师参与的积极性还有待提高。他涉及教师教学工作繁重，教育教学理论修养、教育教科研意识等问题。 2. 部分教师对课题研究的过程、研究方法还不够明确，以至于研究工作处于表面化、浅层次化。 3. 本课题具有很强的实践性和探索性，一些研究成员在平时的实践探索中，没有及时将某些现象、想法、感受及时总结、提炼，并能上升至理论层面，对个案的理解不全面，只求有，不求精与深。
后阶段 研究计划	1. 进一步加强学习，注重正面引导。 2. 总结经验，加强示范和经验交流，进一步提高课题研究的实效性。 3. 反思和完善自己的教学行为和已有的研究，形成有自己风格的高效的教学行为和富有个性的研究成果；对拟定的研究目标和研究内容的完成成况，有计划有步骤地完成相关研究项目或研究任务。 4. 加强管理和督促落实，提高研究成果的质量。 5. 加强对外交流，积极吸纳专家的建议，及时推广应用研究成果。 6. 加强全体研究成员的研究成果的汇总整理，为课题高质量顺利结题创造条件。 7. 在上述基础上，全力写好课题研究结题报告，参加省市课题评选，圆满完成本课题的研究工作。
经费 使用情况	经费使用正常。

重要变更	1. 因初中历史课标重新修订再版，而课标具有法定性，是直接制约与指导中学历史教学行为的纲领性文献，故特增加了《全日制义务教育历史课程标准（2011 版）》研究，以确保初中历史教学行为的有效性。 2. 因"名师工作室"成员变动等因素，李建明脱离本课题研究，新增加了三位研究成员。他们是李建荣、彭泽波。		
预定结题 鉴定时间	2014 年底或 2015 年上半年。		
自评等第 （优、合格、不合格）	优秀	终评等第 （优、合格、不合格）	优秀

株洲市教育科学规划领导小组办公室制

2013 年 3 月

新课程背景下中学历史有效教学行为的研究
研究报告

课题名称：新课程背景下中学历史有效教学行为的研究

课题批准文号：XJK001CJJ060

课题类别：湖南省教育科学"十二·五"规划省级一般课题

课题资助经费：40000

学科分类：基础教育

课题鉴定时间：2015年4月2日

课题主持人：汪瀛。正高级教师。湖南省株洲市第四中学。

主要成员：张建军 匡志林 欧帽辉 龙梦娜 刘玲玲 陈庚发 朱世荣 彭泽波 李建荣 蔡志中 胡慧 邓莹

【摘要】中学历史有效教学行为包括中学历史教师有效教学行为和学生有效学习历史行为。探索中学历史有效教学行为是新课程背景下转变中学历史教与学方式和提升中学历史新课程教学效益的需要，也是发展和完善中学历史有效教学行为理论与实践方式的需要。本课题从2011年立项以来，我们从理论与实践两个方面，系统探索与研究了中学历史教师课前准备、课堂施教、课后辅导、考试评价、师生交往等行为的有效性问题，学生课前准备、课堂学习、课后作业、复习迎考等行为的有效性问题，形成了一系列实现新课程背景下中学历史教学目标高效的教与学行为方式、方法、原则和策略；形成了操作性强、能帮助广大中学师生迅速提高中学历史教与学行为效益且较为系统的理论指导体系；构建了实用且具有高效特征的不同历史课型的基本操作流程；有力促进了教师教学方式和学生学习方式的转变；更新了教师教育教学理论，营造了浓郁的教研氛围，提升了教师教育教学科研能力，有力促进了教师专业成长；初步建立了符合新课程理念并能有力促进教师教学行为与学生学习行为效益提升的评价体系；有力促进了学生学业水平的提升；建立中学历史有效教学行为教学资源库。同时，我们通过公开著书立说、对外学术交流、示范课、竞赛课、教学观摩课、株洲市中学历史名师工作室、株洲市历史学科基地、远程教育培训平台，大力推广了本研究成果，增强了成果辐射力，并在全国中学历史教学界产生较大反响。

【关键词】中学历史有效教学行为　方式　原则　策略

一、问题的提出

（一）转变中学历史教与学方式的需要

新课程改革虽已实施几年，但我国目前"课堂教学方式发生转变的现象并不普遍，传统的以知识点传授为主的讲授式教学、练习和解题为主的学习活动，在诸多学校的课堂中仍比较多的存在。"[①]以历史教师为中心的课堂教学行为，以历史知识灌注为基本特征的施教方式，以闭卷考试和分数为历史学习评价的唯一标准，仍然统治着中学历史教师的历史教学行为。与此相对应，以被动接受、死记硬背为基本特征的历史学习行为，则统治着中学生的历史学习行为。有人戏言：中学历史学习就是上课"勾"教材（在教材上按老师的指点作符号、标出重点等），课后"对"教材（对照教材完成作业），考前"背"教材，考完"扔"教材。

（二）提升中学历史新课程教学效益的需要

新课程背景下中学历史教学效益不高，其原因复杂。"如课程与高考评价的脱节、课程要求与实施设备的脱节、课程内容与教学资源的脱节"，特别是新课程改革理论研究、教师培训与实际教学严重脱节，其研究成果与教师培

---

① 霍益萍主编.普通高中现状调研与问题讨论[M].上海：华东师范大学出版社，2010：54.

训，或为"纯理论分析"的文字游戏，缺少有说服力的实践探索，缺乏操作性；或为编辑经过不断精心"加工"的理想案例，让人看了兴奋，做了沮丧。"教师是实践工作者，他对新课改的理解，不能只停留在口头上、文字中，必须转化为在课堂教学中可以操作的步骤和环节。新课改开始后，尽管各地教育行政部门和学校陆续组织了一些新课改方面的教师培训，但多半脱离教师的实际，宏观的东西太多，操作性的东西太少，缺乏具体的指导，教师参加完培训后还是一头雾水，无所适从，不知道从何做起。"① 因此，无论是我们所在的市、县（区）中学，还是全国其他中学，历史教师的教学行为的有效性还有待于大幅提升。

（三）发展和完善中学历史有效教学行为理论与实践方式的需要

有效教学理论源于20世纪上半叶西方的教学科学化运动，"有效教学"的提出也是"教学是艺术还是科学"之争的产物。其核心是教学的效益，即怎样的教学才是有效的？是高效、低效还是无效？其研究探索大致经历了优秀教师品质的研究、好教学的特点研究和有效教学的综合研究三个阶段，其总体成果是宏观理论有余，结合学科具体教学操作不足。

国内从20世纪90年代末开始对有效教学进行研究，近期有越来越热的趋势，并出版了不少理论研究成果。就中学历史教学而言，中学历史教学界虽从历史教育的价值取向、教师角色、教师的课堂智慧、教育评价体系、教师专业成长、教育机制等方面展开一些讨论，但至今还没有一部系统阐述中学历史有效教学行为，且具有很强操作性的专著。因此，要真正实现新一轮历史新课程改革目标，就必须实实在在地转变历史教师的教学行为和学生的学习行为，提高历史教师的教学行为和学生学习历史行为的有效性。这是广大中学一线历史教师不可推卸的历史责任。

二、课题核心概念的界定

本课题研究的核心概念是"中学历史有效教学行为"。也就是说，我所要

---

① 霍益萍主编. 普通高中现状调研与问题讨论 [M]. 上海：华东师范大学出版社，2010：61.

研究的不是一般意义上的"有效教学行为"，而是研究适合和提升中学历史学科教与学的"有效教学行为"。尽管各学科教与学行为存在一定的共性，但各学科的教与学行为存在明显差异性也是不言而喻的。

何谓"有效教学行为"？目前教育界对其有不同的定义，有人认为，"有效的教师教学行为是以学生发展为取向的"[①]的行为。也有人认为，"有效教学行为是能够促进学生学习与发展并有利于教师自身专业成长的教学行为。"[②]

我们认为，中学历史有效教学行为，就是中学师生在历史课程教与学的过程中，其教与学行为是一种有益于身心健康、专业和学业发展的高效劳动。他主要包括两个方面：一是历史教师在课前准备、课堂施教、课后辅导、考试评价、师生交往等行为活动中，其行为能否高效影响师生身心健康、专业和学业发展；二是学生在课前准备、课堂学习、课后作业、复习巩固、迎考评价、师生与生生交往讨论等活动中，其行为能否高效影响师生身心健康、专业和学业发展。

中学历史有效教学行为与传统中学历史教学行为的最大区别，就是特别强调和追求教师的"教"与学生的"学"必须是高效的；强调和追求历史教学三维目标，即知识与能力、过程与方法、情感态度与价值观在历史教学活动的有机融合与全面实现；强调和追求教与学的效率没有最好，只有更好。

三、研究假设和理论基础

（一）研究假设

1. 历史教师的教学行为与中学历史教学质量存在直接关系，历史教师的全部教学行为是否得当直接影响中学历史教学质量的高低。具体而言，如果历史教师的课前准备、课堂施教、课后辅导、考试评价、师生交往等一系列教学行为得当，其历史教学有效性就高（即历史教师的教学行为能高效影响师生身心健康、专业和学业发展）。否则就低。

---

① 宋秋前．有效教学的涵义和特征 [J]．教育发展研究，2007（1）

② 陈晓端，马建华．试析新课程标准指导下有效教学行为的基本特征 [J]．教育科学研究，2006（2）．

2.学生的历史学习行为与中学历史教学质量存在直接关系，学生的历史学习行为是否得当直接影响中学历史教学质量的高低。具体而言，如果学生的课前准备、课堂学习、课后作业、复习巩固、迎考评价、师生与生生交往讨论等一系列历史学习行为得当，其历史学习有效性就高（即学生的学习历史行为能高效影响师生身心健康、专业和学业发展）。否则就低。

（二）理论依据

1.教育文化论是中学历史有效教学行为研究的教育学基础。

教育文化论认为，"文化与教育是社会发展过程中的一对双胞胎，在现代社会中，教育与文化存在相互包含、相互作用、互为目的和手段的交融关系。"其中，学校文化，即"学校全体成员或部分成员习得且共同具有的思想观念和行为方式"，对教师的教学活动和学生的学习活动有着不可忽视的影响。他"既可能会给学校预定教育目的的达成带来积极意义，也可能阻碍教育目的达成"。"教师所采用的教学形式不同，学生的反映也就随之各异。……不同的师生互动模式，可以产生不同的社会气氛和不同的行为方式。不少研究表明，不同年龄阶段的学生都渴望与自己的老师建立一种亲切、和谐的关系，渴望与教师平等交流，想了解教师权威后面遮盖的真实生活面貌。"[①]

2.行为主义学习论、建构主义学习论和多元智能理论是中学历史有效教学行为研究的心理学基础。

行为主义学习论（亦称刺激—反应学习理论）认为，"学习者的行为是他们对环境刺激做出的反应；所有行为都是习得的。"[②]这就是说，学生在学习过程中，来自教师、同伴等种种行为的刺激，将毫无疑义地影响着其学习的有效性。

以皮亚杰为代表的建构主义学习理论认为，"知识既不是客观的东西（经验论），也不是主观的东西（活力论），而是个体在与环境交互作用的过程中逐渐建构的结果（Inhelder，1997）。""智慧行为依赖于同化与顺化这两种机能从最初不稳定的平衡过渡到逐渐稳定的平衡。"[③]也就是说，儿童是在与周围

---

① 湖南省中小学教师继续教育指导中心编.教育学[M].北京：北京教育出版社，2009：55-60-62.

② 施良方.学习论[M].北京：人民教育出版社，2001：14.

③ 施良方.学习论[M].北京：人民教育出版社，2001：168-173.

环境相互作用过程中，通过同化（个体对刺激输入的过滤或改变的过程）与顺应（有机体调节自己内部结构以适应特定刺激情境的过程），逐步建构起知识，从而使自身认知结构得到发展的。因此，教师的教学行为与学生的学习行为，都无时无刻不在影响着学生的知识构建与发展，影响着教与学的有效性。

加德纳多元智能理论认为：人类的智能是多元化而非单一的，主要是由语言智能、数学逻辑智能、空间智能、身体运动智能、音乐智能、人际智能、自我认知智能、自然认知智能八项组成，每个人都拥有不同的智能优势组合。因此，无论是教师的"教"，还是学生的"学"，都存在扬长避短的问题。高效的历史教与学过程，就是师生相互沟通与合作，相互扬长避短的过程。换言之，教师要依据自己和学生各自的智能优势与差异，进行有效的教学引导，进而实现有效教学，促进学生更好地更健康地有个性地发展。[①]

3. 国家普通高中历史课程标准的相关理念是中学历史有效教学行为研究的学科理论基础。

中华人民共和国教育部新颁布的《普通高中历史课程标准》（实验），一方面要求"普通高中历史课程的设计与实施有利于教师教学理念的更新，有利于教学方式的转变，倡导灵活运用多样化的教学手段和方法，为学生的自主学习创造必要的前提"。另一方面要求"普通高中历史课程的设计与实施有利于学生学习方式的转变，倡导学生主动学习，在多样化、开放式的学习环境中，充分发挥学生的主体性、积极性与参与性，培养探究历史问题的能力和实事求是的科学态度，提高创新意识和实践能力。"课程目标也明确要求学生"在掌握基本知识的过程中，进一步提高阅读和通过多种途径获取历史信息的能力；通过对历史事实的分析、综合、比较、归纳、概括等认知活动，培养历史思维和解决问题的能力。""学习历史唯物主义的基本观点和方法，努力做到论从史出，史论结合；注重探究学习，善于从不同的角度发现问题，积极探索解决问题的方法；养成独立思考的学习习惯，能对所学内容进行较为全面的比较、概括和阐释；学会同他人，尤其是具有不同见解的人合作学习和交流。"[②]

4. 国内外有关有效教学的理论研究成果为中学历史有效教学行为研究提

① 梅汝莉主编.多元智能与教学策略 [M].北京：开明出版社，2003.

② 中华人民共和国教育部制订.普通高中历史课程标准（实验）[M].北京：人民教育出版社，2003：2.

供了可资借鉴的理论与方法。

有效教学理念源于20世纪上半叶西方的教学科学化运动，且取得了不少研究成果。巴班斯基"教学过程最优化理论"认为，教学要达到最优化目的，就必须分析学生状况和教学任务，明确教学内容，选择教学方式、方法，拟定教学进度，对教学结果加以测定和分析等等。其最优化的关键：一是分析教材中主要的和本质的东西，确保学生能掌握这些内容；二是选择能有效地掌握所学内容、完成学习任务的教学方法、方式，进行有区别的教学。[1]

21世纪初，国内学术界以现代教育教学理论、心理学理论为基础，大规模进行有效教学理论的相关研究。崔允漷教授把教学实践分解为教师的"教"和学生的"学"两部分，认为教师的"教"是教学理论的中心问题：一是怎样教得有效，二是怎样教得好？据此，他将教师的课堂教学行为分为主要教学行为、辅助教学行为、课堂管理行为三大类，九种具体教学行为。[2]学者白益民通过实证调查，认为高成效教师的行为特征包括3类8个因素，即实质性互动行为——积极的师生互动，让学生明确教学目标与课堂常规，创造更适应教学的教学模式，提供实质性反馈、复习方式和内容；维持学生专注行为——课堂管理行为，引导学生的专注；教学的计划与反思——课前与课后思维。中国台湾学者林进材借鉴国内外学者的研究与教学实践经验，提出了20条有效的教学行为。[3]这些宏观的有效教学理论研究，为中学历史有效教学行为的研究提供了可资借鉴的理论与方法。

四、研究目标与研究内容

（一）研究目标

新课程背景下研究中学历史有效教学行为，旨在探索一条实现历史新课程教学目标的途径和方法，促进师生共同成长。具体而言：

---

[1] [苏]尤·克·巴班斯基.教学过程最优化：一般教学论方面[M].张定璋，译.北京：人教育出版社，2007.

[2] 崔允漷.有效教学[M].上海：华东师范大学出版社，2009.

[3] 李洪山.国内有效教学理论与实践研究经验概述[J].教学研究，2010（2）.

1. 促进教师教学方式的转变，即由重传授向重发展转变；由统一规格教育向差异性教育转变；由重"教"向重"学"转变；由教学模式化向教学个性化转变；由重结果向重过程转变。改变过去以"教师为中心，教材为中心，双基为中心，考试为中心"的课堂结构，逐步构建"以学生为中心，生活为中心，三维（知识与技能、过程与方法、情感与态度及价值观）为中心，全面评价为中心"的课堂模式。

2. 促进学生学习方式的改变，增强学生学习历史的兴趣，培养学生自主学习和探究学习的能力，提高学生实事求是地分析问题和解决问题的能力；促进学生与学生之间、学生与教师之间、学生与社会之间的交流与合作，养成良好的合作意识，最终使学生学习方式由被动接受型向主动参与型的转化。

3. 丰富中学历史有效教学行为理论，加强个案分析，建立中学历史有效教学行为教学资源库，实现资源共享，为中学历史有效教学行为实践提供资源支持。

4. 促进课题组教师积极学习教育教学理论，更新教师教学观念，改革教学方法，提高科研能力，培养一支研究型、学者型的教师队伍。

（二）研究内容

1. 研究中学历史有效教学行为，丰富和完善中学历史有效教学理论。

2. 研究中学历史教师的有效教学行为，即教师的课前准备、课堂施教、课后辅导、考试评价、师生交往等行为的有效性，探索高效实现新课程背景下中学历史教学目标的教师教学行为方式、方法、原则与策略。

3. 研究中学生的有效历史学习行为，即学生课前准备、课堂学习、课后作业、复习巩固、迎考评价等行为的有效性，探索高效实现新课程背景下中学历史教学目标的学生学习行为方式、方法、原则和策略。

4. 研究中学历史有效教学行为的测量与评价，初步建立起在新课程理念下的教师教学行为与学生的学习行为评价标准（模式）。

5. 研究和建立中学历史有效教学行为资源库。

6. 研究《义务教育历史课标标准（2011年版）》，为初中师生提高历史教与学效率奠定坚实的理论基础（说明：本课题立项研究一年多后所增补的研究内容。我们之所以补充这一研究内容，是因为2012年1月教育部新颁布《义务教育历史课标标准（2011年版）》，并决定于2012年秋季开始执行。历史课程标准是规定历史学科的课程性质、课程目标、内容目标、实施建议的教学指导性文件，是国家对基础教育课程的基本规范和质量要求。因此，研究、理解和落实历史新课标精神，是提高中学历史有效教学行为前提。）

五、研究重点难点与创新之处

本课题的研究重点是中学历史教学过程中的教师教学行为和学生历史学习行为，研究的难点是如何科学构建出中学历史教学过程中教师教学行为和学生历史学习行为一系列行为方式、方法、原则和策略。

本课题预期研究成果特色和创新之处，就是突出历史新课程理念，构建新课程背景下中学历史有效教学行为体系，丰富中学历史有效教学行为理论，为高效实现中学历史教学目标提供科学规范的教与学途径、方法、原则和大量典型案例，展现好学、易操作和实效好的特点。具体来说：

1. 突出落实历史新课程理念。即突出强调以人为本，倡导教学形式和学习方式的多样化；注重教师"教"、学生"学"和教学的过程性评价；突出实践性、探究性和社会性，以促进中学历史教学更能担负起历史教育改革的使命，顺应时代的发展要求。

2. 构建中学历史教师有效教学行为体系（理论、途径、方法、原则等），规范中学历史教学行为，以高效促进中学历史教学效益的提升，有效促进历史教师的专业发展。

3. 构建中学学生有效学习行为体系（理论、途径、方法、原则等），规范中学生历史学习行为，以高效促进中学生历史学习效益的提升，有效促进学生身心健康的发展。

4. 编撰中学历史有效教学行为典型案例集，增强操作性，为其他中学历史教师学习和模仿本研究成果奠定坚实基础。

5. 建立中学历史有效教学行为资源库，与全国中学历史教师共同分享我们的研究成果。

六、研究方法、思路及技术路线

（一）研究方法

本研究在研究方法上，主要采用行为研究、案例研究、调查研究、文献研究等研究方法开展研究。

1. 行为研究：就是在本课题研究过程中，参与本课题研究的教师把自己的教育教学实践活动作为研究对象，边研究边实践，边实践边研究。具体遵循"确定研究问题→拟定研究计划→实施教学行动→观察记录效果→反思评价行动→重检行动效果"研究程序，并从中总结出能提升中学历史有效教学行为的方式、方法、原则与策略，建立新课程理念下的教师教学行为与学生的学习行为评价标准（模式），丰富和完善中学历史有效教学理论。

2. 案例研究：就是在本课题研究过程中，参与本课题研究的教师以自己或其他中学历史教师成功或失误的历史教学行为典型案例作为研究对象，通过对其进行深入和具体的考察研究，揭示其内在特点与法则，并从中总结出能提升中学历史有效教学行为的方式、方法、原则和策略，建立新课程理念下的教师教学行为与学生的学习行为评价标准（模式），丰富和完善中学历史有效教学理论。

3. 调查研究：就是在本课题研究过程中，参与本课题研究的教师以自己承担的子课题为研究内容，通过访问调查、问卷调查、行为观察、电话调查、网络调查等途径获得中学师生的历史教与学行为与教学质量的相关材料，然后对这些材料进行系统统计、归纳与研究，从而揭示中学师生的历史教与学行为与教学质量之间的关系，总结出能提升中学历史有效教学行为的方式、方法、原则和策略，建立新课程理念下的教师教学行为与学生的学习行为评价标准（模式），丰富和完善中学历史有效教学理论。

4. 文献研究：就是在本课题研究过程中，参与本课题研究的教师以自己承担的子课题为研究重点，系统检索中学历史有效教学行为研究方面的文献，收集了解国内外在这方面的已有研究成果，为本课题研究提供有益借鉴和参考，以开拓自己的研究思路与视野，为提升本课题的成果价值奠定基础。

（二）研究思路

本课题在研究过程中，拟主要围绕以下三方面开展工作：一是以"株洲市历史名师基地"为依托，组织全体成员深入开展理论与实践研究。二是"化大为小"，也就是将本课题分解出若干个"子课题"，以"基地成员"为核心，以"基地成员"所在学校的历史教研组为"研究小组"，有计划地开展研究，积累研究成果，然后集中研究讨论。三是"交叉研究"，也就说，同一个"子课题"由两个不同的"研究小组"在不同时间和学校进行交叉错位研究，既可丰富研究成果，又能验证研究成果的可靠性。

在具体研究过程中，本课题研究坚持理论与实践相结合，且以实践研究为主。在理论上，积极搜集和借鉴国内外"有效教学行为"的研究成果，并有机融入"中学历史有效教学行为"的理论和实践研究之中，创造出新的研究成果。为此，我们特别强调三点：

第一，关注过程，坚持加强学习与积累，努力寻求理论与实践之间的通道。课题研究是一项细致的工作，它需要在研究过程中积累点点滴滴数据、信息、经验。为此，我们课题组设计了《课题研究活动记录》，要求课题组成员围绕研究课题，设立本学年或本学期研究的子课题，并围绕自己研究的子课题积极学习有关理论知识，努力开展教学实验活动。在《活动记录》上记下每次学习、活动的内容，并反思自己实验过程中的所作所为，总结归纳有关数据信息，从而为期末撰写教学科研论文积累一批翔实、有价值的素材。在这些活动记录中，既有理论学习的记录，又有实践印证，还有各课题组成员的心得体会，它不仅将各课题组成员的思维导入深处，同时也促进了课题研究工作向更高的台阶迈进。

第二，高度重视课堂教学策略研究，以形成高效、系统的历史课堂教学策略。如"课堂教学实现学生主体权策略""尊重学生的个体差异策略""课堂教学调控策略""学生学习历史评价策略"等方面开展理论与实践研究。

第三，加强反思，对研究情况进行实事求是的评析、总结。我们的课题研究，是在不断反思、总结的过程中逐步走向完善的。我们将所学理论运用于实践，又在实践中产生新的问题，不断琢磨、推敲。在申报本课题后，我们在实践中进一步对方案进行了论证，使其更趋科学合理而富有研究价值。

在实施新课程的过程中，我们对照新课程标准，在本课题研究中及时调整了具体的目标和要求。平时，在教学中我们不断反思自己的实验经过，善于发现本课题研究中出现的具体问题，与他人合作解决，并在理论联系实际的过程中及时撰写下来，形成教学案例、论文。

（三）技术路线

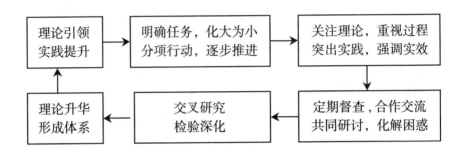

七、研究过程

（一）课题立项准备阶段（2010 年 12 月至 2011 年 12 月）

2010年下半年，课题主持人根据《株洲市名校长名教师培养工程实施意见》（株教字[2009]36号）、《株洲市名校长名教师培养基地建设及管理办法》和株洲市教育局《关于申报名校长名教师培养基地的通知》精神，在申请"株洲市名校长名教师培养工程历史学科名师培养基地"时，就明确提出"以课题研究促进'名师培养对象'迅速成长"工作设想。为确保成功申报湖南省教育科研规划办"十二·五"规划课题，课题主持人和课题组的主要成员在围绕本课题研究方面主要开展了如下活动：

1.组建了课题研究小组，并对参与本课题研究的全体人员进行了系统的理论与课题研究培训。

2.积极收集积累了相关理论资料，形成了《＜新课程背景下中学历史有效教学行为的研究＞课题研究方案》和《＜新课程背景下中学历史有效教学行为的研究＞课题研究计划》。

3.课题组主要成员，依据本课题的研究方案与研究计划进行初步研究，并取得了一些研究成果。其中，公开发表的研究成果主要有：

①汪瀛，匡志林.《"历史影像"的真实性与历史教学效果——从"邓小平与英国首相撒切尔夫人会谈"影像材料说起》[J].《中学历史教学参考》，2010年第9期。

②汪瀛.《理学·心学·成语》[J].《中学历史教学》，2010年第10期。

③汪瀛.《基于历史课堂观察的问题和感悟——我看历史"角色体验"教学》[J].《中学历史教学参考》，2011年第1—2期合刊。本文还为中国人民大学主办的复印报刊资料《中学历史、地理教与学》全文转发。

④刘玲玲.《让历史课堂充满生命的灵魂》[J].《新课程学习》2011年第3期。

4. 向湖南省教育科研规划办呈报了"十二·五"规划课题《< 新课程背景下中学历史有效教学行为的研究 > 省规划课题立项申请·评审书》和《< 新课程背景下中学历史有效教学行为的研究 > 课题研究方案（汪瀛）》，并顺利成功立项。

5. 聘请了湖南省教育科学研究院基础教育研究所文科室主任历史教研员刘林生，株洲市教育科学研究院副院长特级教师丁文平，株洲市第四中学特级教师郭克勤、吕国祎、贺新民、潘民华等专家对本课题进行了开题论证。

（二）课题立项实施阶段（2012 年 1 月至 2013 年 12 月）

1. 坚持按课题研究规划有序推进

自本课题正式立项以来，我们始终坚持依据《新课程背景下中学历史有效教学行为的研究》的总体研究规划，科学制定每年度课题研究计划。与此同时，我们还要求每一个研究成员，依据自己所承担的研究内容（子课题），从自身的实际出发，研究制定自己的研究计划，从而确保了本课题能原有的研究方案有序推进，为高质量完成本课题研究奠定了基础。

2. 强化研究成员理论学习与培训

（1）教学效率的提高，有效教学目标的实现，是各种因素发挥整体效能的过程，这就迫切要求教师加强学习有效教学理论。为确保本课题研究质量，充分发挥教育科研理论在课题研究中的指导作用，我们坚持每学期组织课题组成员认真学习有关中学历史教学行为有效性研究方面的理论专著或文章。

如《历史课堂教学有效性》（赵亚夫主编，北京师范大学出版社，2007年1月）《新课程中的历史教学艺术》（冯东升：广西师范大学出版社）；《新课程课堂教学探索系列——问题教学》（丁念金：福建教育出版社）；《历史教学研究与案例》（朱汉国：高等教育出版社）；《新课程背景下的有效课堂教学策略》（黎奇：首都师范大学出版社）；《教学策略》（周军：教育科学出版社2003年版）、《教学策略》（李晓文王莹：高等教育出版社2002年版）；《智慧课堂：史料教学中的方法与策略》（何成刚、彭禹、夏辉辉、沈为慧等著 北京师范大学出版社2010年版）；《史料教学案例设计解析》（何成刚、张汉林、沈为慧主编，北京师范大学出版社 北京师范大学出版社2012年版）；《问题解决：历史教学课例研究》（夏辉辉编著，北京师范大学出版社2012年版）等。

（2）坚持请进来与走出去有机结合。为了使课题研究扎实开展，课题主持人积极为全体课题组成员搭建交流平台。所谓请进来，就是邀请全国著名专家来株洲市中学历史名师基地（工作室），给全体研究成员做专题学术研究报告。所谓走出去，就是组织研究成员参加全国或全省性的学术会议或教学竞赛活动。通过一系列的学习研讨活动，大大提升了课题组研究成员的理论水平和研究能力，开阔了研究视野，坚定了优化中学历史有效教学行为的信心。

第一，被邀请来"株洲市中学历史名师基地（工作室）"做专题学术讲座的著名专家有：①2011年4月，中国教育学会中学历史教学研究专家委员会副理事长华东师大著名教授聂幼犁先生应"株洲市中学历史名师基地（工作室）"之邀来株洲讲学。讲学的主题为"中学历史教学测量与历史教学行为有效性问题"。②2012年3月，为了进一步提高我市历史教师的专业素养，加强高中历史学科基地建设和历史名师的培养，"株洲市中学历史名师工作室"联合"株洲市中学历史学科培训基地"，邀请任世江教授（原《历史教学》主编，天津古籍出版社副总编、编审，天津师范大学兼职教授。）作高端学术讲座，主题为"历史教学的有效性"和"历史学科的前沿知识"。③2012年3月31日，株洲市中学历史名师工作室与株洲市中学历史学科基地联合邀请陕西师范大学出版总社基础教育研究院院长、《中学历史教学参考》杂志主编、中国教育学会历史教学专业委员会副会长任鹏杰教授来株洲市讲学。讲学地点：株洲市九方中学。讲学主题《历史教育的价值省思——我们究竟怎样看待历史有效教学问题》。参加学术会议成员包括株洲市中学历史名师工作室全体专家与培养对象，株洲市中学历史学科基地第二期培训学员和株洲市高初中历史教师，共计100余人。④2014年4月17日，株洲市中学历史名师工作室与株洲市历史学科基地联合特邀名师山东历史特级教师陈庆军来株洲做了《历史高考命题规律与教学对策》专题学术讲座。参加学术会议成员包括株洲市中学历史名师工作室全体专家与培养对象，株洲市中学历史学科基地第三期培训学员和株洲市高初中历史教师，共计110余人，⑤2014年10月16日，株洲市中学历史名师工作室与株洲市中学历史学科基地联合，再次邀请华东师大著名教授聂幼犁先生来株洲市讲学。讲学地点：株洲市九方中学。讲学主题为《中学历史教学设计基本原理》。参加学术会议成员有株洲市中学历史名师工作室全体专家与培养对象，株洲市中学历史学科基地第四期培训学员和株洲市高初中历史教师，共计130余人。

第二，组织研究成员外出学习与交流的活动主要有：①2011年暑期，我们组织课题组成员赴京进行了为期一周的"名师专业发展培训"。② 2011年9月28日，我们组织课题组成员赴长沙市天心区一中与长沙市中学历史名师工作室全体成员就"高三历史复习教学有效性"进行了面对面的深入交流。③2011年10月22—24日，我们组织课题组成员赴武汉参加了"中国教育教学中学历史教学专业委员会"年会。④2011年11月18—21日，我们组织课题组成员赴郴州观摩研究湖南省中学历史教学专业委员会年会与课堂教学竞赛。⑤2012年7月18—20日，我们组织课题组成员参加了中国教育学会中学历史教学专业委员会在广东珠海召开的年会。⑥2012年10月23—26日，我们组织课题组成员赴江西南昌观摩研究中国教育学会历史教学专业委员会组织的全国课堂教学与说课竞赛。⑦2012年11月2—5日，我们组织课题组研究成员赴湘潭观摩研究湖南省教育学会历史教学专业委员会年会组织的课堂教学与说课竞赛。⑧2013年10月19日—22日，我们组织课题组成员赴河南洛阳，参加了"2013年全国历史教学专业委员会年会"，与全国同仁聆听了专家学术报告，观摩兄弟学校老师授课风采，分享了课题组成员欧老师的精彩授课和获奖喜悦。⑨2014年8月1—7日，我们组织课题组成员赴辽宁大连参加了"中国教育服务中心培训中心"举办的"全国中小学'促名师成长'高级研修班"培训活动。⑩2014年10月24—28日，我们组织课题组成员赴山东泰安参加"全国教育学会历史教学专业委员会2014年学术年会"。课题主持人在年会上给来自全国各地历史教学精英们上了一堂《新文化运动与马克思主义的传播》示范课，彰显了课题研究成果。

3. 大力有序推进实践探索与研讨交流

研讨交流实践探索成果，总结研究过程中的成败得失和经验教训，是《新课程背景下中学历史有效教学行为的研究》最为主要的任务。因此，我们主要做了以下工作：

（1）课题主持人，坚持不断收集本课题研究过程中所取得的研究成果和所遇到的问题，然后加以系统整理与研究，既及时与全体研究成员共同分享课题研究成果，又为全体研究成员及时提供解决相关问题的对策。①2011年5月，课题主持人汪瀛在株洲市二中为全体课题组成员做了题为《〈新课程背景下中学历史有效教学行为的研究〉需要说明的几个问题》专题研讨报告。②2012年2月，汪瀛在株洲市九方中学做了《〈新课程背景下中学历史有效教学行为的研究〉立项以来所取得的成果与研究中存在的问题》专题研讨报告。③2012年12月28日，在株洲市四中召开的"中学历史名师工作室暨《新课程背景下中学历史有效教学行为的研究》总结会上，课题主持人汪瀛做了《〈新课程背景下中学历史有效教学行为的研究〉小结》专题报告。④2013年3月21日，在株洲市四中信息楼二楼会议室召开"株洲市中学历史名师工作室暨《新课程背景下中学历史有效教学行为的研究》新年第一次工作会议"。课题组核心成员张建军主讲了《〈新课程背景下中学历史有效教学行为的研究〉计划说明》，课题主持人汪瀛主讲了《进一步推进湖南省规划课题〈新课程背景下中学历史有效教学行为的研究〉》。⑤2014年3月20日，课题主持人汪瀛，在"《新课程背景下中学历史有效教学行为的研究》结题工作研讨会"上，以"课题结题与工作任务布置"为题做了专题报告，并就研究成员所提出的问题展开了研讨。总之，这些报告对有序和深入推进本课题研究，提高课题研究效益起了重要指导作用。

（2）按计划大力推进课题实践探索与研讨交流。本课题立项以来，我们在各位研究成员实践探索的基础上，主要组织了以下研讨交流活动：

第一，建立了"中学历史名师工作室QQ群"，供全体成员日常教育教学研究交流。

第二，2011年5月组织全体成员在株洲市二中进行一次课题研究，以龙梦娜和匡志林两位老师专题研讨课为切入点，就中学历史有效教学行为开展了理论联系实际的深入研讨。

第三，2011年9月28日上午，在株洲市四中就《新课程背景下历史有效教学行为的研究》开展了一次专题研讨。

第四，2011年10月27—28日，组织中学历史名师工作室高中教师参加了在茶陵县二中举行的株洲市2012届高三历史教学研讨会。全体研究成员通过学术报告、经验交流分析、课堂观察研究等环节，总结了新课程背景下高三历史有效教学行为的成败得失，提高了课题研究广度和深度。

第五，2012年3月14—21日，以"株洲市高中历史学科基地"首届研训班研训为契机，从不同"课型"构建和"学案"编制策略两个方面，研究探索了中学历史教与学的有效性。

第六，2012年4月26日，在株洲市枫叶中学举行一次"新课程背景下中学历史有效教学行为研究"活动。本次研讨活动的主要内容有四：一是名师基地成员胡慧、邓莹围绕研究主题各上一堂研讨课。二是以两堂研讨课为例，围绕"新课程背景下中学历史有效教学行为"，特别是现代教育技术使用与传统板书行为、课前与课堂学生学习行为进行深入研讨，寻找规律与操作规范。三是名师基地成员，简要汇报自己所承担的子课题研究进展。四是主持人汪瀛就本次研讨和课题研讨进展做了专题点评，并就如何进一步推进课题研究提出了明确要求。

第七，2012年5月17日，在株洲市第十五中学举行一次"新课程背景下中学历史有效教育行为研究"系列活动。本次研讨活动的主要内容有四：一是特邀沈红光老师（市十五中）和李川柏老师（景炎学校）上一堂研讨课；二是全体"名师工作室"成员以两堂研讨课为例，围绕"新课程背景下中学历史有效教学行为"，特别是"课堂教学预设与教学生成行为"进行深入研讨，寻找规律与操作规范。三是名师基地成员，简要汇报自己所承担的子课题研究进展。四是主持人汪瀛就本次研讨和课题研讨进展做了专题点评。

第八，2012年9月27日，全体课题组研究成员在株洲攸县一中就高三历史有效教学行为进行了一次专题研讨，课题组研究成员攸县一中蔡志忠来老师以高三第一轮复习课堂教学有效性为研究主题，结合攸县一中教学模式与经验，以《第21课 新中国的民主政治建设》为例给大家呈现了一堂高质量、大容量的高三一轮复习课。课后，全体研究成员肯定赞赏蔡老师的授课及攸县一中学生素养的同时，就"高三第一轮复习及其有效性"各抒己见，进行了热烈的讨论。并一致认为，在今天，单纯地依靠时间来提升质量的教育教学之路已是毫无希望可言，如何提升课堂教学有效性成为必经之路。因而，在今后的高三历史教育教学中，大家更应关注的是单位时间内的效率问题，并加以研究。高三历史一轮复习是学生应对高考的关键环节，创建有效的高三历史第一轮复习模式成为大家共同的课题。

第九，2012年10月18—20日，联合株洲市历史教学专业委员会在株洲市北师大附中举办一次"株洲市2012年历史新课程教学竞赛"，全体研究成员参与观摩研究，并撰写了观摩心得体会和研究论文。

第十，2013年3月27—4月3日，利用"株洲市高中历史学科基地"第二期教师研训，以"课例研讨，专题讲座"的形式，进一步推进"有效课堂教学研讨"。具体研讨的课例为高一年级"历史必修二，中国特色的社会主义建设道路"，高三年级"现代中国发展道路的探索及文明建设的历程"。

第十一，2013年4月11日，株洲市中学历史名师工作室与长沙市中学历史名师工作室联合，在株洲市中学历史学科基地（九方中学）召开高三历史教学研讨会，共同研讨"2013届高三历史第二轮复习行为方略与复习教学效率"。参加会议成员为株洲市中学历史名师工作室全体成员，株洲市高三历史教师。汪瀛主讲《关于高三历史第二轮复习的思考》；长沙一中瞿建湘主讲《提升历史素养，拥抱历史高考》；长沙中学历史名师工作室首席名师马如龙主讲《高三第二轮复习建议》；株洲市中学历史名师工作室培养对象与课题组研究成员刘玲玲主讲《从三年高考大题看历史复习策略》。

第十二，2013年5月9日和16日，课题主持人和课题组部分成员两次到株洲市13中，指导和研讨欧帽辉老师的录像竞赛课——《英国君主立宪制的建立》，进一步研究和解决《新课程背景下中学历史有效教学行为的研究》中的一些具体问题。

第十三，2013年6月22日，株洲市中学历史名师工作室主持人汪瀛在"中学历史名师工作室"QQ群发出通知，要求工作室凡参加《新课程背景下中学历史有效教学行为的研究》课题研究的成员和做过这方面研究的成员，向工作室提供包括2011年以来的研究计划、总结、研究成果，并继续利用暑期深入开展研究。

第十四，2013年11月20—27日，利用"株洲市高中历史学科基地第三期历史教师研修班培训"，进一步研讨《新课程背景下中学历史有效教学行为的研究》，课题组研究成员汪瀛、刘玲玲、欧帽辉等负责具体培训研讨。研讨的主要内容为"有效课堂教学"和"课堂观察"。

第十五，2013年11月28日，利用"株洲市2014年历史学科高考研讨会"，工作室专家团成员张建军在会议上做了《建构·解惑·反馈——2014届高考复习策略浅谈》的专题报告。课题组全体研究成员参加这次研讨。会后，主持人汪瀛又将整个会议内容上传到"中学历史名师工作室"QQ群，供全体成员继续学习与研讨。

第十六，2013年12月19—20日，召开了"2013年度读书报告会暨第一届历史名师工作室学员结业典礼大会"，课题组全体研究成员参加了这次会议，并就各自所研读的"历史教学有效性"著述的心得与体会进行了交流与研讨。课题主持人汪瀛对这次读书研究成果进行了点评。

（三）课题整理结题阶段（2014年1月至2014年12月）

这一阶段为本课题的结题阶段，其主要任务为：①课题主持人指导全体研究成员对各自承担的研究任务进行查漏补缺，组织力量对难以解决的问题进行集体攻关。②课题主持人指导全体研究成员系统整理各自的实践研究、个案研究、调查研究、行为研究、文献研究等方面的研究素材与成果，完成各种研究素材与成果的归档，并进行系统分析，形成各自的研究成果。③课题主持人组织相关成员，完成《新课程背景下中学历史有效教学行为论文汇编》和《新课程背景下中学历史有效教学行为典型案例汇编》工作；完成中学历史有效教学行为资源库建设，并实现资源共享。④课题主持人完成《新课程背景下中学历史有效教学行为的研究》报告的撰写，并组织一次成果展示与推广会。⑤聘请省市专家对课题研究成果进行鉴定和论证，完成本课题结题。

第一，2014年2月，召开了课题组全体会议，组织全体研究成员学习历史教学与教研新成果；研讨和落实《〈新课程背景下中学历史有效教学行为的研究〉2014年度研究计划》，布置本年度学习与研究任务。

第二，2014年3月，①组织课题组全体成员参加了株洲市历史教学专业委员会组建的"株洲市第二届中学历史名师工作室成立大会"，积极推广《新课程背景下中学历史有效教学行为的研究》的研究成果。②组织课题组全体成员参加了株洲市教科院与市历史学科基地共同举办的"2014年高考复习对策与预测"学术研讨会。③组织课题组成员研究与指导株洲市七中杨雄敏参加全国历史教学研究会竞赛课。

第三，2014年5月至8月，①组织交流高中学业水平测试和高考研究信息（包括信息卷、考试方向预测与应考方法等）②以"中学历史名师工作室QQ群"为平台，组织全体研究成员开展读书、研讨与交流活动，提升全体研究成员的研究水平与研究能力。③8月，课题主持人汪瀛领课题组成员赴辽宁大连参加"中国教育服务中心培训中心"举办的"全国中小学'促名师成长'高级研修班"培训活动。

第四，2014年7月5—10日，利用"株洲市高中历史学科基地第四期历史教师研修班培训"，进一步研讨与推广《新课程背景下中学历史有效教学行为的研究》，课题组研究成员汪瀛、张建军、欧帽辉、刘玲玲负责对高三10余个高中历史教师进行具体培训与相关问题的研讨。主要内容为"有效课堂教学研讨"；汪瀛、张建军、欧帽辉、刘玲玲各自为全体培训对象上了一堂公开课。

第五，2014年9月，①借助株洲市教科院组织的"市直属高中教学督评"活动这一平台，进一步推广《新课程背景下中学历史有效教学行为研究》的研究成果。②组织课题组成员参加在株洲市一中召开的"甲午120周年祭暨近代中日关系史教学研讨会"，研讨内容包括：教学研讨课.《仇雠？师友？——近代以来中日关系史简探》，授课人唐建祥；评课：主持人汪瀛，参与为全体听课教师；学术讲座："甲午中日战争的N个真相"，主讲人李建荣；张建军主持部署2014年下半年课题研究任务。

第六，2013年10月，①组织课题组成员赴山东泰安参加"全国历史学专业委员会学术年会"；课题主持人汪瀛在会上给全国与会历史教师上一堂示范课，推广课题研究成果。②张建军、陈庚发和所有课题组成员，全面完成各自所承担的《新课程背景下中学历史有效教学行为研究》研究任务。

第七，2013年11月，①组织课题组全体成员参加了湖南省历史教学专业委员会2014年学术年会。②汪瀛负责完成了《新课程背景下中学历史有效教学行为的研究》材料的整理、分析和研究报告的撰写。

八、研究成果分析

本研究从2011年立项以来，理论研究与实践探索相结合，深入研究了中学历史"教"与"学"中所表面出来的种种行为，发表了研究文章34篇，出版了《精彩·荒谬·效率——中学历史课堂教学探微》《中学历史自主学习导引》《义务教育历史课程标准（2011版）解读》三部研究著作（另有《行为决定结果——中学历史教学行为有效性探微》已经形成初稿，预计2015年10月正式出版发行），参与编著《直击新课程学科教学疑难·高中历史》。既较好解决了教师课前准备、课堂施教、课后辅导、考试评价、师生交往等行为的有效性问题，探索出高效实现新课程背景下中学历史教学目标的教师教学行为方式、方法、原则与策略；又较好解决了学生课前准备、课堂学习、课后作业、复习巩固、迎考评价等行为的有效性问题，形成了一些提高中学历史有效教学行为效率的理论观点，探索出了能高效实现新课程背景下中学历史教学目标的学生学习行为方式、方法、原则和策略，并在中学历史教学实践中获得良好效益。

（一）形成了一些提高中学历史有效教学行为效率的理论观点

先进科学的教育教学理论源于教育教学实践，反过来又指导我们更好地进行教育教学实践。基于这一认识，我们在本课题实践研究过程中高度重视"新课程背景下中学历史有效教学行为的研究"的总结，并将其上升到历史教学理论层面，在提高中学历史有效教学行为效率方面形成了如下主要观点：

1. 中学历史教学行为的有效性，首先必须确保师生所使用的历史材料的真实性、代表性；必须确保师生情感态度和价值观取向的科学性和正确性。否则，愈有效则危害愈大。

2. 中学历史教学行为的有效性，源于对高初中"历史课程标准"的正确认识、理解和应用；源于教师高尚的师德、正确的历史观、人生观、价值观和教育追求。

3. 中学历史教学行为的有效性，应包括历史教师施教行为的有效性和学生学习行为的有效性。

4. 考查中学历史教师施教行为的有效性，既要考察其课堂种种施教行为的有效性，又要考察其课外学习、备课、命题、阅卷、辅导、转化等行为的有效性，

5. 考查学生学习历史行为有效性，既要考查学生日常考试成绩，又要考查学生学习行为的有效性（如课前预习、听课、作业、师生互动、生生互动、合作、探究、复习巩固、自主学习等行为的效性），还要考查学生通过相关历史学习后是否形成符合时代发展需要的科学正确的情感态度与价值观。

6. 历史课堂教学有效性，需要一系列科学有效的教与学方法，并贯穿于初高中所有历史教与学过程中。

7. 中学历史教学行为的有效性，是由教师与学生共同决定。教师是主导，学生是主体，只有主导与主体有机结合、良好合作与互动，才能取得教与学行为效益最大化。

（二）初步探索出中学历史课堂有效教学行为原则

第一，全面参与原则。引导学生积极参与教学过程是中学历史有效教学行为的出发点。有效教学的核心是学生参与，目标是学生的全面发展。在构建历史有效教学课堂时，我们坚持树立"一切为了学生的发展"的理念，把学生的成长作为教学策略选择的出发点。历史有效教学课堂，必须是学生乐于学习、乐于探究、乐于交流、体验成功、感受快乐的课堂。

第二，科学解读原则。科学解读历史课程标准和历史教科书，是中学历史有效教学行为的基本点。历史课程标准是教材编写、教学、评估和考试命题的依据，是国家管理和评价课程的基础。历史教科书则是实现历史课程目标与开展教学活动的重要载体。要提高历史课堂教学行为有效性，教师必须科学解读历史课程标准和历史教科书，弄清教科书编写意图，然后才能在此基础上采用合适的教学策略，设计合理的教学流程。如寻求教学的着力点；思考教学内容的呈现方式，寻求适合学生的学习方法；思考教科书的思维方法，寻找提高学生历史学科能力的有效手段；思考教科书与现实生活的关系，找出激发学生良好情感、发展学生思考的有效载体。

第三，民主和谐原则。创设民主和谐的课堂氛围是中学历史有效教学行为的有力保障。历史课堂应是师生共同学习、共同成长的地方。实施有效教学，实现教学相长，必须要有一个民主和谐的课堂。在这样的课堂中，师生都有平等的话语权、思想权、活动权。

第四，行为养成原则。培养学生良好的学习行为习惯是中学历史有效教学行为的促进剂。学生在历史学习中表现出来的独立思考、发现问题、动手实践、解读交流、反思质疑等能力不是天生就有的，他需要教师有意识地培养和强化。这些学习行为习惯和学习行为品质一旦形成，对促进历史教与学的有效性起着非常积极的作用。

（三）深入研究历史新课程标准，形成了操作性强、能帮助广大中学师生迅速提高中学历史教与学行为效益、较为系统的理论指导体系

中学历史课程标准是国家对历史课程教育目标的意志与要求的具体体现，是中学历史教师从事历史教学的行动指南。中学历史教与学行为的有效性，必须是符合国家历史课程标准要求的有效性，否则有可能是无效的，甚至是负效的。为此，我们深入系统地研究新课程历史课程标准，如课题主持人汪瀛对修订后的《义务教育历史课程标准（2011年版）》进行了深入和系统研究，撰写了《义务教育历史课程标准（2011年版）解读》，从理论与实践的角度，系统解读了义务教育历史课程性质、课程基本理念、课程设计思路、课程目标、课程内容、教学建议、评价建议、课程资源开发与利用建议等。我们经过系统研究和实践探索，形成了操作性强、能帮助广大中学师生迅速提高中学历史教与学行为效益、较为系统的理论指导体系，为中学历史教与学效益的提升奠定了坚实基础。

（四）构建了实用且具有高效特征的不同历史课型的基本操作流程

历史课堂是实施历史教学的主阵地，能否构建既能科学发挥教师主导作用，又能充分发挥学生主体作用，且具有高效特征的不同历史课型的操作流程，是中学历史教学能否实现高效的关键之一，特别是对经验不足的青年历史教师尤其重要。我们经过长期研究探索，形成了新授课、复习课、讲评课、

探究课等四种不同历史课型的基本操作流程。其中，历史新授课的基本操作流程为：创设情景、导入新课→自主探究、合作学习→成果展示、汇报交流→归纳总结、提升拓展→反馈训练、巩固落实。历史复习课的基本操作流程为：问题驱动，自主学习→重点难点、合作探究→知识梳理、点拨归纳→典例分析、深化提高→变式巩固、拓展完善。历史讲评课的基本操作流程为：自查自纠→合作交流→问题汇报→教师点拨→梳理巩固。历史探究课的基本操作流程为：精心设计，创建课题→精心策划，有效组织→悉心指导，授人以渔→引导评判，总结得失。

（五）形成了一系列中学历史有效教学行为策略，有力促进了教师教学方式和学生学习方式的转变。

策略一：备、教、研一体联动，提升集体备课效益。其具体做法有三：一是个体备课打基础。备课者通过研究课标、研究教材、研究教法、研究学法、研究与借鉴名优课经验教训，备出一节有质量的课堂教学详案，并将自己的备课意图写出，供大家学习和借鉴。二是实现校内"联动"，包括同一年级历史教师的集体备课和不同年级历史教师的联合备课，重在发现他人的精彩与不足之处，求同存异，实现优化教学案。三是指利用"中学历史名师工作室 QQ 群"，实行区域性集体备课，以解决一些重难点问题。四是教学案的个性化。即施教者根据自身特点、学生实际和优化后的教学案进行个性化修改。这一备课策略，有力促进了学校之间的互通和交流，合作与竞争；促进了学校校本教研水平的提升和教师备课能力的提高；促进了教师个性发展和不同教学风格的形成；实现了区域内历史教师整体备课水平的提高和教师能力的提升。

策略二：创设情境，激发学生自主学习历史兴趣，形成自主学习历史的能力。"倡导学生主动学习，在多样化、开放式的学习环境中，充分发挥学生的主体性、积极性与参与性，培养探究历史问题的能力和实事求是的科学态度，提高创新意识和实践能力"[①]，是历史教师熟知的新课程理念。学生能否自主学习和掌握相关历史知识，不是靠教师"教"出来的，而是靠学生自主自

---

① 《普通高中历史课程标准（实验）》，[M]. 北京：人民教育出版社，2003：2.

愿"练"出来的。我们的具体做法：一是依据课标与教材创设问题情境，引导学生自主阅读历史教材，给学生以"阅读权"。二是创设一些具有情境和开放性特点的问题，让学生合作讨论，给学生以"探究权"。三是教师要耐心倾听学习成果，允许说完，适当点拨；允许犯错，适时纠正；允许质疑，适当宽容，并适时平等追问，给学生以"发言权"。

策略三：激发学生潜能，引导学生合作交流。具体做法有四：一是创设合作情境，引发合作意愿；二是培养学生合作技能，促进有效合作交流；三是关注学生基础，引导学生合理合作交流；四是关注学生知识与能力基础，控制探究问题的难度、坡度、深度和广度，引导学生能够合作交流；五是提升教师在学生小组学习中的作用，如做好小组合作学习的教学设计，做好小组合作学习的指导，做好小组合作学习的评价等。

策略四：加强学法指导，引导举一反三，实现触类旁通。学法是学生知识体系的重要组成部分，是学生学习能力结构的主要构成要素。知识和教育的影响必须经过内化才能转化为自身的素质，学法指导是加速学生知识内化的有效凭借，能有效促进学生调节自己的学习活动，使学生在掌握知识的同时形成能力，为其不断更新自己的知识结构，适应学习与社会发展的需要奠定坚实基础。汪瀛老师的专著《中学历史自主学习导引》，从如何自主学习高中历史教材、如何自主理解与阐释历史要素、如何自主高效复习历史与迎接高考、几个重要历史专题的高效复习四个方面，全面构建了学生有效学习历史行为体系。不仅有效规范了中学生历史学习行为，而且有力促进了学生历史学习效益的提升和身心健康的发展。

策略五：尊重学生个体差异，满足多样化学习需要。具体做法有三：一是培养预习习惯，尽量缩小学习前的差距。他能较好解决班级教学中好生吃不饱，差生跟不上教学困局。二是注重过程教学，关注不同学生的情感体验。即历史教学过程，既要针对不同的学生提出不同程度的达成要求，又要重视课堂生成性的问题，并努力用好这种难得的教学资源；要围绕一个个预设的和课堂生成的问题，让学生有效参与、有效学习。三是开展分层教学，充分体现人文关怀。即在设计教学时，考虑学生能力、兴趣、思维等多方面的不同特点，据此进行有针对性的指导，注重分层次教学和因材施教。努力防止学生掉队，保证每个学生都有进步。让学生在激励的氛围中成长。

策略六：加大课堂教学重要环节的调控力度。具体而言，一是加大班内学习小组的调控力度。即学习小组的组建要根据学习成绩和性格特点等情况，每个组6—8人，每个组都要有学习优秀者，一般按学习成绩编号排序，一般让后几位上黑板展示，前几位进行订正和评价，充分利用学生资源，调动每一个学生的学习积极性，提高学习效率。二是加大教师讲解时间的调控力度。每节课教师的讲解时间一般不得超过20分钟。课堂要做到"三讲三不讲"，即讲学生提出的问题，讲学生不理解的，讲知识缺陷和易混易错知识；学生不先学不讲，没问题不讲，有问题学生不讲之前不讲。三是加大学生练习方式的调控力度。让学生掌握和推行练习的基本方式：阅读、提问、对话、复述、争辩、查询、小结、摘抄、作业等。每个学生必须做到六行并举，即"真听、实读、勤思、善问、能议、敢评"。四是加大交流展示的调控力度。充分地让学生展示、袒露。激发比、学、赶、帮、超的兴致和愿望。交流展示要更多地关注中下游学生。五是加大学生自学能力培养的调控力度。树立自主学习就是正课的观念。

策略七：关注课堂评价，促进和谐课堂生成。具体而言，一是利用精彩的课堂评价语言，让课堂焕青春的活力。因为，精彩、简洁、准确、发自教师内心深处的课堂评价语有利于课堂氛围的协调和创设，有利于学生自信心的建立，有利于学习方法的指导和学习途径的拓宽。二是坚持教学评价多元化。因为，历史教学目标的多维决定了教学评价也应该是多元的，在评价课堂教学时，应该对教师的教、学生的学和教学过程三个方面开展正确的评价，形成对课堂教学的总体评价，充分体现评价的适时性、激励性和过程性。三是注意多主体性评价。教学评价，既可以是教师自评，也可以是师生、生生评价。从某种意义讲，学生参与教学评价，可使教学评价更客观。

策略八：倾听学生诉求，和蔼、简明、平等地与学生开展对话。从某种意义说，历史教学过程就是师生之间的对话过程。我们的实践探索表明，师生之间的对话是否有效，取决了教师能否以平等的心态、和蔼而简明的语言与学生展开对话，能否充分尊重和倾听学生表达与诉求，并及时帮助他们解决相关的困惑。

策略九：狠抓学习常规，促进学生养成良好的学习行为习惯。学生学习效益的高低在很大程度上取决于其是否拥有良好的学习行为习惯。而学生是否拥有良好的学习行为习惯，则取决于教师日常培育。如：我们要求学生必须按照预先制定的分层学案，做好预习工作；课前应准备好课本、笔记本、练习本等；每周对本周学习内容做一次整理；建立错题本，将每次练习或测验中的错误进行分析与整理；等等。教师则加强学生日常学习行为规范的检查与指导。学习常规虽很细微，也不起眼，但细小的常规积累到一定的时候就产生了质的飞跃。在我们的精心培育下，我们的学生不仅拥有良好的学习习惯，而且自学能力也随之发展，学习效率也大提升。

策略十：精选问题训练，提升练习实效。具体做法是：第一，明确训练前提，即无论进行何种练习，都必须在掌握相关历史基本知识和基本理论的前提下进行。第二，引导学生清楚练习要求，防止盲目练习。第三，巧选练习内容，倡导按需练习。如：训练思维练习，重在问题开放；面向全体练习，重在突出重点；薄弱学生练习，重在循序渐进；不稳学生练习，重在查漏补缺；无欲学生练习，重在新颖有趣；等等。第四，反思练习结果，重在提升能力。第五，关注劳逸结合，重在主体实效。

参与课题研究教师教学行为发展变化统计分析表

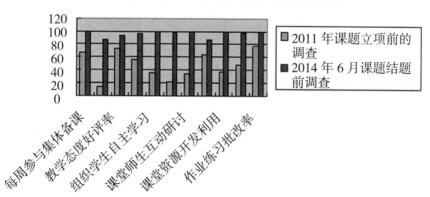

注：参与本课题研究的教师所在学校分别为：株洲市四中汪瀛、匡志林，株洲市二中龙梦娜，株洲市八中李建明，株洲市十三中欧帽辉，株洲市九方中学刘玲玲，株洲市攸县一中蔡志忠，株洲市茶陵一中陈庚发，株洲市茶陵二中谭星醒，株洲市醴陵二中朱世荣，株洲市贺嘉土中学邓莹，株洲市枫叶中学胡慧。

总之，本研究从2011年立项开展研究以来，因我们致力于构建系列历史课堂有效教学策略，一方面有力促进了教师教学方式的转变，即由重传授向重发展转变；由统一规格教育向差异性教育转变；由重"教"向重"学"转变；

由教学模式化向教学个性化转变；由重结果向重过程转变。改变了过去以"教师为中心，教材为中心，双基为中心，考试为中心"的课堂教学结构，逐步构建了"以学生为中心，生活为中心，三维（知识与技能、过程与方法、情感与态度及价值观）为中心，全面评价为中心"的课堂教学结构。另一方面也有力促进了学生学习方式的改变，增强了学生学习历史的兴趣，培养了学生自主学习和探究学习的能力，提高了学生实事求是地分析问题和解决问题的能力；促进了学生与学生之间、学生与教师之间、学生与社会之间的交流与合作，养成了良好的合作意识，最终使学生的学习方式由被动接受型向主动参与型转化。

株洲市第四中学2013届高一学生学习行为发展变化统计表分析

注：本统计表数据源于课题主持人汪瀛所执教的年级。

（六）更新了教师教育教学理论，营造了浓郁的教研氛围，提升了教师教育教学科研能力，有力促进了教师专业成长

本研究从2011年立项开展研究以来，我们大力营造浓郁的教研氛围，积极促进课题组教师积极学习教育教学理论，更新了教师教学理念，改革了教学方法，提高了科研能力，培养了一支研究型、学者型的教师队伍。其具体表现有三：

第一，教师对有效教学的理念和教学策略有了深入理解与认识。本研究有力促进促进教师走进"有效教学"，研究"有效教学"，实施"有效教学"。在这一过程中，教师们进一步认识了有效教学的本质，理解了开展有效教学

的目的，感受到实施有效教学的必要性。在研究中，他们了解了新课程背景下中学历史教学有效课堂教学实施的行为原则、行为策略和基本流程，并且对优化每个流程的有效策略有了清晰认识。如教师对"一节好课的标准"的认识，已经摆脱了传统课堂教学强调"书本知识传授"、强调"教师主导"、强调"秩序和纪律"、强调"基础知识扎实"的倾向。对教材的使用，教师已经突破了原有的视教材为圣经、原封不动地按照教材来教的做法。课题的研究和实验不仅带来了教师教和学生学方式的转变，而且推动教师构建了新的教师观、学生观以及新的师生关系。

第二，教师的科研意识普遍增强，科研水平显著提高，名师成长梯队已经形成。教师们深刻认识到科研给学校带来的活力，他们都力图借助课题研究提升学校教学品位，改变教师的教学状态，提升自身的工作质态。在研究中我们积极组织教师撰写课题论文和案例反思，课题组教师在省级及以上刊物上发表研究论文34篇，在国家、省、市级论文评比中获奖的论文达20余篇。课题组成员有2人成为市学科带头人，有1人成为"株洲市高中历史学科培训基地"主持人，除市教研员外，所有成员都成为株洲市、或所在县区、学校的骨干教师，并参与培训其他历史教师。目前，我市中学历史教科研骨干队伍已经形成，一批教科研骨干正在逐步成为本地的品牌教师，影响和带动着所在市、县区教师队伍素质的整体提高。可以说，这批教科研骨干既是科研课题的参与者、研究者，又是教科研的直接受益者。

第三，教师的教学能力不断提升，教学水平不断提高。本课题立项研究以来，我市中学历史教学通过课题的引领，教研风气空前浓厚，教学策略和方法的优化正成为广大教师的教学追求目标。教师们在一次次研究、追寻、反思、改进中，教学水平得到了提高，教学能力不断提升。自本课题立项以来，在我们的推动与指导下，我市中学历史教师在中国教育学会历史教学专业委员会组织的说课、录像课竞赛中，获一等奖三人次；在湖南省中学历史教学专业委员会组织的课堂教学与说课竞赛中，获得一等奖近20人次。同时，我们还组织了两次全市中学历史教学竞赛，借以推广本研究成果，提高教师的有效教学行为。

（七）建立中学历史有效教学行为教学资源库

本研究从2011年立项开展研究以来，建立了中学历史有效教学行为教学资源库。如：汪瀛在"湖南省基础教育资源网·个人空间"建立的"汪瀛工作室"；刘玲玲在"株洲教育网·株洲优质特色学科基地"建立的"株洲市历史学科基地"；汪瀛主持的"株洲市中学历史名师工作室"建立的"中学历史名师工作室QQ群"；其中，汪瀛建立的"汪瀛工作室"在"株洲市2014年优秀网络学习空间"评选活动中获奖。我们这些"网络资源空间"，存储了我们的研究成果，从而实现了研究成果共享，为中学历史有效教学行为深入研究与实践提供资源支持。

（八）初步建立了符合新课程理念并能有力促进教师教学行为与学生学习行为效益提升的评价体系

科学评价教师的教和学生的学，是提升教与学效益的重要环节。我们经过研究探索，初步建立了新课程理念下能有力促进教师教学行为与学生学习行为效益提升的评价体系。这一评价体系分为两个方面：一是专家、同行通过观察、研讨、评价某一历史课堂教学全过程，诊断其教与学的成败得失，借以激励和促进教师和学生反思、修正、完善自己教学行为和学习行为，提升历史课堂教学效益。这一评价主要有《历史学科课堂观察与反思量表》《历史课堂教与学行为观察与反思量表》《历史高效课堂观察与反思量表》。其中，《历史学科课堂观察与反思量表》是依据新课程理念和历史学科特点而制定的较为宏观课堂观察评价与反思。《历史课堂教与学行为观察与反思量表》和《历史高效课堂观察与反思量表》，则是依据新课程理念和历史学科特点而制定的相对微观的课堂观察评价与反思。《历史课堂教与学行为观察与反思量表》包括"历史课堂学生学习行为观察与反思""历史课堂教师教学行为观察与反思""历史课堂课程性质观察与反思""历史课堂教学文化观察与反思"四个观察与反思分表。《历史高效课堂观察与反思量表》包括"教学内容的把握与处理""教学流程的设计与调控""教学手段的运用与落实""学生学习行为与效果"四个观察与反思分表。二是学校职能部门组织的对教师的教学状况进行调研与业绩考核评价，主要包括《学校对历史教师教学评估标准与考核》

《学生对历史教师教学工作评价表》《学生家长对历史教师教学工作评价表》。学校组织的这一教师评价，重在考核教师教学行为质量，并作为评先、评优、评职和评定绩效工资的重要依据。从某种意义说，这一教学评价更能促进教师反思、修正、完善自己教学行为，严格督促学生反思、修正、完善自己的学习行为，从而有力促进教与学效益的提高。

（九）有力促进了学生学业水平的提升。

本课题研究以来，教师的教学行为和学生的学习行为发展变化，有力促进了学生历史学习成绩、历史研究意识与能力的提高。

参研学校高中学业水平考试成绩发展变化统计分析表

年份	学校名称	人均分	参研学校/省市人均分比值	合格率	参研学校/省市合格率比值	优秀率	参研学校/省市优秀率比值
2011	湖南省	91.57	1.0061	99.84%	0.9903	86.51%	1.0084
	株洲市	94.32	0.9768	99.97%	0.9890	91.79%	0.9504
	参研学校	92.13		98.87%		87.24%	
2014	湖南省	90.28	1.0351	98.89%	1.0112	78.52%	1.1522
	株洲市	92.36	1.0180	99.99%	1.0001	82.09%	1.1026
	参研学校	93.45		100%		90.52%	

注：本表数据源于《2011年湖南省普通高中学业水平考试数据报告》《2014年湖南省普通高中学业水平考试数据报告》。由于本课题的参研学校多为示范性高中，故表中的合格率和优秀率采自湖南省示范性高中统计分析数据。

从《参研学校高中学业水平考试成绩发展变化统计分析表》我们可以看出，参研学校2012年秋季入学新生，在2014年夏季湖南省高中历史学业水平测试中，比本课题研究前的2011年夏季湖南省高中历史学业水平测试成绩有了明显提升。2014年湖南省高中学业水平测试历史试卷的难度大于2011年湖南省高中学业水平测试历史试卷的难度，但参研学校学生的历史人均分、合格率和优秀率绝对值等仍有所提升，参研学校与省市人均分、合格率和优秀率的比值变化显著。

参研学校学生的学业水平的提高，不仅反映在高中学业水平测试上，也反映在高考文科成绩的提升上，还反映在学生历史学科研究意识与研究能力的提升上。如株洲市四中汪永益等6位学生，在汪瀛老师的指导下研究撰写的《新航路开辟对中国的影响研究》，发表于《中学历史教学参考》2012年第1—2期上。

九、成果推广与影响

本课题自2011年着手申报立项以来，不仅进行了扎扎实实的研究，而且在研究过程中采取边研究边反思，边反思边调整，边总结边推广的方法，从而使本课题研究成果在全国范围内得到推广，并产生了较大反响。

1.公开著书立说推广本研究成果，并在全国中学历史教学界产生较大反响。

本课题从立项研究以来，课题主持人汪瀛，核心参研成员匡志林、欧帽辉等人，以著书立说的方式向全国中学历史教学界推广自己的研究成果，并产生了较大反响。如汪瀛撰写的专著《精彩·荒谬·效率——中学历史课堂教学探微》由国家一级出版社线装书局公开出版发行，专著《中学历史自主学习导引》由国家一级出版社光明日报出版社公开出版发行，专著《义务教育历史课程标准（2011年版）解读》由湖北长江出版集团、湖北教育出版社公开出版发行。匡志林参加编著，《直击新课程学科教学疑难·高中历史》，教育科学出版社，2014年1月。她系统阐释如何利用材料进行中学历史有效教学问题，内容包括"取精用宏，理念先行——如何运用材料提升课堂教学的效益""资源有虚实，引导要顶真——如何做好历史资源的有效使用""繁星满眼，如何明月中天——如何把握历史材料应用的量度""春风裁细叶，浓淡两相宜——如何活用与巧用历史材料""提纲挈领，智慧引导——如何利用历史材料的设问来以问带教""拒绝平庸，千汇万状——如何在艺术史教学中避免历史材料应用形式的单一"。同时，这些研究专著还为不少网站大力推广与发行。汪瀛撰写的《历史教学预设与课堂教学生成——以孙中山让权袁世凯为例》《历史教学的追求与实现——以人教版〈俄国十月革命胜利〉为例》、匡志林撰写的《在思辨中感悟历史的魅力——〈俄国十月革命的胜利〉给我的启迪与思考》等共5篇研究论文发表在CSSCI全国中文核心期刊《历史教学》上，汪瀛撰写的《基于文明史观与革命史观的中学历史教学——以辛亥革命胜败评析为例》《才情四谢与荒诞偏颇的课堂教学——从"美国联邦政府的建立"一课的观察说起》《对历史特征的理解与阐释》《如何自主整合历史知识》等多篇研究论文在《历史教学》《中学历史教学参考》《中学政史地·高中文综》发表后，又被中国人民大学复印报刊资料《中学历史、地理教与学》全文转发。我们所有公开发表研究论文，被全球最大的数字图书馆"中国知网·知网空间""维普""万方数据""百度文库""豆丁"等众多网站收录，并为众多读者下载和引用。

2. 利用对外学术交流，大力推广本研究成果，并获得专家和同行的高度评价。

本课题从立项研究以来，课题主持人汪瀛利用每年应邀参加20余次对外学术交流活动的机会，大力推广本研究成果。如2012年7月，应长沙教育学院的邀请，给其"高中历史高级教师研修班"学员，做了主题为"如何提高历史教师专业研究水平——以'新课程背景下中学历史有效教学行为的研究'为例"的专题学术报告。2014年11月，汪瀛赴四川成都在成都市成华四十九中给该区全体历史教师做了《新课程背景下历史教师的专业发展》的专题学术报告；给四川师大"2014'国培计划'——全国初中历史骨干教师培训班"全体学员做了《历史教师培训者的角色定位》的专题学术报告。汪瀛在所有学术报告中，都不同程度地运用和推广了本课题研究成果，受到全体与会专家和同仁的高度评价。

3. 以示范课、竞赛课和教学观摩课等方式推广本研究成果，大大增强了成果辐射力。

历史课堂直接反映教师的教学行为和学生的学习行为，是有效推广教研成果的重要途径。本课题从立项研究以来，全体参研成员，或通过上示范课、竞赛课、教学观摩课方式，或通过指导其他老师参加课堂教学竞赛的途径，向同行们展示我们的研究成果，赢得了听课专家、教师和学生的高度评价，大大增强了本研究成果的辐射力。如：2014年10月25日，课题主持人汪瀛在山东泰安全国教育学会历史教学专业委员会2014年学术年会上给全国与会者上了一堂课题为《新文化运动与马克思主义的传播》公开示范课；12月28日，汪瀛随株洲市第四中学专业委员会到吉首民族中学送教下乡，上了一堂题为《资本主义政治制度在欧洲大陆的扩展》的示范课。这些示范课受到了专家、同行和学生的高度评价。又如课题组成员欧帽辉老师的《英国君主立宪制的建立》录像课,在2013年中国教育学会历史教学专业委员会2013年度录像课竞赛活动中荣获一等奖。再如在题组成员指导下,20余位老师在全国、省、市级教学竞赛中获奖。如株洲市七中杨雄敏老师在我们指导下其所授的《郑和下西洋和戚继光抗倭》录像课,在2014年中国教育学会历史教学专业委员会录像课竞赛中荣获一等奖。

4. 利用"株洲市中学历史名师工作室"和"株洲市历史学科基地"平台,积极推广本研究成果。

本课题主持人汪瀛既是"株洲市中学历史名师工作室"主持人,也是"株洲市高中历史学科基地"聘请的常务专家。同时"株洲市高中历史学科基地"主持人刘玲玲也是"株洲市中学历史名师工作室"的重点培养对象和本课题的参研成员。"株洲市中学历史名师工作室"的主要任务是为株洲市培养一批在省市有一定影响的历史名师,"株洲市高中历史学科基地"的主要任务是承担株洲市继续教育历史教师专业常规培训。因此,"株洲市中学历史名师工作室"和"株洲市高中历史学科基地"就成为推广本课题研究成果的天然平台。如"株洲市中学历史名师工作室"坚持每月组织一次研训活动,除重点培养对象外,来自不同学校的其他历史教师一般不下于40人。"株洲市高中历史学科基地"每年组织培训原则上不少于两次,每次参培高中历史教师在10人左右,每名导师每次只重点负责3-4个培训对象。本课题主持人汪瀛,参研成员张建军、刘玲玲、欧帽辉是每期培训的常务导师,培训的核心内容就是"有效课堂教学研讨"。从2012年以来,"株洲市高中历史学科基地"共组织了5期培训,参加培训重点对象达50余人次,受益历史教师达500余人次(因为每次培训,我们都邀请1-2名全国著名专家做学术专题报告,要求全市所有历史教师参加)。

5. 利用远程教育培训和网络平台积极推广本研究成果。

课题主持人长期担任湖南省中小学教师继续教育指导中心远程教育"课程专家"和全国中小学教师继续教育网株洲市教师培训中心"辅导教师",承担湖南省和株洲市所有中学历史教师的远程教育培训辅导任务。本课题立项研究以来,汪瀛辅导了湖南省中学历史教师数千人次的远程教育学习。仅2014年,汪瀛共先后承担了"益阳市中小学教师全员(第二期)远程研修"

辅导。"2014年浏阳市中小学教师全员远程研修""2014年湖南省中小学教师全员岗位素质远程研修·武岗初中历史班""2014年高中教师学科主题教学远程研修"永州高中历史1班、祁阳高中历史1班、安仁高中历史班的学习辅导；"2013年省培计划 -- 高中教师学科主题教学远程研修·株洲高中历史1班"的学习辅导；湖南省"2014省培计划——高中学科骨干教师远程研修"共10个历史班的培训辅导；宜章2014年"学生的学习心理问题及解决策略"远程研修班、洪江市"2014年高中教师学科主题教学远程研修"班；溆浦县、祁东县"2014年湖南省中小学教师新课标全员远程研修班"的专业辅导。益阳市中小学教师全员（第三期）远程研修8个班的培训辅导。汪瀛在辅导过程中，尽量将自己的研究最新成果奉献给参与远程研训的历史教师，从而大大推广了本课题研究成果，使全省中小学历史教师普遍受益。另外，汪瀛还利用"湖南省基础教育资源网·个人空间"中的"汪瀛工作室"，"中国教育资源服务平台·成长博客"中的"汪瀛的博客"，"株洲市第四中学"校园网中的"历史基地"等，积极推广课题研究成果。

6. 积极开展推广应用研究，推进研究成果应用实效，完善研究成果。

本课题立项研究以来，课题组在通过众多途径在株洲市大力推广我们的研究成果应用的同时，每年还开展一次"历史有效教学行为"的论文和案例征评研讨活动。三年来，我们共收到参加征评的论文和案例200余篇，不仅有力促进了课题研究成果的推广与实际应用，而且深化和完善了本课题的研究。我们还对征集来的参评论文与案例进行择优处理，然后通过网络、结集等方式推荐给全市中学历史老师阅读，从而形成了课题研究与成果推广应用之间的良性循环。特别是我们选择编撰的中学历史有效教学行为典型案例集，操作性强，为全市中学历史教师学习和模仿本研究成果奠定坚实基础，受到我市广大中学历史教师热烈欢迎和高度评价。

十、问题与讨论

中学历史有效教学行为的研究是一个永无止境的过程，是一个需要不断修正与完善的过程。本课题立项研究以来，我们虽然取得了丰硕成果，但也存在一些困惑与问题。现简要讨论如下：

第一，教师的理论学习有待进一步加强。课题组在立项与研究过程中，虽然购买了大量的国内外的有效教学的专业著作，搜集与下载了有效教学的研究论文，但在繁重的教学之余一些参研成员很难抽出大量的时间进行深入和持久的理论学习与研究。如果说参研成员因课题研究压力尚能挤出时间学习相关理论著述，那么非参研成员更难以主动挤出时间进行有效教学理论学习，这对本课题研究成果的推广应用是不利的。

第二，理想与现实的矛盾。本课题从立项研究以来，是严格按照既定的课题计划、步骤和安排推进研究的。但在本课题实际研究过程中，或因与参研学校、区、市一些教育教研活动相冲突，或受因学校工作、经费和领导观念等因素影响，使得部分原定的一些课题交流计划、参观考察计划难以顺利进行；个别参研成员甚至不得不退出本课题的研究。

第三，参研成员精力有限。承担本课题的研究成员，绝大多数为高初中一线把关优秀历史教师。他们除每年担任所在学校高三两个班以上、初三五六个班以上的历史教学外，另外或承担班主任工作、或承担学校科部室领导工作、或承担学校年级组长、教研组长等工作。这就在一定程度制约着他们难以集中全部精力深入搞好本课题的研究。

第四，课题研究成果多集中在高中历史教学。因本次参研成员多为高中历史教师，因而他们就多局限于高中历史教师的教学行为和高中学生的学习行为的实践研究，故初中历史教师的教学行为和学生的学习行为研究显得有些不足。

总之，历史教师的教学行为和学生历史学习行为的研究永远在路上。我们将进一步加强教师教育教学理论修养、历史专业与教学理论的积累，争做研究型教师；更科学地处理好历史教育教学与历史教学科研的关系，不断提高自己的学习、工作效率和研究能力；做课题研究的有心人，不断反思自己的教育教学理论学习和历史教学实践，不断发现问题，研究问题，解决问题，使本课题的研究不断深入和完善。

参考文献

1. 霍益萍主编.普通高中现状调研与问题讨论 [M].上海：华东师范大学出版社，2010.

2. 宋秋前.有效教学的涵义和特征 [J].教育发展研究，2007.

3. 陈晓端，马建华.试析新课程标准指导下有效教学行为的基本特征 [J].教育科学研究，2006.2.

4. 湖南省中小学教师继续教育指导中心编.教育学 [M].北京：北京教育出版社，2009.

5. 施良方.学习论 [M].北京：北京人民教育出版社，2001.

6. 中华人民共和国教育部制订.普通高中历史课程标准（实验）[M].北京：北京人民教育出版社，2003.

7. 崔允漷.有效教学 [M].上海：上海华东师范大学出版社,2009.

8.（苏）尤·克·巴班斯基著张定璋译.教学过程最优化：一般教学论方面 [M].北京：北京人教育出版社，2007.

9. 梅汝莉主编.多元智能与教学策略 [M].北京：北京开明出版社，2003.

10. 陈厚德.有效教学 [M].北京：教育科学出版社，2000.

11. 胡捷利，杨扬.关于有效教学策略思想的阐述 [J].教育研究与实践1992（1）.

12. 李康.教学策略及其类型探析 [J].西北师大学报，1994（2）.

13. 程红，张天宝.论教学的有效性及其提高策略 [J].中国教育学刊，1998（5）.

14. 黎奇.新课程背景下的有效课堂教学策略 [M].北京：首都师范大学出版社，2006.

15. 周军.教学策略 [M].北京：教育科学出版社，2003.

16. 钟启泉.课程与教学论 [M].上海：上海教育出版社，2000.

年度	
编号	

湘教科规 [   ] 鉴字第   号

（以上由省教育科学规划办填写）

湖南省教育科学规划课题
结题·鉴定申请书

资助类别   "十二·五"规划省级一般课题

课题批准号   XJK011CJJ060

学科分类   基础教育

课题名称 新课程背景下中学历史有效教学行为的研究

主持人及联系电话   汪瀛 13007335638

主持人所在单位   株洲市第四中学

结题、鉴定形式   免于结题鉴定

申请结题日期   2015年4月2日

湖南省教育科学规划领导小组办公室印制

2009年10月

一、研究人员及成果情况（以下课题主持人填写）

课题名称	新课程背景下中学历史有效教学行为的研究			
研究起止时间	2011 年 9 月至 2014 年 12 月			
主要研究人员姓名	单　位	学历	职务和职称	课题研究中所承担的工作及主要贡献
张建军	株洲市教育科学研究院	大学	中教高级，株洲市历史教研员	研究论文汇编和研究案例汇编
匡志林	株洲市第四中学	研究生	中教一级，市历史名师工作室助理	课堂教学语言与肢体艺术行为
欧帽辉	株洲市第十三中学	大学	中教高级，株洲市历史学科带头人	考试测量行为与学生整体学习评价行为
龙梦娜	株洲市第二中学	大学	中教高级	课堂教学预设与教学生成行为
刘玲玲	九方中学	大学	中教高级	备课与教学设计行为研究
陈庚发	茶陵县第一中学	大学	中高特级	新课程背景下中学历史有效教学行为研究资源库
朱世荣	醴陵市第二中学	大学	中教一级	师生教与学行为观察与评价系统
彭泽波	株洲市第十八中学	大学	中教一级	课程资源开发行为
李建荣	株洲县第五中学	大学	中教一级，株洲市历史学科带头人	课后学生学习与教师辅导行为
蔡志中	攸县第一中学	大学	中教高级，株洲市历史学科带头人	课堂师生互动与反馈评价行为
邓　莹	贺家土中学	大学	中教高级	课前与课堂学生学习行为
胡　慧	株洲市枫叶中学	大学	中教一级	课堂现代教育技术使用与传统板书行为
	本课题研究的核心内容为中学历史有效教与学行为，其旨在探索一条有效实现历史新课程教学目标的途径和方法，促进师生共同成长。三年来，我们对原设计研究内容进行了系统扎实的研究，完成了中学历史教师课前准备、课堂施教、课后辅导、考试评价、师生交往等教学行为和中学生课前准备、课堂学习、课后作业、复习巩固、迎考评价等学习行为的有效性研究，探索出有效实现新课程背景下中学历史教学目标的教师教学行为和学			

原设计的课题研究内容、目标完成情况概述	生学习行为的方式、方法、原则和策略；完成了中学历史有效教学行为的测量与评价研究，初步建立起在新课程理念下的教师教学行为与学生的学习行为评价标准（模式）；研究与建立中学历史有效教学行为资源库。增加并完成了《义务教育历史课程标准（2011版）》的研究。本研究有效促进了教师教学思想、教学方式的转变，促进了学生学习理念与学习方式的转变，提高了教师教育教学研究能力，丰富中学历史有效教学行为理论，有力推动了株洲历史学科课程教学的改革，并在全省和株洲市得到了较好推广应用，在全国也有较大影响，实现了既定的研究目标。目前，课题组已出版课题研究成果的专著三部，另有一部课题综合研究专著也将于今年由北京师范大学出版社公开出版发行；公开发表论文5篇，教学案例1篇；获省级以上论文成果奖21篇，市级论文成果奖8篇，省级以上课例、课件、教学竞赛成果奖10项，市级以上课例、课件、教学竞赛成果奖8项。但课题研究中也发现一些新问题，有待进一步研究。

二、自我鉴定（对本课题研究内容完成情况，研究主要结论、发现以及研究方法科学性的自我评价。类似代专家组拟定的结题鉴定意见）

一、扎实完成了研究内容，形成了具有自己特色的中学历史有效教与学行为理论与实践操作体系，实现了既定研究目标。

本课题研究的核心内容为中学历史有效教与学行为，其旨在探索一条有效实现历史新课程教学目标的途径和方法，促进师生共同成长。三年来，我们对原设计研究内容进行了系统扎实的研究，完成了中学历史教师课前准备、课堂施教、课后辅导、考试评价、师生交往等教学行为和中学生课前准备、课堂学习、课后作业、复习巩固、迎考评价等学习行为的有效性研究，探索有效实现新课程背景下中学历史教学目标的教师教学行为和学生学习行为的方式、方法、原则和策略；完成了中学历史有效教学行为的测量与评价研究，初步建立起在新课程理念下的教师教学行为与学生的学习行为评价标准（模式）；研究与建立中学历史有效教学行为资源库。增加并完成了《义务教育历史课程标准（2011版）》的研究。本研究的独特与新颖之处在于突出了历史新课程理念，构建了新课程背景下中学历史有效教与学行为体系，丰富中学历史有效教学行为理论，为高效实现中学历史教学目标提供科学规范的教与学途径、方法、原则和大量典型案例，好学、易操作和实效好。他有效促进了教师教学思想、教学方式的转变，促进了学生学习理念与学习方式的转变，提高了教师教育教学研究能力，有力推动了株洲历史学科课程教学的改革，在全国范围内容得到推广应用，实现了既定的研究目标。

二、课题研究成果丰硕，在全国产生较大影响。

第一，课题主持人汪瀛已撰写出版了研究专著《精彩·荒谬·效率——中学历史课堂教学探微》（约21.3万字）《中学历史自主学习导引》（约28.7万字）《义务教育课程标准（2011年版）解读》（约18万字）三部，另有汪瀛撰写的本课题综合性研究专著《行为决定结果——中学历史教学行为有效性探微》，将由北京师范大学出版社正式公开出版发行。本书30万字，系统阐释了历史有效教学研究现状、基本内涵、策略与原则、基本特征，教师备课与教学设计行为的有效性，历史课程资源开发行为的有效性，教师课堂教学语言与肢体艺术行为的有效性，历史课堂师生互动与反馈评价行为的有效性，历史课堂现代教育技术使用与传统板书行为的有效性，历史课堂教学生成行为的有效性，历史课前与课堂学生学习行为的有效性，历史课后学生学习与教师辅导行为的有效性，历史考试测量行为与学生整体学习评价行为的有效性，历史师生教与学行为观察与评价系统的有效性。课题组核心成员匡志林老师参加编著了《直击新课程学科教学疑难·高中历史》，系统研究了历史课堂材料教学问题，内容包括"取精用宏，理念先行——如何运用材料提升课堂教学的效益""资源有虚实，引导要顶真——如何做好历史资源的有效使用""繁星满眼，如何明月中天——如何把握历史材料应用的量度""春风裁细叶，浓淡两相宜——如何活用与巧用历史材料""提纲挈领，智慧引导——如何利用历史材料的设问来以问带教""拒绝平庸，千汇万状——如何在艺术史教学中避免历史材料应用形式的单一"。总之，这些著作探索了中学历史有效教与学发生、发展和变化的规律，包含了大量新观点、新做法，反映了当今中学历史教育教学研究新成果，能有效指导中学师生在历史教学过程中的教与学行为，受到广大中学师生欢迎现热爱。

第二，课题主持人汪瀛和课题组全体成员在本课题研究过程中，撰写了上百篇研究论文和心得体会。三年来，本研究有35篇论文在省级以上教育教学刊物公开发表，在全国中学历史教学界产生了较大影响。其中，有4篇论文发表上在全中文核心刊物（CSSCI）《历史教学》；有4篇为中国人民大学复印报刊资料《中学历史、地理教与学》全文转载；还有不少研究论文在省市教研论文评比中获奖。这些研究新成果还为不少中学历史教师和教学研究者所引用，或为不少网络转载与引用。

第三，课题主持人和课题组核心研究成员将本课题研究成果，或融入自己撰写的教学案例、制作的课件和课堂教学竞赛之中，或指导其他历史教师参加教学竞赛，取得了丰硕成果，且在全国范围产生良好影响。如：课题主持人汪瀛应中国教育学会历史教学专业委员会之邀，在2014年中国教育学会历史教学专业委员会学术年会上，给来自全国的历史教研员和历史骨干教师500余人上了一堂课为《新文化运动与马克思主义的传播》示范课，受到与会者高度评价，并在全国中学历史教学界产生良好反响。课题组核心成员之一的欧帽辉老师执教的《英国君主立宪制的确立》，在中国教育学会历史教学专业委员会2013年全国历史优质课评比中荣获一等奖。又如：在我们指导下，株洲市七中杨雄敏老师执教的《郑和下西洋和戚继光抗倭》在中国教育学会历史教学专业委员会2014年全国历史优质课评比中荣获一等奖；株洲市十三中吴志富老师执教的《新中国初期的外交》在2014年湖南省中学历史教学竞赛中，荣获现场上课一等奖；株洲市体育路中张瑜老师执教的《国防建设》在2014年湖南省中学历史教学竞赛中，荣获说课一等奖。

第四，课题主持人汪瀛在"湖南基础教育资源网·教师空间"创建了"汪瀛工作室"，并将其作为"中学历史有效教与学行为研究资源库"，存储了我们的研究成果，从而实现了研究成果共享，为中学历史有效教学行为深入研究与实践提供资源支持。由此，汪瀛创建的"汪瀛工作室"在"株洲市2014年优秀网络学习空间"评选活动中获奖。

第五，我们通过省市教育培训、历史教学竞赛、全市教学案例征评、学校间教研交流等活动、向湖南省和株洲市历史教师推广了我们的研究成果。

三、课题研究目标明确，研究内容具体实在，研究过程真实，研究方法得当，研究措施有力，研究结果可信。

本课题从开展研究以来，在各级领导、专家的领导、关怀、帮助和大力支持下，在主持人带领和严格督促下，课题组全体成员沿着既定目标扎扎实实地进行了大量理论研究和实践探索。课题组全体成员始终严格遵守相关研究规则，坚持充分发挥每一位课题组成员的特长，紧密结合各自的历史教学活动，有计划、有步骤地攻克了一个个研究难题，并对一些重点问题进行了反复循环和多角度研究，从而确保了研究成果的真实和科学。

三、提交结题、鉴定的课题成果主件、附件目录

主件：

一、研究报告

《〈新课程背景下中学历史有效教学行为的研究〉结题报告》。

二、专著成果

1. 汪瀛著，《精彩·荒谬·效率——中学历史课堂教学探微》，线装书局，2012年4月。

2. 汪瀛著，《中学历史自主学习导引》，光明日报社出版社，2013年8月。

3. 汪瀛著，《义务教育历史课程标准（2011年版）解读》，湖北长江出版集团，湖北教育出版社，2012年2月。

4. 匡志林参加编著，《直击新课程学科教学疑难·高中历史》，教育科学出版社，2014年1月。

5. 汪瀛 著《行为决定结果——中学历史教学行为有效性探微》（目录与节选，本书将于2015年10月由北京师范大学出版社出版）

三、论文成果（代表作10篇，其中4篇发表在CSSCI全国中文核心期刊，4篇为人大《复印报刊资料》全文转载）

1. 汪瀛，《历史教学预设与课堂教学生成——以孙中山让权袁世凯为例》，载《历史教学》（CSSCI）2012年7月上半月刊。

2. 汪瀛，《对历史特征的理解与阐释》，载《中学政史地·高中文综》2012年第3期；中国人民大学复印报刊资料《中学历史、地理教与学》2012年第7期全文转发。

3. 汪瀛，《高三学生解答小论文试题存在的问题与应对策略——以株洲市2013届高三检测"革命与改良"题为例》，载《中学历史教学参考》2013年第4期。

4. 欧帽辉，《如何提高历史考试测量行为在学生整体学习评价中的有效性》，载《新课程》2012年第9期。

5. 汪瀛，《如何自主整合历史知识》，载《中学政史地·高中文综》2013年第3期。中国人民大学复印报刊资料《中学历史、地理教与学》2013年第7期全文转发。

6. 欧帽辉，《情境教学与高中历史课堂教学的有效性》，载《新课程学习》2013年第10期（中旬）。

7. 汪瀛，《才情四谢与荒诞偏颇的课堂教学——从"美国联邦政府的建立"一课的观察说起》，载《中学历史教学参考》2013年第10期；后被人大复印报刊资料《中学历史、地理教与学》2014年第2期全文转载。

8. 汪瀛，《历史教学的追求与实现——以人教版〈俄国十月革命胜利〉为例》，载《历史教学》（CSSCI）2014年上半月刊第10期。

9. 匡志林，《在思辨中感悟历史的魅力——〈俄国十月革命的胜利〉给我的启迪与思考》，载《历史教学》（CSSCI）2014年上半月刊第10期。

10. 汪瀛，《常态·创新·效益——以〈新文化运动与马克思主义的传播〉教学为例》，载《历史教学》（CSSCI）2015年第3期。

11. 论文获奖复印件（代表）

四、应用成果（代表）

五、指导历史学科老师应用研究成果参加各类竞赛通报（代表）

附件：

附件一：课题立项通知；开题论证书；中期检查报告；其他佐证材料；成果公报

附件二：研究论文选编

附件三：教学案例成果选编

四、申请免于结题、鉴定的理由及课题成果主件、附件目录

理由：

　　根据《湖南省教育科学规划课题成果鉴定结题实施细则》(2011年5月修订)精神，本课题研究成果丰硕，已出版专著3部，还有一部课题综合性研究成果专著待出；发表研究30余篇，其中有4篇论文为中国人民大学复印报刊资料《中学历史、地理教与学》全文转发。符合省规划课题免于结题精神要求。

主件目录：

　　参见本表三"提交结题、鉴定的课题成果主件、附件目录"

附件目录：

　　参见本表三"提交结题、鉴定的课题成果主件、附件目录"

五、市州（含课题单位）或高校科研主管单位审核意见

报送材料是否齐全；课题研究内容是否完成；成果质量是否符合结题、鉴定要求；课题管理和经费使用是否符合规定。	该课题圆满完成了研究任务，成果丰硕，质量高，影响范围广，材料齐全，课题管理和经费使用符合规定，课题研究成果达到《湖南省教育科学规划课题成果鉴定结题实施细则》（2011年5月修订）免于结题、鉴定规定精神要求。同意免于结题鉴定。 公章　负责人（签章） 　　　年　月　日

六、专家组结题鉴定意见（由专家组组长综合各专家意见填写）

因申请免于结题、鉴定，故无专家结题鉴定

专家组组长（签字）
年 月 日

七、通讯方式进行结题或鉴定的专家组成员意见（每个成员都要签署意见，表不够可复印）

因申请免于结题、鉴定，故无专家结题鉴定

评审人（签字）
年 月 日

八、专家组成员名单

专家组职务	姓 名	工作单位及职称职务	签 名

九、湖南省教育科学规划领导小组办公室审批意见

单位公章：

年　　月　　日

说明

1. 本课题荣获湖南省教育科学"十二五"规划课题结题优秀等级。

2. 本课题子课题《新课程背景下中学生历史课堂教学行为有效性研究》荣获湖南省教育学会"十二五"教育科研课题一等奖。

3. 本课题荣获株洲市第六届教育教学改革研究优秀成果一等奖,"华晨科教创新奖励基金"金奖。

4. 本课题研究产生的成果《行为决定结果——中学生历史教学行为有效性探微》,荣获第四届湖南教育科学研究优秀成果一等奖;株洲市第十三届哲学社会科学研究优秀成果二等奖。

04

|综合课题|

因种种主客观因素的制约，广大从事基础教育的普通教师，是很少有机会主持综合性的教育科学课题研究的，但可能有机会参加学校校长主持的综合性的教育科学课题研究。这里所说的教育科学综合课题，是指超出基础教育领域某单一学科的教育科学课题研究，也就是宏观的、跨学科的教育科学课题研究。

　　教育科学综合课题研究所涉及的领域较广，可以是宏观理论层面的，也可以是应用层面的。可以是教育管理方面的共性内容，也可以是德育、智育、美育等各学科共有的教育内容，还可以是适用于各学科教学需要的教学方法方面的内容。他需要不同学科的教师共同参与研究才能完成。

　　教师参与学校教育科学综合课题的研究，能大大开阔自己的教育教学视野，有利于更新自己的教育教学理念，借鉴其他学科的教育教学方法，从而提升自己的教育教学能力。

　　"城乡结合部普通高中艺术教育特色学校可持续发展实践研究"，既有力促进了株洲市第四中学艺术教育特色建设，也有效促进了教师教育教学研究能力的提升，不少教师在本课题研究过程中首次收获了教育科学研究成果，大大增强了他们在各自学科领域的影响力，有些还成为本学科领域的学科带头人或学科专家。

附：

城乡结合部普通高中艺术教育特色
可持续发展实践研究
结题报告 [①]

课题名称：城乡结合部普通高中艺术教育特色可持续发展实践研究

课题批准号：GHB093170

课题类别：普通高级中学特色学校研究专项课题

课题资助经费：900000元

学科分类：基础教育

课题鉴定时间：2012年12月10日

课题负责人：姜野军、中学高级教师、湖南省株洲市第四中学

主要成员：章帆、张军红、汪瀛、吕国祎、贺新民、潘民华、郭克勤、胡新铭、熊景明、官孟琼、肖向晖、张波

参与研究者［以姓氏笔画为序］：丁平、王恋、王瑛、王艳文、尹可珍、尹志雄、孔明亮、母莉、刘芳、刘中伏、刘建平、刘旭洲、刘利琴、成新水、朱柱石、汪海、言雨、李波、李睿、李国华、杨小棠、匡志林、张泽、张果成、陈宁尧、欧阳敏、周胜军、胡宇红、胡南、胡武红、唐文芬、黄爱英、龚连军、程路、谭洪、谭珊、谭金贵

【摘要】"城乡结合部普通高中艺术教育特色可持续发展实践研究"是

---

① 本课题主持人为原株洲市第四中学校长姜野军。我作为本课题组的核心成员，除负责研究历史学科与艺术教育特色可持续发展的关系外，还为本课题主编了"株洲市四中特色学校建设丛书"和《艺术教育与幸福人生》。本课题报告是姜野军校长主持下的集体研究成果，荣获全国教育科学规划领导小组颁发的良好等级的结题证书。本人只是这一报告撰写的主笔，今收录于此，旨在推广这一研究成果，并为广大教师进行跨学科研究提供参考。

一项系统工程。本课题从2009年立项以来，我们从理论与实践两个方面，围绕城乡结合部普通高中艺术教育现状及其问题成因、艺术教育实施策略，艺术教育与师生艺术修养和人文素质培养、艺术课程教学和课外艺术教育活动创新、艺术教育促进学校文化建设等方面展开了深入细致的研究。在理论方面，我们初步构建了城乡结合部普通高中艺术教育特色学校建设和可持续发展的理论体系。在实践方面，我们成功构建了城乡结合部普通高中艺术教育特色学校创建和可持续发展基本策略、学校艺术教育课程体系；开辟了以学科教学渗透为切入点的艺术教育特色学校建设新途径；开发出有利于促进艺术教育特色形成和可持续发展的系列校本课程与系列活动课程；建设成了充满艺术特质的校园文化环境；成功塑造了"春之声"音乐晚会、金画笔美术节和校园科技文化艺术节三大艺术实践活动品牌；有力促进了株洲市四中学校艺术教育的发展，艺术教育教学成果丰硕；有力促进了株洲市四中教育教学质量的提高，提升了学校综合实力；有力提升了学校师生的综合素养和人生幸福指数。

【关键词】城乡结合部普通高中　艺术教育特色学校　可持续发展　艺术教育学科渗透　艺术教育校本课程　艺术教育活动课程　校园文化环境

一、序言

因种种因素的制约或影响，我国高中教育长期存在"同质化"问题。如何突破这一教育问题，满足社会和不同学校、学生、家庭对普通高中教育发展的需要，实现普通高中教育多样化和特色化发展，就成为普通高中教育工作者必须研究和解决的问题。

我们正是基于这一认识，依据我校所处的地理位置、周边环境、家长和学生的需要，申报了"城乡结合部普通高中艺术教育特色可持续发展实践研究"这一课题。在本课题立项、开题和研究过程中，我们在中国教育科学研究院、湖南省教育科学规划办、湖南省教育科学研究院、株洲市教育科学研究院专家的指导下，积极创新研究思路和方法，探索特色学校建设的路径，思考和解决遇到的问题与疑惑，在城乡结合部普通高中艺术教育特色建设和可持续发展方面取得了丰硕成果，使株洲市四中真正成为一所城乡结合部普通高中艺术教育特色学校，并为可持续发展奠定了坚实基础。同时，我们在研究过程中积极通过发表研究论文、出版研究专著、主办和参加从中央到地方不同级别的学术交流会议、报纸杂志和电视电台新闻报道、接待外校参观访问等途径与全国广大教育工作者共享，及时推广了这些研究成果，受到专家、教育工作者、社会、家长和学生的广泛赞誉。

二、课题研究总述

（一）研究问题

1. 研究目的

本课题以实践研究为核心，以城乡结合部普通高中艺术教育现状及问题成因的调查与分析为基础，其研究的基本目的是：探索城乡结合部普通高中开展艺术教育的有效途径和方法；构建"以学校为中心，课外与课内相结合，学校、家庭与社区相结合，普及艺术素养与培养专业特长相结合"的艺术教育实施体系；创新艺术课程教学模式和课外艺术教育实践活动方式，充分发挥艺术教育的育人功能，切实提高师生的艺术修养和人文素养；营造出良好的艺术氛围和学校文化，提高师生的生活品质、文化品位和幸福指数；夯实我校传统艺术教育特色，塑造艺术教育品牌，促进学校艺术教育与其他学科教育整体、健康、和谐发展，提升学校办学水平，创建个性鲜明、可持续发展的艺术教育特色学校；同时为全国其他兄弟高中创办自己的特色学校提供一个有价值的参照标本。

本课题研究的理论目的是：考察城乡结合部普通高中艺术教育发展轨迹，结合我国现阶段其他高中艺术教育发展现状，提炼实践研究成果，并将其上升为理论，从而进一步夯实和发展我国普通高中艺术教育特色可持续发展的理论，为基础教育特色化和特色学校建设与发展提供新视角和新思想。

2. 研究意义

本课题研究理论价值主要有三：一是有利于构建和发展新课程理念下城乡结合部普通高中艺术教育特色学校的创建和可持续发展理论体系；二是能

丰富和发展教育公平与均衡发展理论；三是为特色学校的创建和现代学校改革发展理论提供鲜活的实例与理论思考之源。

本课题研究的现实意义在于有利于促进我校艺术教育特色向纵深发展；有利于总结和提炼出富含推广、示范价值的艺术教育特色学校培育和可持续发展的理论成果和实践经验；有利于培养一支具有一定科研素养、积极创新的研究型师资队伍；有利于促进学校可持续发展，形成较为鲜明的艺术教育办学特色；有利于营造良好的社区艺术文化氛围，推动和谐社区建设，提升广大师生艺术素养，为学生幸福人生奠基。

3. 研究假设

依据多元智能发展理论，我们假定城乡结合部普通高中艺术教育特色形成和可持续发展与普通高中学生潜能的开发和办学质量提升存在着直接关系。就株洲市第四中学而言，在学校已有办学理念、办学基础、办学社会与教育背景下，学校是否坚持继续探索城乡结合部普通高中艺术教育特色可持续发展，直接影响学生潜能的开发、学校办学质量提升和未来的发展。

4. 核心概念

（1）城乡结合部：这是指城市与乡村两种社区相互接触、混合及交融的城市边缘地区，其人口与社会结构特征过渡性十分明显。这里不仅有城市居民与农村居民的相互混杂，而且还存在着本地常住人口与外地流动人口的异质反差；各种不同职业类型、不同生活方式、不同信仰、不同价值观念、不同需求以及不同心理文化素质的人群，既"个性特征"明显，又相互包容共存。

（2）城乡结合部普通高中：这是指地处城市与乡村两种社区相互接触、混合及交融的城市边缘地区，生源为城市与乡村混合的全日制普通高级中学。由于地处城乡结合部的社区，其社会形态既有城市学校的特点，也有农村学校的特点。

（3）艺术教育：这是指以提高人们对美的感受和理解，培养人们的艺术表现力和创造力为目的的教育。艺术教育必须进行必要的技术训练，不能停留在单纯的知识传播、感受艺术、鉴赏艺术，而是必须掌握一定的技能。在本课题中的艺术教育主要是指株洲市四中经过长期积累和发展而成的，集理念、机制、评价等为一体的我校独有的艺术教育风格和形式。

（4）教育可持续发展：这主要体现在两方面：一是教育培养具有可持续

发展能力的人才，为经济社会发展提供智力支持；二是教育自身的可持续发展，即保持教育系统自身的生机和活力，遵循教育发展的客观规律，在教育目标的制定、教育结构的安排、教育内容的设置、教育的组织形式等方面避免短期效应，始终保证为未来社会培养人才的前瞻性。本课题中的教育可持续发展，主要是指传承和弘扬我校长期以来形成的艺术教育特色，结合时代变化和学校长远发展的实际，进行再创造，实现现有特色的拓展、延伸和深化。

（二）研究背景和文献综述

1. 社会与经济发展对教育提出多元化要求

20世纪末以来，随着经济发展与社会进步，我国社会与经济发展对教育多元化选择的要求愈来愈强烈。然而，因我国高中教育长期以来存在着"同质化"问题，它严重制约了我国人才的个性化发展。于是，我国普通高中培养人才的"单一性"与社会、经济发展对人才类别多样化需求的矛盾愈来愈突出。我们如果不能妥善地解决普通高中教育所面临的这一问题与矛盾，失败的学校、失败的教育现象，就难以避免。因此，建设特色学校，发展特色教育，给家长和学生提供更大的选择空间，为学校争取更多的发展机会和更大的发展空间，就成为全面实施素质教育与扎实推进基础教育改革和发展的战略要求。

2002年7月25日我国颁布实施《学校艺术教育规程》，正是顺应我国社会发展、政治改革、经济发展与开放对普通高中教育发展的要求的产物。其旨在提高广大中学师生艺术修养，开发儿童智力。《规程》要求至2005年，九年义务教育阶段的城市学校艺术课程开课率要达到100%，高中阶段的所有学生都要按规定修满艺术课程学分。各级各类学校必须深化艺术课程教学改革，建设一支能基本满足各级各类学校艺术教育需要，又具有实施素质教育能力和水平的教师队伍，开展面向全体学生的经常性的丰富多彩的课外、校外艺术活动。通过一系列的艺术教育课程体系，激发学生的学习兴趣，养成积极主动的学习态度，不仅让学生掌握艺术技能，还要让学生在情感态度、审美能力、创新精神等领域得到发展，促进学生的素质全面发展。

2. 丰富和发展普通高中艺术教育特色可持续发展理论体系的需要

自20世纪40年代以来，以美国为首的西方发达国家对中小学艺术教育普遍重视。20世纪90年代初美国把艺术课程作为核心课程，并颁布了《艺术教育国家标准》，提出"没有艺术的教育是不完整的教育"。他们在"艺术可以使多种智能得到同时和协调发展"多元智能理论的指导下，对艺术教育的培育目标、功能和具体的教学形式等开展了广泛的研究。我国中小学艺术教育由于长期受传统教育的影响，一直未得到应有的尊重和重视，直到21世纪初在素质教育大改革背景下才逐步繁荣起来。

从目前国外艺术教育研究的成果和现状来看，他们主要重视理论上的整体构建和研究，重视对艺术教育共性问题的探究；而对如何创办普通高中艺术教育特色学校和保持艺术教育特色可持续发展等具体问题研究较少，特别是对不同条件下的学校如何开展艺术教育，落实教育功能，形成自己的艺术教育特色等方面的研究相对缺乏。就国内研究而言，主要集中在艺术教育学科建设、艺术特色培育以及艺术教育实施途径和方式等问题上。

国内学校艺术教育特色发展研究比较注意已经形成的学校特色，而往往忽视学校教育特色的发展过程；注重对特色的培育探究研究，缺乏对已有特色从理论上进行论证以及现有特色今后再创性提升研究，艺术教育特色"短命化"现象较为突出；研究内容肤浅化、片面化，强调实用艺术技术教育和"特长生"培养研究，忽略人文教育和创新教育研究；研究局部性特征明显，研究对象以城市中优质高中为主，农村学校极少，城乡结合部高中几乎没有。

3. 理论基础

（1）多元智能理论。哈佛大学零点中心的加德纳教授发表了震惊世界的"多元智能"理论。他研究发现人有8种智能，这8种智能在教育中如果得到正确培育和刺激，发展得就快；如果受到压抑，发展得就慢，甚至不发展。而艺术教育可使这8种智能得到协调发展。

（2）教育本质论。教育是培养人的社会实践活动，教育的对象是人，教育的本质就是促进人最大可能的发展。教育使人往哪个方向发展？教育本质论认为，教育应使人的素质得到的全面发展，包括道德、能力、身心健康等等。艺术素养和艺术才能，也就包含于其中。

（3）以人为本的现代艺术教育论。以人为本的教育理念是时代发展的产物，它主张把人放在第一位，以人作为教育教学的出发点，顺应人的禀赋，开发人的潜能，完整而全面地关照人的发展。在学校艺术教育中坚持以人的发展为本，就是在传授广泛、综合的艺术基础知识同时，致力于个体人格的绽放，强调每个人都应该成为他自己，寻求一种"个体的真实性"，以达到知识传递与个性培养并行的和谐发展。

（三）研究程序

1. 研究设计

本课题主要是在研究艺术教育特色学校建设现状的基础上，从株洲市四中艺术教育个案出发，重点就普通高中艺术教育特色学校培育与发展，艺术教育特色学校可持续发展策略，艺术教育与学校和谐发展、长效发展机制等进行实践研究，总结和提炼出具有一定普适性、指导性的理论与实践成果。

1.1课题准备阶段（2009年4月—5月）

聘请专家对课题研究进行可行性论证，确定研究方向，组建课题组，进行相关理论的学习，撰写研究方案和实施计划，组织课题申报及开题论证等工作。

1.2课题具体研究阶段（2009年6月—2011年5月）

按照研究方案和实施计划课题组全面展开研究工作。

（1）明确课题组成员的研究任务，分项目落实。

（2）组织课题培训活动，让课题组每个成员掌握和理解本课题研究的基本思路、策略、方法等。

（3）每个研究项目负责人制定各项目研究方案和计划，邀请领导和专家对各项目研究方案和计划进行诊断和修正；对研究活动进行辅导和引领。

（4）定期开展校内外相关学术研讨和交流活动。

（5）以我校为重点，对城乡结合部普通高中艺术教育现状及其问题成因调查研究。

（6）从理论和实践两个方面，对艺术课程与艺术教学创新、课外艺术教育活动创新、艺术教育与学校文化建设的关系、艺术教育实施策略等进行系统研究。

（7）以艺术教育为突破口，引领并促进学校德育、教学、管理、队伍和环境建设，实现艺术教育特色与学校整体健康、和谐发展，提升学校整体办学水平，达成"两减两提高"目标，即减少教育教学工作中繁复机械的劳动，提高教师职业素质；减少学生过重的课业负担，提高学生学习能力。

①加快工作型、引导型德育转型，全面提升德育水平，实现德育工作艺术化，以美育德、以美养心。

②以课题为引领，加强品牌学科和品牌课程建设，充分挖掘各学科中的艺术因子、人文精神和科学精神，提升教学水平，实现教学艺术化。

③加强人文关怀，促进制度化管理和人性化管理有机结合，提升管理水平，实现管理的人文化和效能化，切实提高教职工幸福指数和生活品位。

④坚持以人为本，加强人才建设。搭台子、压担子、指路子，完善校本培训和考核评价等系列制度，提升师资队伍素质，实现队伍快速成长。

⑤完善校园设施建设，提升教育教学装备水平，全面建设精致校园、美丽校园、书香校园、和谐校园。

（8）每年组织两次课题小结会议，组织若干次课题组内的研讨活动。

（9）加强与株洲市兄弟学校的合作，积极借鉴他人的课题研究经验，及时推广本课题研究成果。

（10）加强与高校和湖南省教科院专家教授的联系，争取专家的引领和指导。

（11）及时积累研究资料，总结和发表阶段性研究成果。

1.3 课题总结结题阶段（2011年6月—2012年11月）

完成成果整理；完成书稿撰写；完成结题报告的撰写，申请结题鉴定与验收。

2. 研究对象

（1）城乡结合部普通高中艺术教育现状及其问题成因调查研究。

（2）构建"以学校为中心，课外与课内相结合，学校、家庭与社区相结合，普及艺术素养与培养专业特长相结合"的艺术教育实施策略研究。

（3）艺术教育与师生艺术修养和人文素养培养的研究。

（4）艺术课程教学创新研究。

（5）课外艺术教育活动创新研究。

（6）艺术教育促进学校文化建设的实践研究。

3. 研究目标

（1）全面系统了解与掌握我国基础教育，特别是城乡结合部普通高中艺术教育特色学校建设的理论与实践现状。

（2）初步构建城乡结合部普通高中艺术教育特色学校建设和可持续发展

理论体系和创建策略。

（3）创新艺术教育特色学校建设和可持续发展的新途径、新方法。

（4）塑造出具有株洲市四中艺术教育特色的艺术品牌项目与品牌课程。

（5）创建成充满艺术特质的校园文化环境。

（6）以艺术教育为突破口，大力促进株洲市四中学校艺术教育发展和整个学校教育教学质量的全面提高，提升学校综合实力、师生的综合素养和人生幸福指数。

4. 研究方法

（1）文献资料法：课题组通过查阅书刊、网络搜索等方式获取基础教育，特别是普通高中艺术教育特色学校建设和可持续发展的相关理论和经验，丰富课题组成员的理论素养，为"城乡结合部普通高中艺术教育特色可持续发展实践研究"提供有力的理论支撑。

（2）教育调查法：对艺术教育的各种资源进行全面的收集、整理、分析和研究；深入了解省内外同类学校艺术教育的现状，从中找出构建和创新符合自己学校实际的艺术教育的内容、途径和方法。

（3）行动研究法："为行动而研究，在行动中研究，由行动者研究"；程序与操作要领：诊断、学习、计划、实施、反思。

（4）案例研究法：对艺术教育典型案例进行比较分析研究，求同存异，探索艺术教育特色学校建设和可持续发展的共性与特殊性规律。

5. 技术路线

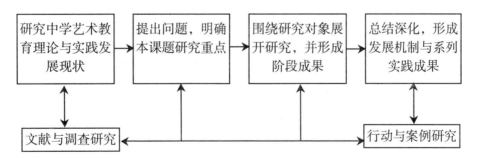

三、研究进程

为确保本课题的研究质量，我们在本课题研究过程中，实行宏观管理与微观分项研究相结合的研究策略。

（一）宏观管理推进

从研究进程的角度来说，本课题宏观管理方面，我们主要做了理论培训和协调解决研究过程中所遇到的问题，扎实有序地推进本课题的研究。

1.2009年10月底，课题负责人姜野军赴北京参加全国教育科学规划课题2009年特色学校专项课题负责人会议，认真听取了专家指导的课题开题注意事项。

2.2009年12月23日，株洲市四中邀请湖南省教科院和株洲市教育局、教科院的领导、专家进行了开题论证，参加的专家有：李三福（湖南省教育科学研究院副院长、教授）、戴端（中南大学艺术学院副院长、教授）、李小球（湖南省教育科学规划领导办公室研究员）、薛晖（湖南省教育科学研究院音乐教研员、副研究员）、毛大训（湖南省株洲市教育局党委书记）、丁文平（湖南省株洲市教育科学学院副院长）与课题组负责人及成员进行了广泛的交流讨论。

3.2009年12月25日至30日，组织全体课题研究成员进行本课题研究理论培训，提升全体研究成员的理论水平和解决相关问题的能力。

4.2010年1月20日，聘请株洲市教科院丁文平副院长来校做"中学教师如何开展教育科研"的学术讲座。2011年1月24日，聘请湖南师范大学教育科学学院教育系主任常思亮教授来校做"特色学校建设"专题讲座。

5.2010年上半年，我们通过联系协调工作，就"城乡结合部普通高中艺术教育特色学校建设和可持续发展问题"，在株洲市一中、三中、八中、十八中、十三中、五中、景炎中学等7所学校进行调研，并初步撰写了调研报告。

6.2010年3月至12月，督促与协调各学科开发出具有"株洲市四中艺术教育特色"的系列校本课程。

7.2011年1月至11月，整理研究成果，编撰出版"株洲市四中特色学校建设丛书"。其中包括教育教学专著《架起学校管理与课堂教学的桥梁》《株洲市四中特色学校建设规划》《心灵的放飞》，艺术教育特色校本课程《历史风流人物》《化学与艺术》《数学大观园》《素描教学》《舞动人生》。由北京光明日报出版社于2011年6月正式出版发行。《自主学习特色英语语法》和《美文艺读》，由南方出版社于2011年5月和11月出版发行。

8.2011年11月19日，株洲市四中邀请湖南省教科院和株洲市教育局、教科院的领导、专家进行了课题中期检查。参加的专家有：湖南师范大学教育科学学院张卫民教授，湖南省教育科学规划办李倡平主任，湖南省教育科学规划办李小球副主任，湖南省教育杂志社何宗焕博士。他们既高度赞扬了本课题研究过程中所取得的成果，又就课题研究中存在的问题提出科学建议。会后，我们就相关问题和建议研究了具体对策，进一步推进了本课题研究。

9.2011年1月至12月，为进一步推进本课题研究，我校课题组核心成员先后赴重庆市九龙坡区谢家湾小学、天宝实验学校、杨家坪中学、铁路一中、广东省执信中学、109中学等多所学校参观学习兄弟学校在特色学校建设方面的先进经验，不断改进和深化本课题的研究。

10.2011年至2012年6月，我们投资205万元建设成株洲市唯一的音乐学科基地，为我校艺术教育特色的发展和课题研究成果的应用推广奠定了坚实基础。

11.2011年12月至2012年4月，课题主持人姜野军校长首倡编撰一部能全面反映"城乡结合部普通高中艺术教育特色可持续发展实践研究"成果的专著，并成立著作编撰委员会，组织编撰了近20万字的研究成果专著——《艺术教育与幸福人生》。本专著于2012年4月由湖南教育出版社公开出版发行。

（二）微观分项研究

本课题在微观，主要是各子课题研究成员依据自己的研究目标，采取切实举措，扎实有序推进相关研究，以获得实际研究成果为归宿。

1.城乡结合部普通高中艺术教育现状及其问题成因调查研究

株洲市四中自2009年9月以来，分两个阶段（课题立项前、课题研究中），由点到面（由地区到全省再辐射到全国），在全国七个省市的32所部高中相继进行了大型问卷调查、实地考察、师生访谈等调查活动，并对调查结果进行了科学统计分析。

1.1 调查目的与意义

我们之所以在本课题立项前后进行"城乡结合部普通高中艺术教育现状及其问题成因调查研究"，一方面想通过对调查所得大量数据的统计分析，全面掌握当今城乡结合部普通高中艺术教育现状及其存在的问题；另一方面，也是更重要方面，就是研究探索其形成原因，找到解决这些问题的科学方法，得出客观的、便于推广的结论。因此，本研究能为改善城乡结合部高中艺术教育现状和所面临的问题提供必要的参考和依据，为城乡结合部普通中学艺术教育特色学校建设走向规范化、制度化、可持续发展的轨道提供不可或缺的参考依据。

1.2 调研方法与举措

本调查问卷以教育部颁发的《学校艺术教育工作规程》为指导，从教学管理、课程实施、师资投入、活动开展等方面展开，问卷分为学校、教师和学生三个部分。学校问卷包括基本情况、规章制度、课程开设、艺教活动和基础建设五个方面；教师问卷包括基本情况、教学情况、课外活动情况和教育管理情况四个方面；学生问卷包括学习环境、学习动机与态度、学习时间、学习成绩和自我学习期望五个方面。学生问卷采用无记名封闭式选择题的形式，学校问卷和教师问卷除了选择题，还有开放式问题，如"您对学校艺术教育有什么意见和建议"等，以此来全面调查学校艺术教育现状及其存在的问题。

本研究调查对象具有相当的广泛性和代表性。在调查的32所高中学校中，有湖南茶陵云阳中学、株洲市三门中学等7所农村中学，有湖南望城雷锋中学、株洲市四中、株洲市一中等10所城乡结合部中学，有广州执信中学、江苏省昆山中学等8所城市中学。本研究调查共发放问卷2142份，回收有效问卷2100份，回收率98%，问卷有效率达到99.5%。我们对调查结果运用Excel进行了统计分析，从而避免了调查者主观因素的影响，调查结果客观、真实。

1.3 结果与分析

在系列调查活动中，我们不仅获得了大量有效的调查数据，掌握了城乡结合部高中艺术教育现状的第一手资料，而且通过对这些数据资料的归纳整理和统计分析，获得了以下结果：

（1）艺术教育条件保障

①规章制度方面：调查结果告诉我们，城乡结合部普通高中艺术教育在规章制度建设上存在制度完善但落实不好的现象。100%的学校有市县教育局

负责艺术教育的领导和机构，83%的学校有负责艺术教育的领导机构，65%的学校有艺术教育规划、年度计划和总结，44%的学校每学期召开艺术教育专题工作会议。但是，这些领导机构、制度、规划在一些学校或形同虚设，或为一纸空文。其原因多为上级领导和机构缺乏督导检查，没有后续评价和奖惩机制。于是，就有了"上有政策，下有对策""做和不做一个样"的错误认知及暴露出来的问题。

②师资队伍方面：调查结果显示，在城乡结合部普通高中艺术教师队伍中，一些学校，或存在部分艺术教师的专业与所教课程不对应的情况，或存在艺术教师编制不足不能满足艺术教育需要的状况。只有85%的学校配备了具有专业教师资格证的艺术教师，平均每所学校只有音乐教师2.5人，美术教师3人，平均年龄在34岁左右。

③教育场地及设备方面：艺术教育需要专门的教学场所，如专用音乐、美术教室、舞蹈教室、艺术社团场地、多媒体教室等。调查发现，大部分城乡结合部普通高中配置了专门的音乐、美术教室以及多媒体教室，且配置情况好于农村学校，而专用的舞蹈教室和艺术社团活动场地则相对较少。具体请参见《图表1》。

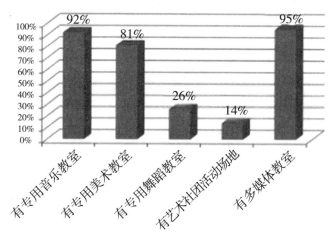

图表1：学校艺术教育场地配置情况

在教学设备方面，我们以音乐教学设备为例进行说明。音乐教学设备，如钢琴、电子琴、打击乐器、音响设备等，是进行音乐教学的必备工具。调查结果（如《图表2》）告诉我们，被调查的普通高中音乐教学设备基本完备，所有学校都有音乐教学音像资料，钢琴、音像设备等设施基本完善。但我们在进一步访谈中发现，一些学校的教学设备使用率不高。这些音乐教学设备，或是有关部门依据有关办学规程配置，或是为了应付上级教育部门检查而添置，其音乐教育教学功能没有真正发挥。从调查结果来看，绝大部分学校的美术教学设备基本完善，在此不做赘述。

总体来说，城乡结合部的高中在艺术教育场地和教学设施设备的配置还是比较乐观的。它好于农村学校以及初中和小学学校。专门的艺术教室、多媒体教学设备等基本完善。研究表明，这跟相关的政策制度以及经济发展水平有关，也跟许多学校重视学生艺术素质的培养有关。

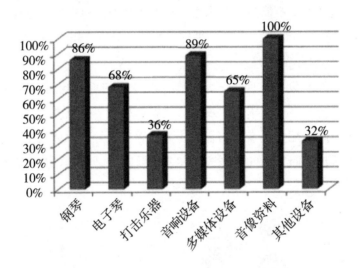

图表2：音乐教学设备配置情况

④经费保障方面：学校艺术教育经费的投入是学校艺术教育发展的有力保障。调查表明：有一些学校比较重视学校的艺术教育，有专项经费保障艺术教育活动进行，但大部分学校没有专门用于艺术教育的经费。虽然各地县市教育局每年都有一定的艺术教育经费投入，但主要用于面向特长学生的艺术活动评比，如艺术节、"三独"比赛、文艺汇演、作品展览等活动，以及教师培训等其他用途。除此之外，几乎没有剩下的经费用于常规的音乐、美术课堂教学与课外艺术活动的开展。

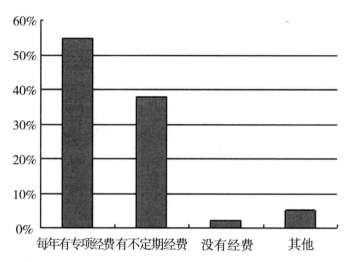

图表 3：近两年学校艺术教育经费投入情况

从以上统计分析结果我们可以看出：我国城乡结合部普通高中艺术教育条件保障参差不齐。城乡结合部普通高中艺术教育相关规章制度较为完善，然而也存在从上级教育行政部门到学校制度落实不到位的现象。学校对艺术教育的经费投入情况也参差不齐，仍有不少学校没有或很少有专门的艺术教育经费，甚至还有的学校将不多的艺术教育经费挪用到其他方面。在艺术教育师资和教育场地、设施等方面的条件正在逐步改善，大部分学校艺术教师缺额逐渐减少，艺术教育场地及设施设备也在逐渐完善。

（2）艺术教育课程教学

①课程设置方面：根据课程设置有关规定，普通高中音乐和美术课程的课时为每周1节。调查结果显示，高中各学校高一年级都按规定开设了艺术课，音乐与美术开课率均达100%；而高二年级和高三年级开课率明显下降，并且还都存在不同程度的占用、挪用现象，即使课表上安排了音乐或美术课，实际上也往往为其他考试科目所替代，尤其是高三年级文化班级，学生已完全失去接受艺术教育的机会。具体情况请参见看《图表4：高一和高二年级艺术课开课情况》。

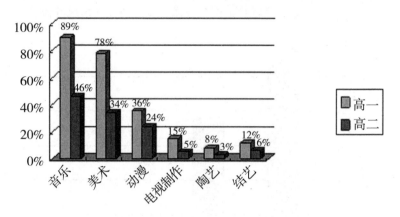

图表 4：高一和高二年级艺术课开课情况

在艺术选修课方面，一些学校在坚持开足规定的音乐和美术必修课程之外，也开设了结艺以及动漫、电视制作、陶艺等视觉艺术选修课程。不过，调查也显示，开设艺术选修课的学校只有20%；且从高一到高二呈现明显下降趋势。艺术必修课和选修在高三年级几乎完全没有开设；有些学校虽有开设，但形同虚设。

艺术课被占用、挪用这是当今普通高中学校普遍存在的现象。其直接原因主要有学校举行活动，教师因参加学习或活动等而耽误，教师之间私自占用，复习考试（部分中学在考试前一周停上艺术课），艺术师资配备不足等。其根本原因是因为普通高中的艺术课程不是考试科目，特别是纯文化学生在高考中不考艺术科目，因而其地位在普通高中教育中相对低下，在追求高考成绩的功利主义教育影响下，学校对艺术课程正常开课缺乏足够重视和制度保障。

②教学成果方面：学校艺术教育的目的在于培养学生全面发展所需要的艺术素养。然而，当今普通高中艺术教育发展多缘于提升高考升学率。因为艺术特长生升学、获奖等可作为衡量学校艺术教学成果的指标。如果一所学校艺术教学成果丰硕，那么其艺术教育经费投入、制度保障等也就更受重视，学校艺术教育就会形成一个良性循环。调查结果显示艺术特长生招生比例为7%到9%。从近三年的升学率来看，为7%到5%，呈现逐年下降的趋势。这与社会发展导致艺术生就业压力增大有关，所以艺术专业考生在逐渐减少。我们认为，艺术教学成果和高考升学率不应该成为对学校艺术教育投入的衡量指标；只有以提高学生艺术素养为目的，才能使普通高中艺术教育沿着健

康的轨道发展。

（3）艺术教育课外活动

调查结果显示：城乡结合部学校注意组建如摄影、动漫、电视制作、陶艺、结艺、舞蹈、音乐、戏剧等多种艺术社团，以此来丰富学生课余生活，陶冶学生情操。有关各学校组建艺术社团及其活动状况，见下表。

从《图表5：学校艺术社团以及艺术表演和展览情况》可以看出，有92%的学校至少组建了一个艺术社团。高中艺术社团的开设越来越多，社团活动越来越普遍，这为学生艺术教育课外活动提供了良好的平台。许多学校通过校园文化艺术节、县市文化艺术节等形式，为学生提供了参与艺术表演（舞蹈、音乐、戏剧）和艺术展览（视觉艺术）的机会。但调查结果也显示：各学校的艺术课外活动存在趋同化、大众化现象，没有形成自己的特色和优势，有关视觉艺术中的影视、雕塑、建筑艺术、实用装饰艺术和工艺品等活动学校很少开展，这对学生艺术素养的全面培养不利。

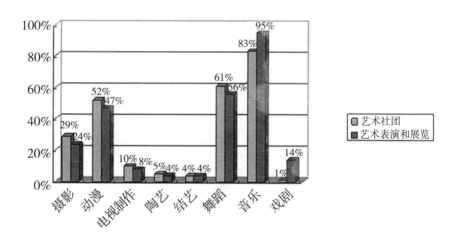

图表5：学校艺术社团以及艺术表演和展览情况

（4）校外艺术学习环境

①社会文化团体对学校艺术教育支持不足。调查显示，只有18%的学校获得一个以上社会艺术文化团体所提供的艺术教学的直接服务。

②家长参对学校艺术教育不积极。从《图表6：学校各年级家长对艺术教育支持情况》调查结果统计我们可以看出：家长还没有充分认识到家长对学

校艺术教育和学生学习艺术支持的重要性。一些家长只重视高考考试科目的活动，对学校的艺术教育和艺术活动不支持、不理解，甚至认为这是"不务正业"，这种现象在高三年级家长中普遍存在。

本次调查也显示出了城乡结合部高中艺术教育在这些年的不断进步，一些学校的艺术课程从无到有，艺术老师队伍不断壮大，艺术教育课外活动逐渐丰富，这些都显示了艺术教育良好的发展趋势。我们相信，随着社会的发展和人们精神生活的丰富，城乡结合部高中艺术教育将逐步走向规范化、制度化，最终实现可持续发展。艺术教育管理机制和保障体系将不断完善，艺术教育工作专项督导评估制度和评估标准将逐渐建立，就可以对艺术教育教学工作进行督导，对各学段学生艺术学习情况采取有效的、操作性强的评价，进行课堂教学质量的监控。有了保障体系，艺术教育经费将获得保障，艺术教育场地和相关设施逐渐完备，教师队伍将在成长和评价机制下获得稳定和提升。此外，随着社会对高中艺术教育的认可和支持，社会文化团体将更多地参与到学生艺术教育过程中，家长也直接参与到学校艺术教育的欣赏、评估等活动中去，学生接受艺术教育教学和参与艺术活动的途径与机会将得到拓展。

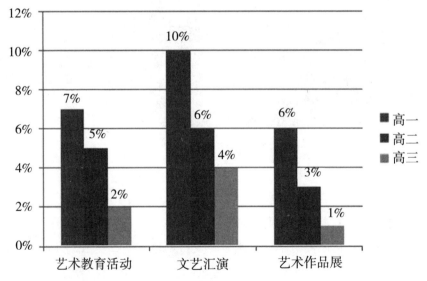

图表6：学校各年级家长对艺术教育的支持情况

1.4 对策与建议

（1）树立正确的艺术教育办学思想和办学理念

我国普通高中之所以存在轻视艺术教育的种种现象，主要是"一切为了高考"等功利主义教育观作用的结果。因此，我们建议各级教育行政部门制定艺术教育相关培训与考试计划，组织针对县市级教育行政部门与中小学校长的艺术教育法规学习培训班，引导他们正确认识艺术教育在素质教育中的重要意义和地位，牢固树立正确的艺术教育办学思想和办学理念。

（2）健全管理机制，改善保障条件

教育行政部门和学校应建立艺术教育工作专项督导评估制度和评估标准。加强艺术教育教学工作的督导，对各学段学生艺术学习情况采取有效的、操作性强的评价，进行课堂教学质量的监控。规范学校对艺术教育经费、场地的使用机制。各级行政部门明确艺术教育经费专项投入的量比，保证艺术教育经费在开展艺术教育活动、添置艺术教育设施设备和艺术教学上的比例。此外，还要建立可行的艺术教师引进、培养、发展机制，采取措施保证学校各年级艺术课程的课时，杜绝占用或挪用艺术课的情况。

（3）拓展学生接受艺术教育教学和参与艺术活动的途径与机会

普通高中艺术教育应该从促进全体学生全面发展的角度出发，拓展学生接受艺术教育教学和参与艺术活动的途径与机会。一是加强学校与社会艺术文化团体的合作，通过召集社会艺术文化团体与学校领导会面，建立长期的、有实质意义的合作关系，以此提高学校艺术教育的教学质量。二是加强学校艺术教育与家庭的联系。让家长更多地参与到学校艺术教育活动中来，做到学校家庭共同参与、共同享受艺术教育。

2. 构建城乡结合部普通高中艺术教育特色学校"三结合"实施策略研究

所谓构建城乡结合部普通高中艺术教育特色学校"三结合"实施策略研究，就是通过本项研究，从宏观上寻找到"以学校为中心，普及艺术素养与培养专业特长相结合，课内与课外相结合，学校、家庭与社区相结合"的高效的艺术教育实施策略。

2.1 研究动机与目的

（1）基于问卷调查结论

我们通过城乡结合部普通高中艺术教育现状及其问题成因调查研究发现：我国目前中学艺术教育发展是局部性特征明显，城市优质学校较好，农村学校日趋关注，城乡结合部普通高中比较薄弱。城乡结合部高中艺术教育存在的问题主要有三：一是缺乏健全的管理机制和保障体系。尽管相关部门对艺术教育有较为完善的制度要求，但部分学校落实不到位；缺乏督促检查、评价和奖惩机制；缺乏保障体系，艺术教育经费得不到相应保障。二是艺术教育课程设置功利化。艺术课被占用、挪用成为普遍现象，高三尤为明显，高三学生几乎完全没有艺术必修和选修课，从高一到高二也有明显下降趋势。三是社会重视及参与程度低下。大部分城乡结合部高中几乎完全不与社会文化团体合作，学生丧失了更多的机会接触艺术门类和学习艺术技能。此外，家长对艺术教育的不支持，这也在一定程度上反映了在高考大背景下社会对高中艺术教育的消极态度。

（2）基于我校艺术教育实践

学校长期艺术教育实践告诉我们：作为一所城乡结合部普通高中要在当今中学教育激烈竞争中生存与发展，就必须结合实际走一条适合自己的道路，必须提升学校的核心竞争力，打造出自己的教育品牌，形成自己的特色，展示自己的魅力。因此，构建独特的艺术教育实施策略成为全面开展艺术教育、稳固艺术教育的必要途径。我校作为一所城乡结合部普通高中，从1992年开始对艺术教育进行了全面实践探索和改革创新，并大致经历了三个阶段。第一阶段为特长教育阶段。从1992年至2001年，主要以发展艺术学科兴趣小组为主，学校成为学生铜管乐队训练基地。第二阶段为打造艺术特色教育阶段。从2001年开始，学校着力于打造艺术教育品牌，艺术教育逐步做大做强，艺术类高考二本以上录取率保持在70%以上。第三阶段为创建艺术教育特色学校阶段。2009年我校被中国教育科学研究院确认为全国306所特色高中专项课题研究学校之一，我们以此为契机，明确提出"进一步夯实传统艺术教育特色，创建城乡结合部普通高中艺术教育特色学校"的目标，实施"以美育德、以美施教、以美促学"的教育策略，进入创建艺术教育特色学校阶段。

2.2 研究过程与措施

（1）坚持艺术教育面向全体学生，以普及和提升学生艺术素养为主，以开发学生艺术潜能培养专业艺术人才为辅。

我们认为，高中艺术特色学校建设不能将艺术教育对象局限于少数具有艺术天赋的学生，而应面向全体学生，提升全体学生的艺术素养，夯实艺术教育基础，并在此基础上开发和培养那些具有艺术潜能或天赋的学生，使他们的艺术潜能或天赋得到充分发展，甚至成为杰出的艺术人才。为实现这一目标，我们主要做了三个方面的探索：

第一，坚持落实国家艺术课程。教学是学校教育中最基本的活动，在学校教育系统中居于中心地位。为有效促进城乡结合部变通高中艺术教育特色学校建设，我们顶住各方面的压力，始终坚持开足开齐国家课规定的艺术教育课程。

第二，将艺术教育融入各学科日常教学之中。艺术教育的本质是审美教育，而美则无处不在。就中学各学科知识而言，无疑都存在美的因子，甚至直接存在艺术因子，它有待于我们去探索、去发掘、去分享。正是基于这一认知，我们动员和要求全体教师在立足于本学科三维目标教学的同时，探索和发掘本学科中的美的因子和艺术因子，并自然地融入日常教学之中，师生共同分享科学知识中的艺术与美，培养学生良好情感态度与科学的价值观。

第三，发掘部分学生艺术潜能，狠抓艺术专业特长教育。近三年研究中，学校在专业特长教育方面采取了如下有效策略：一是抓规模。规模是稳固特长教育的基础，随着城乡结合部向城市化发展，学校招收的艺术特长生数量逐年增长，近三年每个年级的艺术专业班逐步扩展到4个教学班；二是抓项目。项目是抓实特长教育的重要途径，我们利用课余时间分班级、年级、校级三个层面，开展艺术活动，学生自主选择的项目不断增多，并形成了部分特色项目，如合唱、舞蹈、民乐等；三是抓质量。质量是艺术教育的生命，近三年，学校各类艺术竞赛成绩不断提高，艺术类高考二本以上录取率不断提升，均超过70%；四是抓结构。结构是优化特长教育的支撑，调整师资结构和学生结构，最大化地发挥每一位教师和学生的艺术特长；五是筛抓文化班艺术生。学校通过种种艺术活动，从高中文化生中发掘具有艺术潜能或天赋的学生，引导他们走上艺术专业发展之路，不少学生由此步入艺术殿堂，甚至成为比较杰出的艺术人才。我们通过以上策略，学校艺术专业特长教育得到大幅增强，稳固了学校艺术教育的根基。

（2）改进艺术课程设置，构建具有株洲市四中特色的课内与课外相结合的艺术教育课程新体系

第一，创造性地实施国家艺术课程。一是对国家课程的实施过程进行了

重新规划，制定了《株洲市四中学科课程三年教学实施方案》，对学科课程的教学模块间的教学顺序和某些模块内容的教学进行了调整，促进教学效率提高。二是加强对国家艺术课程的落实。即按国家课程设置要求，在高中各年级开足所有的艺术课程；按要求给所有艺术课配置足够的专业艺术教师；加强艺术课堂教学质量的考核与督查力度。

第二，探索开发具有艺术教育特色的校本课程。开发符合学校教育发展需要的校本课程是新一轮课程改革的重要理念。株洲市四中要创办成"艺术教育特色学校"，探索开发出具有艺术教育特色的校本课程就成为必然。为此，我们主要做了三个方面的工作：一是成立"艺术教育特色校本课程编撰委员会"。本委员会以校长姜野军为主任委员，主管教学的副校长章帆为副主任委员，教育部国家基础教育课程教材专家工作委员会委员、中国教育学会理事汪瀛为总主编，成员包括各学科带头人、教研组长、骨干教师等。这就为开发出具有艺术教育特色的高质量的校本课程奠定了坚实基础。二是研究制定了《株洲市四中校本课程开发奖励条例》，对开发出具有艺术教育特色且质量较高的校本课程实行重奖。三是"校本课程编撰委员会"研究制定了《株洲市第四中学"艺术特色学校建设"校本课程系列教材开发方案》，从指导思想、基本要求、教材特点、基本体例、开发原则、拟编课程和开发进程等方面提出了具体要求，从而确保了"株洲市四中艺术教育特色校本课程"的有序开发、实施、修订和出版发行。

第三，创新课外艺术教育实践活动方式。艺术教育既是一种内在艺术知识的学习，也是一种外化的艺术实践活动。为创建城乡结合部普通高中艺术教育特色学校和确保其可持续发展，我们相当重视学生的艺术实践活动，将艺术教育活动化和课程化。近年来，我校建立了春之声合唱团、舞蹈团、晓荷文学社、语言艺术团、光影社、动漫社等10余个学生社团，并将社团活动课程化，让艺术实践活动成为课程，并不断丰富课外艺术活动的内容和形式，完善课外艺术活动的组织与管理，从而在校内外营造出浓厚的艺术教育氛围，为学校艺术教育特色的形成增添新的内容和渠道。

第四，着力打造出有影响力的课外艺术活动品牌。品牌是能给拥有者带来溢价、产生增值的一种无形的资产。创建艺术教育特色学校，必须拥有展示自己艺术教育成果的"艺术品牌"。因此，长期以来，我们脚踏实地，投入大量人力、物力和财力，着力打造"春之声音乐会""金画笔美术节""校园科技文化艺术节"三个课外艺术活动品牌，并以此来丰富学校师生艺术实践活动，让学生与艺术亲密接触，潜移默化，切磋琢磨，共展风采。①"春之声音乐会"是我校对社会公演的一台音乐晚会，每年五月中旬展演，上台表演的全都是我校的学生，有艺术特长生，也有文化班的普通学生。已对外演出十年，音乐会展示了学校艺术教育的最高成果，扩大了学校的影响力与辐射力。目前已对社会公演12场。整场晚会从策划、舞美设计、节目排练、节目单设计、演员组织、彩排、演出都由我校教师和学生一力承担。节目内容丰富，包括声乐、器乐、舞蹈三大类。形式多样，从独舞独唱独奏到管弦乐、室内乐、表演唱、交响合唱、大型群舞等等。十二场演出场场精彩，次次出新。②"金画笔美术节"正式创办始于2002年，此后每年举办一届，每次举办的时间大概为期一至两个月，时至今日已举办了十一届，近年来开展的项目包括：参观考察本土艺术、摄影作品比赛、硬笔书法比赛、学生现场书法大赛、学生现场剪纸比赛、美术高考讲座、学生外出写生作品展、师生作品联展、美术教师个展、美术教师参观画展、美术教师外出学习考察、外聘专家教授讲座等等。其目的是为展示我校艺术风采，丰富活跃学生的课余文化生活，激发学生对艺术的兴趣和爱好，培养学生健康的审美情趣和良好的艺术修养，提高学生的综合素质，建设良好的校园文化艺术教育氛围，推动学校艺术教育的改革与发展，给师生提供一个展示自我的平台和艺术表现空间。③"校园科技文化艺术节"每年12月进行，面向全校学生，开展文化、科技、艺术三大项活动，活动包括有柏园讲坛、发明创造大赛、社团活动展示、班级合唱比赛、元旦文艺汇演等。

（3）发掘家庭、社区艺术教育资源，促进学校、家庭、社区之间在艺术活动上实现良性互动，拓展学校艺术教育新途径

第一，走出校门，与初中小学、大学等开展校际活动。具体做法：一是在市教育部门的指导下建立"株洲市中小学生文学艺术研究院"基地，以基地为龙头辐射全市中小学。二是与艺术高校和周边中小学上接下联。我校成为众多艺术高校的生源基地，周边很多中小学也成为我校的生源基地，打通了大中小学校艺术教育通道。三是与国外音乐学院联姻。2009年学校成功地与奥地利维也纳音乐学院实行合作，双方签订合作办学协议，还成立普职合

作班，给艺术学生更多学习机会和平台，架起了艺术学生通向国外继续学习的桥梁。

第二，走进社区，开展社区活动，创办社区艺术学校。为提高社区青少年学生的艺术知识与素养，实现学校优质艺术资源向社区青少年开放，我校与桂花街道新荷社区联合创建了"株洲四中社区艺术学校"，为中小学生提供免费艺术培顺和课外文化辅导。该艺术学校的老师由我校青年教师、艺术专业功底扎实的学生担任，为艺术教育走进社区开辟了一条十分重要的路径。

第三，拓展校外艺术实践基地。我们认为，学生艺术素养的形成与提升，不能仅局限于学校艺术教育，而应加强校外合作，以扩展师生的艺术视野和促进学生艺术潜能的开发。为此，我们积极与校外群艺馆、影剧院、名胜景观所在地开展合作，开辟演出基地、外出写生基地、参观基地、考察基地、展览基地和培训基地，让学生走进社区、走进农村、走进工厂、走进艺术殿堂，积极汲取各种有益的艺术养分，同时用手中的画笔、美妙的歌声展示自己的艺术风采。

2.3 重要发现或结论

我们通过构建"以学校为中心，普及艺术素养与培养专业特长相结合，课外与课内相结合，学校、家庭与社区相结合"的艺术教育实施策略的研究，做到了更好的面向全体学生，丰富了师生的精神文化生活，大大提高了学生的艺术修养和审美素质，培养了学生的创新精神和实践能力，为学校全面推进素质教育，促进学生德智体美全面发展提供了丰富平台。

（1）创新了艺术教育的途径和方式。"以学校为中心，课外与课内相结合，学校、家庭与社区相结合，普及艺术素养与培养专业特长相结合"的艺术教育实施策略破解了目前城乡结合部普通高中艺术教育存在的问题，成为有效开展学校艺术教育的新的途径和方式，对普通高中艺术教育具有借鉴意义和示范作用。

（2）拓展了艺术教育的资源。通过对艺术教育实施策略的构建，学校成立了学生社团，开发了一系列校本课程，校园环境得到极大改善和美化，丰富了校内的艺术教育资源。在校外建立了优质生源基地、社区艺术学校，与艺术高校和周边中小学上接下联，校外艺术教育资源得到挖掘和开发。

（3）提升了艺术教育管理的效能。在艺术教育实施策略的建构过程中，学校形成了富有艺术教育特色的办学理念，制定了行之有效的艺术教育管理制度，成立了艺术教育管理的机构，推动了课堂教学模式的改革，打造了艺术教育特色的品牌。学校艺术教育管理效能得到大大提升。

2.4 分析和讨论

艺术教育就是要让学生学会感受美、欣赏美、创造美，最终目标与根本归宿是培养学生的审美素养和美好情操。艺术教育的内容是广义的，艺术教育的含义是丰富的，艺术教育的实施途径无处不在，无处不有，而艺术教育的实施策略是多种多样的。我们在艺术教育的实施策略的研究过程中，找到了一些适合我们的艺术教育规律，取得了一定的成绩，同时还有很多地方做得不够完善、不够全面，这是一个充满探索、挑战和创造的过程，我们只有高度的重视它、充分的利用它、合理的开发它、深入的研究它，不断地创新它，才能使我们的艺术教育特色日臻完美、蒸蒸日上。

3. 艺术教育与师生艺术修养和人文素养培养的研究

3.1 研究目的和意义

（1）实现国家教育方针与教育目标的需要

艺术是一种独特的精神现象，是人类所特有的智慧之花，是人文精神的载体。《国家中长期教育改革和发展规划纲要（2010～2020）》明确指出："坚持全面发展。全面加强和改进德育、智育、体育、美育……加强美育，培养学生良好的审美情趣和人文素养。"中华人民共和国教育部颁布的《学校艺术教育工作规程》也明确规定："学校艺术教育工作包括：艺术类课程教学，课外、校外艺术教育活动，校园文化艺术环境建设。"

（2）促进学生全面发展与社会和谐进步的需要

一个人的精神世界有三大支柱：科学、艺术、人文。科学追求的是真，给人以理性，科学使人理智；艺术追求的是美，给人以感性，艺术让人富有激情；人文追求的是善，给人以悟性，人文中的信仰使人虔诚。科学强调客观规律，艺术更注重主观情感；科学讲的是理性，艺术更富于情感；"科学就是根据事物的普遍性处理事物的特殊性。艺术则是根据事物的特殊性去处理事物的普遍性。"而人文则既有深刻的理性思考，又有深厚的情感魅力。一个人的精神世界，不能没有科学，也不能没有艺术，更不能没有人文。艺术可以使人优雅，进而促成社会的和谐。中国近代著名的教育家蔡元培先生认为艺术教育是提高国民素质、培养全面人才的有力手段。教育家苏霍姆林斯基说："在影响青年人心灵的手段中，音乐占据着重要的地位。音乐是思维有力的源泉。没有音乐教育，就不可能有合乎要求的智力发展。"

3.2 研究过程与措施

（1）研习艺术教育理论，更新师生观念，树立正确的现代人才观念

中学艺术教育之所以长期不为社会、广大家长和师生重视，其重要原因之一就是人们将艺术教育视为专业教育，是面向那些具有艺术天赋学生的教育，艺术教育与绝大多人的发展没有什么关系。这实际上是人们对艺术教育的偏见。因此，我们在本课题立项之初，就注意研究艺术教育相关理论文献，如郭声健的《艺术教育——基础教育新概念》、易晓明的《寻找失落的艺术精神》、陈光旭的《艺术的意蕴》、钱初熹的《当代发达国家艺术教育理论与实践》等。然后通过开学典礼、教师例会、学生班会、家长培训班、校内广播、闭路电视、宣传栏等途径，积极宣传艺术教育的社会价值和人文价值。帮助全体师生和家长更新了观念："艺术教育"作为美育的核心，它的根本目标是培养全面发展的人，而不是为了培养专业艺术工作者。"人文素质"是指人所具有的人文知识以及由这些知识所反映的人文精神内化在人身上所表现出的气质、修养，主要是指一个人的思想品位、道德水准、心理素质、思维方式、人际交往、情感、人生观、价值观等个性品质。艺术教育通过普及艺术基本知识和基本原理，能提高学生的审美修养和艺术鉴赏力，培养学生健全的审美心理结构，促进学生道德的完善和智力的开发，发展人的感知、理解、创造等诸种能力，培养全面发展的人。没有人文精神的教育，是没有灵魂的教育。高等教育奠基人、开拓者潘懋元教授认为："人文学科知识必须内化为人文精神，并外显为行为习惯，才能构成相对稳定的品质结构。因此，进行素质教育的关键在于'内化'，即将人文知识转化为人文素养。"而艺术教育可以提高师生艺术修养、丰富师生精神世界、发展学生形象思维、促进学生健康成长，尤其在陶冶情操、发展个性、健全人格、激发想象力、增强高尚的文化修养、追求超越的精神境界等方面，是别的学科所难以替代的。

（2）改革艺术课堂教学，挖掘人文因子实现艺教人文素养目标

新课程标准明确指出中小学的艺术课程"具有人文性质"，具有人文教育功能，能促进学生艺术能力与人文素养的全面发展。为了有效实现艺术教

育的人文素养教育目标，我们主要做了三个方面的工作：一是坚持以人文精神统领艺术教育，探索制定艺术能力与人文素养整合发展的总目标，如要求100%的学生提高认识美，鉴赏美的能力；20%～30%的学生通过发展艺术特长、提高创造美的能力，走上专业发展的道路。学校艺术课分为常规课、专业课，所有学生都要接受常规课的艺术教育，有兴趣爱好、有专业特长的学生参加专业课的学习。二是坚持探索"四导一评"教学方式，使学生真正获得审美感受和艺术能力；三是坚持发掘艺术课程中的人文素养，如一些著名艺术家的成才故事、道德情操、爱国情怀等，在艺术课程教学过程中渗透艺术的社会功能，陶冶学生情操、发展学生形象思维、开发学生潜能等，引导学生热爱祖国，理解艺术文化，形成初步的人文素养。

（3）探索课外艺教活动形式，提供众多平台，确定每项人文艺术主题

以艺术教育为载体提升学生的人文素养，仅有艺术课堂教学是不够的，它需要丰富多彩的课外艺术教育活动引导学生进行自主学习、探究，巩固、充实、拓展和提高学生的人文素养。为此，我们在这方面主要做了三个方面的工作：一是重点打造春之声音乐会、金画笔美术节、春之声合唱节、校园科技文化艺术节，让高雅艺术走近学生，营造良好的艺术和人文氛围。二是积极组建摄影社、动漫社、剪纸社、楚风文艺社等文艺社团，融艺术教育与人文素养培育于一体。三是坚持围绕人文主题组织开展丰富多彩的专题性的艺术活动，为学生的艺术修养和人文素养提供众多的展示平台。这些活动包括班级合唱比赛、元旦文艺汇演、诗歌朗诵比赛、英语歌曲比赛、个人风采大赛、个人美展等，且每一次艺术活动都有特定的人文主题，如爱国主义歌曲大赛、英语歌曲的欧美文明等。

（4）改革艺术教育评价，提升教师专业，渗透人文艺术素养因子

良好的教育评价既能促进学生的发展，又能促进教师自身的专业发展。对学生而言，评价可以督促学生复习、巩固已学知识，对所学知识进行重新组织或再加工，提高已有知识经验的可分辨性、可利用性、清晰性。对教师而言，评价可以帮助教师发现问题，不断改进教育教学工作，促进教师在专业上不断成长与进步。因此，我们改革了传统艺术教育评价只重考查艺术专业知识与技能的做法，在艺术课程教学评价体系中注入了人文素养因子。如在竞赛课中，怎样利用艺术家的成才故事、道德情操、爱国情怀、艺术作品

产生的背景与社会影响等占有一定的分数比例。同时，我们也注意在文化科目考评中适当渗透一些艺术素养因子，以此促进学校艺术教育与人文素养培育有机融合。

（5）改善艺术教育教学条件，建设美丽校园，创造良好的艺术文化氛围

创造良好的艺术人文氛围，能有力促进学校艺术人文素养教育效益的提升。为此，我们主要做了四个方面的工作：一是力争校园建筑设计艺术化、人文化。如我们将学校门设计为形似帆船，实寓意为"乘风破浪，追求高远"；将校门口建成为"起点广场"，乃寓意为全体师生每天出入四中学习、生活和将来人生发展的"起点"；艺教馆外貌形似高音谱号，象征着"灵动飘逸"；科教馆状为博士帽，寓意"追求科学"。二是校园建筑与景观建设艺术化、人文化。如发动全体师生为校园亭台楼馆命名，于是就有了"书鱼馆""至味园""琢玉楼"等等；修葺了八角亭，书写励志联和"至善亭""长善亭"亭名；修建了音乐广场，并在音乐广场入口处镌刻音乐家施特劳斯简介；在教学楼楼道张贴悬挂学生的优秀书画作品；建设了展示传统书法艺术的"翰墨园"。三是提供多方位的艺术教育活动平台。我们投资二百多万元翻建了艺术馆，并添置了大量器材打造株洲市一流的株洲市音乐学科培训基地，为艺术教育和学生艺术活动提供多方位的平台。如将艺教馆 2500 m^2 教学活动用地重新规划布局，打造了多媒体音乐教室6间，琴房22间、合唱教室1间、舞蹈排练厅2间，管弦乐队训练室、民乐队训练室等；为美术教学提供标准化教室8间，共计1000m^2。四是开设"柏园讲坛"，向学生大力宣讲艺术与人文知识，提升学生的艺术人文素养。

3.3 研究结论和发现

（1）教师艺术素养影响学生的人文情怀

教师艺术素养的提高，一是影响教育教学的效果，二是影响学生的人文情怀。教师的人格，教师对社会、对他人以及对学生的态度，都会对学生的现在及将来产生深刻的影响。

人文情怀是诗性的，充满浪漫色彩和美好理想的。它尊重每一个活生生的人生体验和智慧，尊重每一个人独立的认知、情感和价值选择的自主性，尊重每个人避苦求乐的自然人性和对美好生活的追求。

教师以身作则，重视引导，重视经历，重视唤醒，重视感染，重视熏陶，

并以此来强化学生重视感受，重视体验，重视创造，从而引领学生加强'内化'，自我提升，自我塑造，完善美好人格，富有人文情怀。

（2）师生人文素养关系教学的科学精神

教育必须坚持科学发展观，尊重教育规律，不断创新。教学本身就是一种创造性活动，教师的教育教学活动不仅要以行为科学为基础，还要以认知科学和质量研究为基础。教师不单是传授知识、训练技能，更应该是一种对学生潜能的开发。教师要培养学生的科学精神和创新意识，培养他们参与社会竞争的能力，离不开艺术素养的提升。"勤、和、智、艺"的教师形象、"正、善、慧、美"的学生形象已得到社会广泛认同。

（3）学生艺术素养促进自身的身心健康

艺术实践作为一种情感表达的活动，能使人获得成功感和自信心，具有促进人际交流，缓解紧张或消极的情绪，增强身心健康的作用。学生需要艺术活动的满足与调节，尤其是面临高考压力的高三学生，特别需要恰当的艺术实践活动来及时调节、减轻压力。

4. 艺术课程教学创新研究

4.1 研究目的和意义

（1）全面落实艺术教育新课程理念的需要

艺术教育在新课程的背景下呈现出全新的面貌。然而，不少从事艺术教育的教师还是"穿新鞋，走老路"。为了跟上新课程改革的步伐，教师在艺术课程教学创新上尤其显得重要。因此，如何创新也就成了广大艺术教育工作者研究的主题。

（2）提高艺术课程教学效益的需要

从目前普通高中艺术课程设计与学校开设的实际情况来看，艺术学科课时有限，教材知识面广，学生接受能力水平不齐以及他们对这一学科的不重视，都成为制约艺术课程教学效益提高的因素。如何运用科学的教学方法与灵活多样的教学形式，提高课堂效率，使艺术课真正变成学生的一种情感体验；如何使他们在学习艺术基础知识、掌握基本技能的过程中获得美的享受，以帮助学生形成积极的审美意义上的世界观、人生观和完善价值取向；如何促使他们逐步、自主地形成艺术的欣赏与表现的能力，陶冶生活情操；如何发掘和发展学生对自然界本身所蕴含的"美"和"和谐"的直觉洞悉，致力于开拓学生全新的思维能力，寻求具有个性张力的艺术表达形式，并努力培养学生勇于创造，善于创新的精神风貌等，就成为摆在中学艺术学科教师面前的教学改革的重要课题。

（3）增强学校艺术教育特色的需要

我们创建"城乡结合部普通高中艺术教育特色学校"，并确保其可持续发展，不仅是为了培养多少艺术特长生，更是为了使艺术教育特色成为我校独有的教育文化。这就要求我们的艺术课程教学，不仅要关注专业艺术班的学生，还要关注文化班的学生；不仅要关注艺术科目课堂教学，还要关注非艺术科目的课堂教学和课外艺术教育教学问题。只有如此，才能真正实现使艺术教育特色成为我校独有的艺术教育文化。

4.2 研究过程与方法

（1）确定本项研究主要思路

为有效推进本项研究，我们紧紧围绕"艺术教育课程创新研究"这一中心课题，分艺术专业班与非专业班、分专业教学与文化教学等多维向拓展课题研究领域；以"行动研究"作为工作开展的主要方式，结合"文献研读""调查评估""会谈研讨"等多种方法进行课题的论证及推进。根本旨趣不在于理论上的产出，而是为了我们实践本身的不断改进。以专业研究者的理论、方法作支点，积极谋取教师间联合，以"参与""合作"为特征，促进研究过程呈不间断的循环交互、螺旋上升。

（2）艺术专业班课程教学的实践与创新

①探索创新艺术专业班的组织管理。我们将艺术生分为音乐班和美术班，采取双班主任制进行微观管理。即学校为艺术班配备主班主任和副班主任，分别由文化科老师和艺术专业老师担任，由年级组统一管理和组织文化教学，其专业教学由学校艺术教育部组织实施。这样既注重了文化教学又强化了专业学习，还有利于落实学生的思想教育工作。其次，学校制定了《学校艺术教育工作规程》，明确专业教学的内容、时间安排及要求等。如：音乐类，高一年级不得少于208个课时，高二、高三年级不得少于336个课时，高三年级集中强化训练不得少于60天。舞蹈类，高一年级不得少于208个课时；高二、三不得少于208个课时；美术类：高一年级不得少于800个课时，高二、三年级不得少于968个课时，高三年级集中强化训练不得少于75天。又如：艺术

专业班的艺术、文化班主任要定期组织文化与专业科任教师协调会、质量分析会，加强对学生学习过程监控。专业课应有四个课时列入全校总课表。美术生每年一次外出写生，并搞一次师生画展等。

②探索创新艺术专业班学生的技能培育。首先，学校制定了艺术的测试方案供考生参考，这样学生学起来有方向，选出的苗子更具有专业性。如音乐舞蹈类就考察听力和模仿力及艺术作品的表现力，简单的单音、双音、和弦模唱，节奏模仿，旋律模唱等，美术类就考察素描、速写以及对色彩辨认等。其次，重视专业教学的有效性和针对性。我们研发了高中三年专业课教学纲要，规定了教学内容、时间设置、教学要求、质量检测等，分学期、分年度逐步实施，减少随意性。最后，请进来，走出去。请就是聘请专家，强化训练，让学生开阔眼界，把握方向；走出去指的是艺术生在专业考试前，要到大学进行系统的考前培训等。

③教学相长的创新实践。"教学相长，师生一道成才"是我们人才培养理念。专业知识的教学是一项技能的教学，老师的示范就显得非常重要。美术课堂上老师的范画，舞蹈课上老师的动作示范，声乐课上老师的亲自演唱等都为学生树立了榜样，而且要求教师加强基本功的练习和艺术知识技能的熟练掌握。我们采取教师课堂示范、师生同台表演、同室作画等措施让师生教学相长，并且还送过一些优秀教师去北师大、华东师大等著名高校培训等。至今，有很多专业教师撰写论文在期刊上发表或获国家、省级奖，开发并出版了校本教材，班主任老师都以特色班级建设的研究课题为龙头，促进自身教育专业化成长。

（3）文化班常规艺术课程教学的实践与创新

当前，常规艺术课程教学模式正从单一性向多样性发展，各种教学模式在我校应运而生。

①课题式教学模式。课题式教学是以"课题"为主线，将教学内容设计成研究课题，让师生通过完成一个课题工作来达到掌握教学内容，并促进师生共同成才的目的。如教师在课堂上组织学生参与课题设计和课题研究，整个课堂就成了师生共同参与的创造性实践活动。

②工作室教学模式。工作室模式就是实行"以学生为中心，以教师为主导"，实行导师负责制。工作室以个案教学为特征，既有独立的研究方向，又

注重学科之间的相互渗透，具有融合性、开放性、互动性、可选择性等特征，并注重课题教学的实践性环节。实际上它也是一种综合化的教学模式，是建立在多学科系统性知识基础之上的，因此它能够为学生创造力的发挥提供良好的空间，为创造设计的成功奠定基础；它顺应了时代发展的需要，是对当今艺术设计教育改革的一次有益的探索和尝试；它促进了师生的互动交流和学习实践，给学生提供了掌握专业技能、培养创新思维的良好操作平台。

（4）常规教学中艺术教育因子的渗透

①寓艺术于导入中，激发学生求知心理。导入的艺术不仅在于娱乐性，以一种娱乐的形式将学生从无意注意中引入有意的学习；与主题相关性，其内容必须与新课内容相关；而且还要具有悬念性，让学生在导入后有一种"要知后事如何，且看下回分解"之感。导入的方式很多，其中包括复习性导入、视听导入、悬念导入、问题导入、自绘画导入、背景知识导入、时事导入、实物导入、表演导入、故事导入和歌曲导入等。在英语的非真实条件句教学时可以采取英语歌曲导入法。在上课开始时，放"If I were a boy,……"这首英语歌。只要学过一般现在时和一般过去时的学生就知道 I 与 am 或 was 搭配，是一个最简单不过的问题，而这首歌里的歌词却出现了 I were 的搭配，这对没有学过非真实条件句的学生来说是全新的，这一用法与原有知识主谓搭配完全相悖，因而，教师的这一问题就像一石击水激起层层波浪，使得这些还沉浸在欣赏英语歌曲愉悦中的学生无意中就"投入到一种（思维）活动中而不受其他干扰的影响"（Mihalyi），为学生留下了悬念。这种导入的艺术其实就是通过反常规原则刺激学生，给学生留下悬念，唤起学生的求知欲。英语组撰写的《讲究练习设计的艺术性 提高"四导一评"的实效性》一文发表在《教育与管理》2012年第四期上。

②寓艺术于课堂练习中，激发学生学习兴趣。我校研发了"四导一评"（导读—导练—导议—导疑—评价）教学模式，这些步骤说到底就是让学生在教师的引导下自读教材，自我练习，小组讨论，自我提升，最后一步就是评价，评价实际上就是练习，通常是在一堂课过了三分之二之后才进行，此时，学生容易产生疲劳感，进入学习的低谷期。因此，课堂教学的艺术不但要让学生弄懂一个概念、一个定义、或构建新的认知结构，而且要让学生体念运用这个概念、定义或结构的成功感，这样的话，学生才能饱尝成功体验，再

次焕发学习兴趣，避免学习的低谷期的发生，才能越学越想学，越学兴趣越浓。为此，教师设计的练习要具有全面性，让学生通过做练习达到全面体验新的认知结构的目的，还要具有激励性，让学生在运用新学知识时有成功感，还要具有娱乐性，让学生在遨游艺术的过程中体念知识的形成。如政治教研组就编了《漫画与诗句中的哲学》一书，让学生在欣赏一幅漫画或一篇诗句时，去思考一个哲学道理，这样就让学生从一个枯燥无味的课堂走出来，进入一个艺术世界，在欣赏艺术的同时完成学习任务，寓教于乐。化学组编写了《化学与艺术》，同样是让学生在欣赏艺术的同时，解决化学问题，极大地提高了学生学习化学的积极性。其他各学科在学科教学中如何渗透艺术因子方面都形成了自己独特的方法。

4.3 分析与结论

艺术生的培养是艺术特色学校建设的一个重要内容。要为高校输送优秀生源，对艺术生的管理是保证，教师是关键。由于艺术生上课地点变化多，艺术训练管理相对松弛，艺术生很容易养成自由散漫的习惯，甚至部分学生以训练为名逃避上文化课。为此，我们建立了"双班主任制"，强化艺术专业生的专业训练和文化学习上的管理；并实行"学教结合，教学相长，师生一道成才"的培养模式，采取师生"同室作画，同台表演，走出去，请进来"的措施，以提升教师的专业水平；同时，艺术特色学校建设也不能忽视文化生的艺术素养的提高。学校为了提高全体学生的艺术素养，一是在课程改革上下功夫。有针对性地开设艺术类校本选修课程，还使艺术活动课程化。校本课程与活动课程丰富了艺术教育途径，为提高全校师生的艺术素养提供了平台；二是改革文化班艺术课的"你唱我跟；你讲我听"的传统教学模式。取而代之的是"课题式"和"工作室"教学模式，极大地提高了常规教学的有效性；艺术特色学校建设还要注意将艺术因子渗透到文化课教学中去，以激发学生学习的兴趣，避免学生学习的低谷期。我校政治学科组编写的《漫画与诗句中的哲学》和化学学科组编写的《化学与艺术》等都是让学生在欣赏艺术的同时，去解决学科教学问题，极大地提高了学生学习文化课的积极性。

尽管学校采取了不少的措施，但还是有许多家长和学生轻视艺术教育，尤其是在国内高中"一切为了高考"的影响下，高中艺术教育呈现的种种功利主义现象，无不与艺术教育观念淡薄有关。要想解决这些问题，要从提高教育者以及全社会对艺术教育认识开始，进一步认识艺术教育在素质教育中的重要意义，从根本上转变艺术教育观念。

5. 课外艺术教育活动创新研究

5.1研究目的和意义

学校艺术教育十余年来不断发展，取得了长足进步。作为学校艺术课程有机组成部分的课外艺术教育活动，是艺术课堂教学的延伸和补充。美国学者霍斯曼在《艺术与学校》一文中指出：学生的成长离不开艺术。艺术作为学生表达兴趣、愉快、希望、需要、情感的方式，应伴着学生的成长。正因如此，创新课外艺术教育活动，鼓励学生更多地参加课外艺术实践活动，对于营造艺术教育氛围，增强学生的人文情怀，提高学生审美意识，有着十分积极的作用。

5.2研究过程与措施

（1）加强校本艺术选修课程建设，实施社团活动课程化

没有艺术的教育是不完整的学校教育，没有校本艺术选修课程建设，就不能称之为完整的艺术课程建设。近年来，学校重视课外艺术教育活动长效工作机制的建设，成立学校艺术教育工作小组，指导艺术教育工作。艺教部依据《艺术课程标准》，积极开发艺术校本选修课程，开展艺术实践活动，完善课外艺术活动课程体系。例如：针对艺术教育辅德益智功能，我们在艺术课外活动设计中，结合学校的重要活动和重要节日，开展情感教育、爱国教育、毅力耐心等艺术化的活动。"各位老师、各位同学：早上好！我今天国旗下的讲话题目是'热爱艺术、崇尚高雅。'随着第十四届校园科技文化艺术大幕的开启，一项项文化科技艺术活动精彩呈现，一幅幅美丽画卷依次展开。为寒冷的冬季带来了如火的激情，为美丽的校园吟唱如歌的诗篇。让高雅艺术走近学生，让高雅艺术伴学生成长。科学使人聪明，历史使人睿智，文学使人丰富，艺术使人高雅。热爱艺术吧，困惑时，去感受《命运交响曲》英雄的悲壮；伤感时，去触摸《二泉映月》凄婉的脉搏；激动时，随着《黄河大合唱》扬起波浪滔滔，激起心底豪情万丈……"类似这样科技文化艺术的系列、规范化活动，使得艺术教育和德育在实施手段上实现了兼容和互补。除此之外，我们还适时开设课外"合唱""街舞""课本剧"等选修课程，并依据音乐课程标准，重视"评价""激励"功能，通过学科课程评价，有效促

进学生艺术的发展，推动艺术课程规范化建设。

（2）举办群体性艺术活动，不断感受艺术教育氛围

我们知道，艺术教育并不是直接地，单独地对学生的某一方面施加影响，而是通过审美这一中心环节，对学生施加间接的、整体的、综合性的影响。正如"艺术对智慧和心灵产生综合性的影响，艺术的影响可以触及人的精神的任何一个角落，艺术造就完整的个性"（《美学》尤·鲍列夫）一样，课外艺术活动的创新与实践，能使学生"闻之有声、视之有色、触之有物"，能最大限度地体现艺术的"独特""优势"，能让学生在潜移默化中受到艺术感染和熏陶。我们通过两个"进一步"和"三个开发"，丰富群体性艺术活动。一是进一步打造"春之声"这一立足于中学生特殊群体的艺术品牌。二是进一步创新"三大节一盛会"的艺术实践活动，通过"春之声"音乐会、"春之声"合唱节、"金画笔"师生美术展、"校园科技文化艺术节"活动，让学生感受艺术教育氛围。开发"春之声——走进班级"艺术活动，艺术老师下班指导，将原有的"春之声广场秀"的舞台延伸到每个班级，形成一班一品牌的班级特色艺术活动；开发"春之声——走进社区"艺术活动，与社区联动，共同举办小型公益性艺术活动，扩大我校艺术品牌辐射影响；开发"春之声——走进初中（小学）"艺术活动，与生源学校联合举办艺术培训，组织艺术交流活动，保证艺术生源的稳定。

我们重视交响乐团、民乐团、舞蹈团、合唱团、光影社、动漫社等艺术团队活动。每年参加上述社团课外艺术活动的人数近2000人次；重视"春之声音乐会"活动。这项活动是我校对社会公演的一台音乐晚会，每年五月中旬展演，上台表演的都是我校的学生，有艺术特长生，也有文化班级的普通学生。该活动对外演出十年，展示了学校艺术教育的最高成果；重视"春之声广场秀"的活动。这项活动每周五由学生社团自发组织，在学校音乐广场开展，主持、编创全是学生，活动内容简短，表现形式灵活。截至目前"春之声广场秀"已举办12期；重视对外进行文化艺术交流。以2012年上期为例，学校各文化艺术团体先后参加了"龙腾·荷塘"、石子头社区、北汽集团等多场文化演出，受到了社会各界的广泛好评。

（3）开设社区艺术学校，拓展艺术活动舞台

教育的起点不在于一个人有多么聪明，而在于怎样使人变得聪明。在中

学生成长的重要阶段，课外艺术活动为学生搭建的是一个多彩的舞台，它能够更充分地展示学生艺术才华，增强学生自信心和表现力，丰富学生的精神生活。

开设社区艺术学校是我们有效利用艺术教育资源，促进学生课外艺术活动常办常新的又一举措。通过社区艺术学校组织方式，联系了社区艺术教育更多的人才。我们参观社区艺术展览，参与社区艺术活动，利用流芳园等社区的雕塑建筑，拓宽课外艺术活动的路径，丰富课外艺术教育内容，使学生对"艺术无处不在"的感受成为"自觉"，让艺术在更广泛的社会层面上得以普及。我们重视课外艺术教育活动的可持续性发展。今年以来，我校艺教部、团委召开了社区艺术学校成立大会。舞蹈社、"金画笔"艺术展演进驻社区少年宫、社区艺术学校开展活动，实现了共享艺术教育资源，共促和谐社会发展的愿望。

5.3本项研究的几点思考

（1）不断丰富的课外艺术教育活动，深化了我们对课外艺术教育活动内涵的认识

雷默在《音乐教育的哲学》一文中指出："许多教音乐的人也并不理解音乐的本质和价值，这不可避免地使不少音乐教育在本质上和价值上都成了非音乐的"。虽说雷默的话说的是音乐艺术，但他给我们一个启示，课外艺术教育活动不能只图表面上的热热闹闹。课外艺术活动的创新是为了艺术之树常青，它应当坚持"普及性"和"大众化"原则，通过一个个鲜活的艺术活动场景，让学生从"艺术与生活，艺术与情感，艺术与文化，艺术与科学"中得以人文素养的全面提高。

（2）课外艺术活动应与时俱进，推陈出新

"春之声——走进班级"艺术活动，我们做到活动有设计，活动有主题，活动有措施，这项活动不仅丰富了学生课外艺术活动的内容，优化了班级文化建设的艺术氛围，而且还服务了"特色班级"文化建设之课题研究的需要，提高了班级管理的艺术质量。这样的活动同学们受益，老师们欢迎。

（3）课外艺术教育活动促进艺术专业队伍成长

课外艺术教育活动，是除四十五分钟艺术课堂之后的一切课外活动，它对从事组织、指导这些活动的教师提出了更高的工作要求。比如，从学科兼

容性的角度出发，艺术教师找出与语文教学课文内容的主题相同或相关的乐曲和绘画，对学生进行熏陶。排演"课本剧""音乐剧"需要专业老师对文学知识的积淀，"动漫""摄影"也都少不了现代科技元素的支撑。可以这样说，课外艺术教育活动，在培养学生艺术修养的同时，也为艺术教师专业成长搭建了平台。

（4）课外艺术教育活动还有待进一步探索完善

教育教研是一个无穷的探索过程，我们在本项研究中发现，我校目前开展的课外艺术教育活动在三个方面有待进一步探索完善。一是在其他学科课外活动中如何有机渗透艺术教育因子，还有待建立和完善与之相适应的工作运行机制和操作方式。二是课外艺术教育活动动态管理有待加强。课外艺术教育活动是一个动态建设过程，它在学校中的地位和作用，在内容和组织形式等方面的定位都要随着学校中心工作的变化而变化，适时调整新的内容。课外艺术教育活动如何反映"两型学校建设"需要我们认真研究。三是如何提升课外艺术活动的文化艺术品位。现在的情况是课外艺术教育活动，"持续存在的不少，持续发展的不多"。"春之声"已走过十年历程，如何让它"焕发生命的活力"，课外艺术教育活动如何为艺术考生提供升学机会，也都是亟待我们进一步研究和解决的。

6. 艺术教育促进学校文化建设的实践研究

6.1 研究目的和意义

（1）创建城乡结合部普通高中艺术教育特色学校的需要

学校是一个组织，是一个由相对固定的教职员工和相对流动的学生组成的一个特殊的社会群体，它同任何一个社会组织一样，其活动和发展都离不开文化。校园文化是学校教育的重要组成部分，构成了学生成长的基础，影响着学校所有成员的思想、行为和日后的发展。一所学校的校园文化，无不给每一位成员的思想打下深刻的印记，产生持久的影响。艺术教育特色学校建设，从本质上说，就是将学校建设成具有艺术特色的学校文化。因此，如何以创建城乡结合部普通高中艺术教育特色学校为契机，建设成株洲市四中独有的艺术特色校园文化，充分发挥校园文化的育人功能，就成为摆在学校管理者面前的重要工作。

（2）确保城乡结合部普通高中艺术教育特色学校可持续发展的需要

学校文化是指学校师生在整个学校生活中所形成的具有独特凝聚力的学校环境面貌、制度规范和学校精神气氛等，其核心是学校在长期办学过程中所形成的共同的价值观念、思想观念和行为方式，它为一代又一代的师生所认可并努力实践，它常常对学校的教育产生重大的影响，决定着学校的精神面貌，左右着学校教育的方向。具体而言：其一，高品位的精神文化，为学校可持续发展积聚后劲。其二，高水准的教师文化，为学校可持续发展增添动力。其三，高雅的环境文化，为学校可持续发展奠定基础。其四，高效的制度文化，为学校可持续发展提供保障。

6.2 研究情况概述

（1）明确学校文化建设的指导思想

株洲市四中成立于1957年，迄今已有55年办学历史。办农场，办工厂，搞改革，抓质量，克勤克俭，兴校兴学。学校规模从小到大，实力由弱而强，是几代人艰苦创业的结果。学校文化建设的思想源自我校的历史发展特点，它包含了四中人脚踏实地的求实精神。传统是学校文化的源头，脱离了传统，学校文化建设就会变成无源之水无本之木。株洲市四中扎根在湖湘大地上，所以，我校的文化建设也一直秉承不断"创新"的湖湘精神。同时，学校文化建设的指导思想也应当与当今的时代背景相结合。我校改革发展建设的新目标就是塑造"美丽校园、精致校园、书香校园、和谐校园"。这"四个校园"的建设目标恰恰与新时期我国和谐社会建设的总体要求相符。因此，在我校50多年的办学历程中，我们逐渐凝练出了以"湖湘文化的优秀传统与和谐进步的时代精神相结合"为主题的学校文化建设的指导思想。

（2）组织学校文化建设的工作班子

在学校文化建设的工作中，我们形成了三个专门的工作班子，分别负责制度文化、校园环境和课程文化建设。姜野军校长率领行政管理团队在学校制度文化建设方面进行探索，逐渐确立了我校"基于全面发展理念的全员参与式学校管理模式"。小到楼栋命名，大到《岗位管理实施办法》的出台，都要经过集体酝酿讨论。这一符合学校和师生愿望的管理制度，起到凝聚人心，知所共赴的作用。基础设施建设团队在王瑛副校长的带领下，完成了"翰墨园"、起点广场、琢玉楼石雕等校园文化景观的建设；完成了校园文化标识的设计，校门、艺教馆、教师办公室、图书馆等场馆的提质改造工作。章帆副校长率领教育教学管理团队探索课程文化建设，构建了"四导一评"课堂教学模式；先后开发出《艺术风流人物》等13门具有株洲市四中艺术教育特色的校本课程。

（3）阶段性推进学校文化建设实践

株洲市四中近十年的学校文化建设实践可以分可三个阶段来概括，而艺术教育对这十多年的校园文化建设起到了极大的推动作用。

第一个阶段：从2000年到2003年，关键词是"四个提高"和"规范"。即提高教学质量、提高教师队伍素质、提高学校管理水平、提高教育设施装备水平，实现了申重的目标。2001年，配置音乐教室4间，美术教室8间，舞蹈训练厅2间，琴房22间的艺教馆交付使用，我校音乐美术教学设备均达到或超过国家规定的Ⅰ类标准。让高雅艺术走近学生，让高雅艺术伴学生成长，艺术教育既重普及，又重提高。艺术教育让学校文化建设的特色逐渐凸显。

第二阶段：2003年到2008年，关键词是"提质"。我们以株洲市四中作为办学本部，通过联合与拓展的方式，整合株洲市四中、株洲市十五中、景弘中学、春之声艺术培训学校，办成了"株洲市四中教育集团"，既扩大了规模又提升内涵，站稳了省示范性高中的脚跟。期间，学校一方面改善艺术教育办学条件，另一方面大力加强艺术教育师资队伍建设，引进名师，鼓励艺术教师去名校进修。2004年，我校被评为"湖南省艺术教育先进单位"。我们又通过举办丰富多彩的艺术展演活动——每年一届的"春之声"音乐晚会、"金画笔"美术、书法比赛、合唱比赛和不定期举办的音乐广场秀，为学生搭建了艺术才华展现的舞台；通过邀请省交响乐团来校举行新年音乐会，邀请著名学者专家来校讲学，培养了学生的艺术素养也提升了我校文化建设的艺术品位。

第三个阶段：从2009年至今，关键词是"个性"，在"个性"中发展特色。2009年，我校被教育部确定为"全国普通高中特色学校"研究项目校。我们在艺术特色学校文化建设的道路上继续探索：通过建设"美丽校园、精致校园、书香校园、和谐校园"提高教育生态质量；通过塑造"勤、和、智、艺"的教师形象和"正、善、慧、美"的学生形象营造了校园文化氛围。翰墨园、起点广场、标准化教室的建设，教育、教学、管理的行为准则的制定，使校园与课堂更加美丽精致；每年一届的读书节，倡导师生将读书变成一种生活方式，形成阅读习惯，让书香溢满校园；全员参与的学校管理模式，实现了校园的和谐。总的来说，特色要承载到个性上，建设特色学校，就需要建设有个性的学校，塑造有个性的学生，培养有个性的教师，发展有个性的教育。

（4）突破学校文化建设的难点

我们城乡结合部普通高中艺术教育特色学校文化建设中，主要突破了两个难点。即形成体系化的学校文化建设成果和形成有感染力和教育作用的文化氛围。

判定一所学校的文化建设是否成熟，其标准之一就是看其校园文化是否形成自己独有的文化体系。我们在校园文化建设过程中，始终围绕着学校的办学理念与创建城乡结合部普通高中艺术教育特色学校的核心目标进行，并逐步形成了自己独有的文化体系。如我们在学校七届二次职代会上，确立了"一切为了学生终身发展"的办学宗旨。围绕这一核心办学理念，我们形成了"修德、笃学、弘志、报国"的校训。最后，在核心办学理念的指导下，我们逐步确立了"奉献、严谨、务实、研究"的教风和"勤奋、活泼、深入、竞进"的学风。这些教育精神、理念，既体现了我们对办学的思考，也是我校文化体系的体现。

成熟的学校文化不仅是凝练的一段段文字表述，更应是全体师生乃至每一位走进校园的人都能切身感受的一种文化氛围，它应该融入校园的各个角落，让师生自觉地对学校产生认同感、归属感和自豪感。糅合历代诗词、书法与篆刻艺术精品的翰墨园，提升了校园的文化品位；起点广场上的石磴见证了我校创办50多年的风雨历程；一处处校园文化景观建设，让校园更美丽精致。"四导一评"教学模式将"读、练、疑、议、评"五个环节有机结合，让师生在质疑、导议、答疑的过程中增进交流，真正实现了"教师主导、学生主体"，让课堂更加生动活跃。"勤、和、智、艺"的教师形象和"正、善、慧、美"的学生形象，无不体现着我校文化的精髓。

6.3 研究发现与思考

（1）艺术教育特色学校的文化建设应注意三大策略

在多元文化并存的当代，一所学校只有重视学校文化建设，发挥文化的力量，才能从根本上提升学校办学的品质。我们在开展艺术教育推进学校文化建设的具体工作中，发现了具有推广价值的三大策略：即学校文化建设的全员参与策略，学校文化建设的选择熔铸策略和持续改进策略。

（2）艺术教育特色学校的文化建设应追求艺术教育的本质

艺术教育的本质即审美教育。"让高雅艺术走近学生，让高雅艺术伴学生成长"的艺术教育指导思想伴我们走过了十多年的艺术教育之旅。不管是城里学生还是乡村学生，学校都向他们推荐优秀的艺术课程资源，提供艺术才华展示的舞台。不断提高学生的审美能力和审美情趣，让他们做具有"科学精神、人文情怀和艺术素养"的人。

（3）艺术教育特色学校的文化建设应注意不断积累与创新

学校文化建设是一个不断积累和提升的过程。就艺术特色学校的文化建设来说，我们既要打造随处可见具有艺术内涵的体系化的校园物质文化硬件外，更要注意打造深层次的学校精神和文化底蕴。这本身就是一个逐渐积累和不断创新的过程，而非一朝一夕的成果。

四、主要成果

（一）理论成果

先进科学的教育教学理论源于教育教学实践，反过来又指导我们更好地进行教育教学实践。基于这一认识，我们在本课题实践研究过程中高度重视"城乡结合部普通高中艺术教育特色可持续发展实践研究"的总结，并将其上升到教育教学理论的层面，先后出版了《株洲市四中特色学校建设规划》《架起学校管理与课堂教学的桥梁》《心灵的放飞——一位中学教师的教育独白》《艺术教育与幸福人生》等研究著作，在省级以上刊物发表了《艺术教育特色学校建设校本课程的开发》《基于全面发展理念的全员参与式管理的实践与思考》《试论高中音乐鉴赏教学的创新性》《以特色化的音乐教学评价促进学校的特色化发展》《国家校本课程的实施：建设开放、包容的校本课程文化》《城乡结合部普通高中艺术教育现状及成因调查》《百花齐放，一意高飞——谈株洲市四中艺术教师专业发展》《在学校实践活动培养教师艺术气质》《特色学校建设的四个阶段》《创建艺术教育特色学校的实践探索》《生命，高雅的拔节——株洲市四中艺术教育特色学校纪实》《教师职业形象：勤、和、智、艺》

《城乡结合部普通高中艺术教育特色研究与分析》，初步构建了城乡结合部普通高中艺术教育特色学校建设和可持续发展的理论体系：

1. 在艺术教育特色学校建设本质上，我们研究与探索的结论为："城乡结合部普通高中艺术特色学校建设，就是一所普通高中依据自己的办学哲学，通过长期不懈的努力而形成的一种稳定的自己所独有的艺术特色学校文化，并主要通过学校精神、校园文化、学科建设、人才培养、专业建设、课程建设、师资建设、管理模式等方面表现出来。这种稳定的独特的艺术特色学校文化，相对于其他学校文化，那应是他无我有，他有我优，他优我新。"

2. 在艺术教育特色学校建设内涵上，我们研究与探索的结论为："教育是美的，美在教育是艺术教育的哲学原点。学校艺术教育是实践美的教育、实现教育之美的重要途径。学校艺术教育与'人'的发展密切相关，艺术教育作为美育的核心，其根本目标是通过提高艺术修养、审美素养和人文情操进而培养全面发展的人，这与素质教育的核心理念是一致的。我们认为，美育就是'美＋育'，没有教育之美、学科之美、教学之美，谈何'美育'？因此，在艺术教育中必须坚持以人的发展为本，在传授广泛、综合的艺术基础知识的同时，挖掘学科教学之美，探寻教育之美，用美的教育塑造美的心灵，致力于学生个性的绽放，寻求一种'个体的真实性'，以达到知识传递与个性培养的并行和谐发展。实现人的幸福成长，为学生幸福人生奠基，应是教育人的责任和永恒追求。"

3. 在艺术教育特色学校创建理念上，我们研究与探索的结论为："城乡结合部普通高中艺术特色学校的创建者必须具有大艺术教育观理念。也就是说，普通高中艺术特色学校的创建者对艺术教育的认知一定要突破艺术教育学科本位思想，学校的艺术教育定位不再局限于人们常说的'音乐和美术'教育，而是根据基础教育阶段学生的生命教育、情感教育、艺术素养和艺术能力发展的需要，以培养学生审美价值为第一目的。因此，学校所有教育者必须牢固树立'让高雅艺术走近学生，让高雅艺术伴学生成长'理念，通过不同的途径和运用不同的方法，让学生'走进艺术、学习艺术、欣赏艺术'，使艺术教育回归到人文本质。具体而言，学校的艺术教育不仅要着眼于外显的艺术表现技能，如歌唱、器乐演奏、识谱能力、绘画、制作、舞蹈、戏剧表演等，而且要面向全体学生着眼于艺术能力和人文素养的培养，有机整合其他学科中的艺术教育因子，提高全体学生感官敏锐感受的能力，多种感官的灵活转换、联通的能力以及想象、创意、欣赏、表达（侧重于以艺术形式的自我表达）、分析、理解、评价、交流、合作的能力等，从而促进学生的道德、人格、个性、情感、美感、创造性、文化的发展，并最终成为一个具备一定的艺术素养的健康快乐的合格公民。"

4. 在艺术教育特色学校建设目标上，我们研究与探索的结论为："创建城乡结合部普通高中艺术教育特色学校，不仅是形成学校品牌、展示学校魅力的现实需要，而且是促进各学科均衡发展的内在需要，更是促进学生全面发展和师生人生幸福的需要，还是满足社区居民审美需求的需要。它有利于确立学校的办学模式和提升学校的办学品位；有利于激发学生的学习积极性，提高个体的艺术素养，促进学生的全面发展；有利于增强教师的职业幸福感；有利于拓展和延伸学校——社区课外艺术教育活动，加强家庭与学校之间的联动；有利于提高师生的生活品质、文化品位和幸福指数，促进学校可持续发展。"

5. 在艺术教育特色学校建设途径和方法上，我们研究与探索的结论为，"学校全体教育工作者，应牢固树立'艺术素养教育'理念，以艺术审美为核心，让学生感悟艺术；关注学生主体感悟，让学生体验艺术；引导艺术实践与创新，让学生走进艺术；倡导和鼓励艺术合作，让学生拓展艺术；坚持以人为本，以学生发展为本，构建以学校为中心，普及艺术素养与培养专业特长相结合，课外与课内相结合，学校、家庭与社区相结合的艺术教育实施体系，促进学生艺术素养与人文素养的全面发展；创建专业艺术班和加强文化班艺术教育，创新艺术课程和教学模式，坚持多元发展方向，充分发挥艺术教育的育人功能；做好艺术专业班学生课程资源的建设，依据学生与培养目标需要开设专业课程；加强文化班常规艺术课程建设和校本艺术选修课程建设，让艺术活动课程化；建构灵活、多样、富于探究的多元化艺术教育教学方法"。

6. 在艺术教育特色学校可持续发展上，我们研究与探索的结论为："艺术教育理念的变革是城乡结合部普通高中艺术教育特色学校的创建与可持续发展的关键。因此，创建者一定要改变过于重视艺术教育宏观层面的研究而忽视微观层面的研究思想理念；一定要改变过于重视艺术教育纯理论和阐述和论证而缺乏解决具体实际问题的可操作的策略研究思想理念；一定要明确操作性强的艺术教育实施策略是艺术教育特色学校创建和可持续发展的保证，富有创新精神、艺术修养高的教师队伍是艺术教育特色学校创建和可持续发展的条件和基础，渗透艺术教育因子的学科特色建设和富含艺术因子的学校文化建设是艺术教育特色学校创建和可持续发展的内在动力；积极拓展校外艺术教育途径，利用社区和学生家庭艺术资源促进学校艺术特色建设和可持续发展"。

（二）实践成果

为创建艺术教育特色学校，株洲市四中从1996年开始对艺术教育进行了全面的实践探索和不断改革创新，特别是近几年来，有关艺术教育特色学校建设的探索不断拓展和深化，且取得了丰硕成果。

1.初步构建了有利于促进城乡结合部普通高中艺术教育特色学校创建和可持续发展基本策略

城乡结合部普通高中艺术教育特色学校建设基本策略，是指在实现城乡结合部普通高中艺术教育特色学校创建和可持续发展目标过程中，为解决可能出现或已经出现的相关问题而必须遵循的相关原则。

（1）全员参与策略。学校是全体师生的学校，学校也是社会和全体学生家长的学校，特色学校建设需要教师、学生、家长和社会成员的参与。因此，我们通过全体师生动员大会、师生考评、全员家访、社区共建学生社会实践基地、创办家长学校、举办学校文化论坛等方式或途径，积极贯彻全员参与策略，在株洲四中城乡结合部普通高中艺术教育特色学校创建和可持续发展过程中，真正做到了师生共建、学校与社区共建、学校与家长共建。

（2）选择熔铸策略。学校教育会因社会、文化、区域、经济发展水平、办学条件等方面的差异而存在差异，学校建设也应随着这些办学要素的变化而变化，办出自己的特色，满足不同社会群体的需要。株洲市四中城乡结合部普通高中艺术教育特色的形成和持续发展，正是我们依据上述要素选择熔铸的结果。

（3）持续改进策略。当今时代是一个飞速发展变化的时代，社会在发展变化，文化在发展变化，人们对教育的理解和认识也在发展变化，学校教育也必将随之发展变化，这是不以个人意志为转移的客观规律。我们正是通过不断研究和探索这些变化，并在实践中不断研究和探索城乡结合部普通高中艺术教育特色的内涵与存在的问题，不断修正自己的办学理念，完善自己的办学条件，创新特色学校建设途径与方式，彰显自己的办学特色，提升自己的办学质量。

2. 成功构建了有利于促进城乡结合部普通高中艺术特色学校建设和可持续发展的艺术教育课程体系

我们经过几年的持续探索，终于构建成课内课外，必修与选修，学科性课程、活动课程与隐性课程并行的极富学校个性特色的校本课程体系（具体参见《图表7》）。这一校本课程体系的创建，既有力促进了我校艺术特色学校建设，又为我校艺术教育特色学校可持续发展奠定了坚实基础。

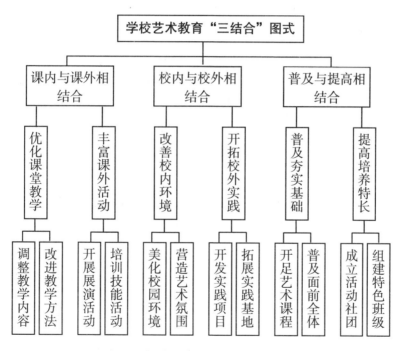

图表7：学校艺术教育"三结合"图式

3. 成功开辟了有利于促进城乡结合部普通高中艺术特色学校建设和可持续发展的各学科渗透艺术教育新途径

我们认为，学科教学是一所学校教育的主阵地，学校艺术教育特色的形成，不能仅依赖于音乐、美术等艺术学科课程，不能仅停留在艺术学科课程中单纯的专业艺术知识的传播、感受和鉴赏上，而应将艺术教育渗透到学校所有学科教学之中。因为，艺术源于社会生产和生活，中学各学科都包含了艺术教育因子，艺术魅力无处不在。正是基于这一认识，我们要求全体教师充分发掘自己所教学科中的艺术教育因子，有意识地在学科教学过程中渗透艺术教育，从而为我校艺术特色的形成和可持续发展开辟了新途径。我校各学科教师经过近两年的努力探索，都开辟了本学科渗透艺术教育的途径、方式和相关教学原则等。如：

（1）语文教学主要通过"文乐并重，一举两得""文画并举，相得益彰""文书相须，互为增益"的方式进行。

（2）数学教学主要通过"运用艺术作品创设教学问题情景""运用故事引导学生体会数学的趣味美""在数学教学中渗透语言艺术""利用板书各动画展示数学形象之美"等途径进行。

（3）英语教学主要通过利用英语歌曲"渲染课堂气氛"，进行"单词记忆""语音训练""语法学习""听力训练""翻译训练""读写训练""口语训练"；"利用简笔画训练学生的英语""利用多媒体训练学生英语""利用艺术创作学习英语"；同时在英语教学中"充分剖析人物形象美""充分挖掘教材内容美"。

（4）物理教学主要通过发掘"物理学发展过程中的精神美""物理学知识体系中的形式美"（简洁美、和谐美、对称美、奇异美和多样统一美等）"物理教学活动中的意境美"来实现艺术教育渗透。

（5）化学教学渗透艺术教育的途径和方式包括利用化学特点"自我简介"，艺术呈现化学成就，运用比拟、诗词、表情、章图艺术、插图艺术、化学魔术（实验）传播化学知识等。

（6）生物教学渗透艺术教育因子包括"积极发掘生物学科中的美育因子"（和谐美、个性美、多样美、简约美、结构美、形象美、品格美、意境美等），"利用艺术手段促进生物教学"等。

（7）政治教学渗透艺术教育因子主要通过发掘政治教科书中的"美术因子""诗歌因子""雕刻因子""书法因子""建筑因子""舞蹈因子""歌曲因子""戏曲因子"进行，并要求政治教师在渗透艺术教育因子时，"坚持以政治为主，杜绝舍本求末""坚持以人为本，树立正确价值观""坚持实事求是，注意科学严谨""注意传统与现代教学手段的和谐统一"。

（8）历史教学在发掘渗透艺术教育因子方面，一是在历史艺术教育渗透途径上确立了五个基本策略，即"亲近导入策略""知己知彼策略""三维目标策略""比较剖析策略"和"深入发掘策略"。二是在历史艺术教育渗透内容上也确立了五个基本策略，即"以文入史策略""以图说史策略""音乐感染策略""视频再现策略"和"角色体验策略"。三是"增强历史教学艺术性渗透艺术教育"。四是确立了历史教学渗透艺术教育基本原则，如"坚持以历史教育为主的原则"，"坚持以人为本的教育原则""坚持实事求是和科学严谨的原则""传统与现代教学手段和谐统一原则"。

（9）地理教学在发掘艺术教育因子方面主要通过"努力发掘地理教科书中的艺术因子""让艺术因子渗透在地理教学过程中""努力追求教学手段的艺术性""努力锤炼地理教师自身的语言艺术"和"利用地理课外活动提高学生的艺术鉴赏水平"来实现。

另外，体育教师在教学过程中，注意"运用艺术因子吸引和激励学生热爱体育活动""引导激励学生发掘和研究体育中的种种艺术现象"；技术教师注意"指导学生运用信息技术创造与传播艺术""在信息技术教学中渗透艺术审美教育""灵活运用各种教法使教学手段艺术化""鼓励学生运用信息技术进行艺术创新"等。①

4. 成功开发出有利于促进城乡结合部普通高中艺术教育特色建设和可持续发展的系列校本课程

特色学校建设是一项责任重大而又复杂的工程。因为，特色学校建设不是学校某种简单学科特长建设，而是一种学校特色文化建设，主旨是文化育人。为促进我校"艺术教育特色"的形成，我们以校本课程实施为契机，以邓小平同志关于"教育要面向现代化，面向世界，面向未来"和江泽民同志"三个代表"和胡锦涛同志的"科学发展观"的重要思想为指导，依据我们的办学理念与目标，系统研究开发了具有艺术教育特色的可持续发展的株洲市四中校本课程。如《艺术风流人物》《漫画与诗句中的哲学》《美文艺谈》《化学与艺术》《数学大观园》《物理之美》《地球之美》《生命之美》《素描教学》《舞动人生》《合唱艺术》等。其中，《艺术风流人物》《化学与艺术》《数学大观园》

---

① 以上各学科渗透艺术教育具体途径、方法和原则，请参见，汪瀛主编. 艺术教育与幸福人生 [M]. 长沙：湖南教育出版社，2012（4）：137–226.

《素描教学》《舞动人生》2011年6月由光明日报出版社正式出版发行，《漫画与诗句中的哲学》《美文艺谈》2012年由海南出版社正式出版发行。艺术校本课程的研发与实施，已成为我校艺术教育特色建设与可持续发展的重要途径；也是我校尊重学生实际，以学生发展为本的重要体现。

5. 成功开发出有利于促进城乡结合部普通高中艺术特色学校建设和可持续发展的系列活动课程

我们认为，艺术教育特色学校的形成和可持续发展，仅有艺术知识的传播和艺术作品的赏析是不够的，还必须将其内化为全体师生自觉的艺术意识和言行。为此，我们通过积极组建师生社团，开发出具有艺术特色的活动课程，为株洲市四中师生发展艺术个性、展示艺术才华、增强学校艺术氛围提供平台。

（1）为了提升学生整体艺术素质，全身心感受到艺术的创造与冲击，使他们的种种艺术潜在智能得到充分开发，我们针对学生的不同艺术素养和艺术兴趣，积极组建了春之声合唱团、交响乐团、民乐团、舞蹈团、晓荷文学社、语言艺术团、光影社、动漫社等10余个学生社团，并将社团活动课程化，让艺术实践活动成为课程。这些各具艺术特色的学生社团的创建，满足广大学生种种艺术爱好，满足广大学生个性发展和全面发展的需要，每年他们参加这些各具艺术特色的学生社团人数在1000人次以上。这些各具艺术特色的学生社团活动课程，既丰富了艺术教育途径，又激发了学生艺术潜能，让学生充分感受到了艺术的魅力，领悟到了艺术的真谛，营造了校园艺术氛围，提升了自身艺术与品德的修养，对促进学生全面发展起了积极推动作用。

（2）艺术教育特色学校的形成和可持续发展，既需要一批具有较高艺术造诣的专业艺术教师，还需要一群具有较高艺术素养的教师。为此，我们以专业艺术教师和具有较高艺术素养的艺术爱好者为核心，积极组建了艺术特色的教师书法协会、诗联协会、摄影协会、舞蹈协会、青年教师协会等。这些教师协会的创建与活动，既提升了教师的艺术素养和艺术品位，丰富了教师的业余生活，增强了教师职业幸福感，又从整体上促进了株洲市四中艺术教育特色的形成和可持续发展。

6. 已建设成有利于促进城乡结合部普通高中艺术特色学校建设和可持续发展的校园文化环境

　　良好的校园文化环境是陶冶学生的性情、提升学生审美情趣和培养学生高尚情操的催化剂。为推动我校艺术教育特色的形成和可持续发展，我们在强化校园文化建设时，着力彰显艺术教育特色。具体成果主要有：

　　（1）拆除了影响美观有碍视野的校门及校内围墙，搬迁了与学校形象不相称的校办工厂，先后建造成富有传统韵味与现代气息相结合的校门、融现代信息与科学实验于一体功能齐全的科教馆、极富艺术魅力的艺教馆、气势宏伟的体育馆、现代化的教师办公场地信息中心、温馨美观的学生公寓、宽敞明亮卫生整洁的学校食堂，翻新改造了磨镜楼、琢玉楼、镂冰楼等教学场地，使株洲市四中面貌焕然一新，创造出了一个赏心悦目充满诗情画意的美丽精致的充满艺术气息的校园。

　　（2）建造了充满诗情画意、占地面积约700平方米的"春之声"音乐广场，成为株洲市四中全体师生周末展示艺术才华的舞台。

　　（3）精选历代名家名篇书法建造了"翰墨园"（书法碑林），既形象直观地呈现了我国书法源流与演变过程，又给师生"润物细无声"的美的享受。

　　（4）着力打造出株洲市音乐学科培训基地。2011年11月，我校被批准为株洲市音乐学科基地。一年来，我们投资200余万元，将艺教馆原美术组教室整体搬移至科教馆三楼，使艺教馆成为独立的、专用的音乐（舞蹈）学科基地，装修建成了学科基地办公室和基地研讨室，配备了电脑、空调、电视机、材料柜、钢琴、办公桌椅等必需设备，装修了一间学生用样板琴房。聘请薛晖（省教科院音乐教研员）、程芳（市教科院音乐教研员）、吴跃跃（湖南师范大学音乐学院教授）、尹学毅（湖南工业大学音乐学院教授），吴殿成（湖南省歌舞剧院导演），组建成专家团队。并以此为平台，为株洲市培训了两批中学音乐教师，承接了市区大量文艺演出，其成绩令人瞩目，受到领导和社会广泛赞誉。

　　（5）让无声园林与建筑充满人文艺术内涵。走进四中的校园，展现在你面前的是一幅精致美丽的画卷。

　　校门处"起点广场"的命名颇有深意。广场的中心标识是一个石碌子。它是株洲市四中1957年建校时，师生们用它平整操场的，见证了四中的起点。而今，当一批批莘莘学子迈入四中的校门，"起点广场"就象征着他们学习生活的新起点为。三年后，当这些孩子们毕业离开四中迈出"起点广场"时，这里将成为他们人生的又一个起点。

"翰墨园",校园幽僻处,翰墨飘香来。眼前青楼镂空,景石伫立,古今名家书法作品跃然基上。或洒脱飘逸,或内敛秀雅。徜徉其中,流连忘返,颂经典诗词,歌警句名言。巨大书石,结合墙面墨宝,彰显校园浓郁的书香之气和儒雅的学堂之风。

"春之声"音乐广场表达"礼乐"的主题,山水布景体现浓郁的中国特色。她犹如一颗明珠在校园熠熠闪光。音乐喷泉与桃李园、樱花园、茶花园、紫藤园、银杏园、梅园、竹园环绕舞台的格局,让音乐广场流水叮咚,鸟语花香。

精致校园,丰富内涵。近年来,株洲市四中在不断完善校园设施建设的进程中,更注重对设施的内涵挖掘与提升。学校将三栋教学楼分别命名为"镂冰楼""磨镜楼""琢玉楼",学生公寓叫"习静楼",学校食堂命名为"至味园",取曾国藩之语"至味大补,莫过于家常便饭"之意。图书馆命名为"书鱼馆",乃著名作家聂鑫森老师命名并作跋曰"如鱼之遨游书海,乃人生至乐,如虫之啃书不止,为读书佳境"。勒巨石雕刻的《春之声广场记》《五十周年校庆记》《琢玉楼赋》,都在讲述着四中自己的故事,也增添了学校的人文气象。

(6)强化了校园绿化,让全体师生在日常学习、工作和生活中能时刻置身绿色之中,拥抱自然,享受自然之美,感悟生命魅力。

总之,校园到处花木扶疏,景色宜人;人文景观和自然景色交互映衬,现代文明和历史传承融为一体,体现了美丽校园、精致校园特色。无处不在且充满艺术特质的校园文化,无时不在潜移默化地影响着学生的思想品德、行为习惯和审美情趣,彰显着株洲市四中艺术教育特色和育人价值。

7. 成功塑造了有利于促进城乡结合部普通高中艺术特色学校建设和可持续发展的艺术实践活动三大品牌

株洲市四中艺术实践活动三大品牌是指"春之声"音乐会,校园科技文化艺术节和"金画笔"美术节。

从2000年开始,"春之声"专场音乐会坚持每年对社会公演。观众包括家长、社会各界朋友、文化艺术界专家、媒体的朋友以及各级领导、在校学生。演员主要是我校在校学生,适时邀请艺术水平较高的毕业生倾情客串。十多年的"春之声",展示了学校艺术教育成果及学生艺术素养,产生了巨大社会反响，"春之声"成为四中艺术教育的代名词。每届"春之声"音乐会节目质量高，影响广泛，株洲电视台都要进行全程录播。舞蹈《橄榄绿的梦》还受中央电视台之邀进京演出，中国教育报报道；群舞《号之魂》进京参加第四届全国校园春节联欢晚会演出并获一等奖。节目形式多样，精彩纷呈，深受学生喜爱，很多已经毕业的学生仍然念念不忘春之声的魅力舞台。如2012年5月株洲市四中第12届"春之声"音乐会在学校体育馆上演。省教育厅党组成员、省教科院姜正国院长，市人民政府张国浩副市长，市政协贺夏盛副主席等领导以及参加全国特色高中课题结题指导与课题研究经验交流会的全国各地数十所国家特色高中的领导、老师观看了这场演出。演出结束时，观众盛赞演出活动大气、有品位，组织好，质量高，充分展示了四中多年来发展艺术教育的辉煌成就。

每年十二月份举办"校园科技文化艺术节"，是另外一种综合艺术形式的艺术活动。每届艺术节确定主题，以引导审美情趣，历时四个星期。内容主要有高一年级的合唱节，社团文化节和各类综合艺术大比拼。有不少音乐、美术、书法名家亲临现象指导，或引吭高歌，或泼墨书写作画。每届活动成果丰硕，社会影响广泛，株洲电视台、株洲日报、株洲晚报等媒体也争相报道活动盛况和成果。

"金画笔"美术节每年一届，有时是校园文化艺术节的一部分。内容有书法艺术展，漫画艺术展，美术设计展等，邀请省市有名望的艺术专家做客讲学、献艺和对学生作品进行现场评改。我校近四年连续举办的师生美术作品展览，吸引了众多外校师生参观，得到了专家的赞赏。

三大艺术品牌活动是在十多年的艺术教育中逐渐稳固下来的学生艺术实践活动，弥补了音乐、美术课堂教学的不足，让学生有课外艺术亲身体验、感受的机会和舞台。尤其是在非艺术班里有很多艺术素质和艺术水平较高的学生，他们的积极参与为活动提供了丰富的营养，促进了全体学生艺术修养的提高。

8. 有力促进了株洲市四中学校艺术教育的发展，为高等学府输送了大批专业人才

（1）艺术专业班高考成果斐然

株洲市四中创建艺术专业班教育始于20世纪90年代后期，并为高等学府

输送了一大批高质量艺术人才。特别是近5年来，学校以创建城乡结合部普通高中艺术教育特色学校为动力，不断深化艺术专业班的专业课程和文化课程的教学改革，取得令人瞩目的成绩，艺术专业班高考录取纪录不断刷新，共为高等学府培养和输送了401位高质量艺术人才（具体成果参见《图表8》）。

2008 年—2012 年艺术专业班高考二本以上录取人数统计

图表 8：2008—2012 年艺术专业班高考二本以上录取人数统计

（2）文化班艺术人才辈出，高考艺术专业录取人数大有赶超艺术专业班之势

2010 年—2012 年文化班艺术生高考二本录取人数统计

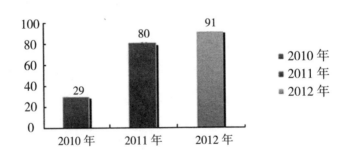

图表 9：2010—2012 年文化班艺术生高考二本录取人数统计

我们从《图表9》可以看出：2010年，我校文化班学生走艺术专业发展之路的不多，当年被艺术高等学府或高等学府艺术专业录取的学生仅有29人。但在创建"城乡结合部普通高中艺术教育特色学校"的推动下，我校文化班

的学生也逐渐爱上了艺术，不少学生积极走上了艺术专业发展之路，被艺术高等学府或高等学府艺术专业录取的学生，2011年迅速上升到80人，2012年又上升到91人，与这两年艺术专业班高考录取人数大致持平，且大有超越之势。

（3）为全国著名艺术高等学府输送了不少高质量艺术人才

近三年来，我校考取中央美院5人，中国美院5人，中央音乐学院1人，中国传媒大学2人，中央戏剧学院1人，北京舞蹈学院1人。

9.有力促进了株洲市四中文化学科教学质量的提高

（1）文化班高考纯文化生录取人数不断上升

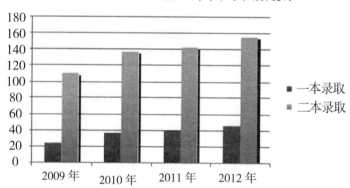

图10：2008—2012年文化班高考录取人数统计

我校在创建城乡结合部普通高中艺术教育特色学校过程中，曾有部分领导、老师和学生家长担心影响学校文化学科的教学质量。但实践表明，这一担心是错误的。我们从《图表10》可以看出：2009年高考，株洲市四中纯文化生二本录取人数为110人，一本录取人数为24人；2010年二本录取人数上升为136人，一本录取人数上升为37人；2011年二本录取人数再上升为142人，一本录取人数再上升为40人；2012年二本录取人数再又上升到154人，一本录取人数再又上升到46人。这些数据有力说明，株洲市四中创建城乡结合部普通高中艺术教育特色学校，不仅为全国高等学府输送了大批优秀艺术人才，同时也向全国高等学府输送了大批具有较好艺术素养的文化学科人才。

株洲市四中创建城乡结合部普通高中艺术特色学校有力促进文化学科教学质量的提高，不仅体现在近几年纯文化生高考录取人数提升上，他还体现在近几年湖南省学业水平测试上。我们从《图表11》可以看出：2009年湖南省第一次举行语、数、英、理、化、生、政、史、地九大文化学科学业水平测试，我校一次性合格率仅为94.07%，优秀率为8%。而2010—2012年，我们一次性合格率依次上长为98.7%、99.5%、99.62%，优秀率依次上长为11.6%、22.6%、27.27%。特别是近三年湖南省学业水平测试优秀率的快速上升，更从一个侧面说明，创办普通高中艺术特色学校能有力促进学校文化学科教学质量的提高。

（2）全校学生学科文化素养不断得到提升

2009 年—2012 年学考成绩统计

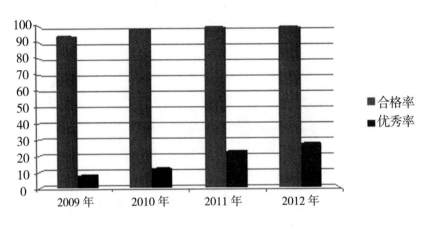

图表11：2009—2012年学考成绩统计

10. 有力提升了教师教研教改能力，成果丰硕

2009年以来，我们以本课题研究为契机，积极动员全体教师从艺术专业教育教学、学科艺术教育因子发掘与利用、艺术特色校本课程开发、艺术特色社团建设、艺术特色校园文化建设、让高雅艺术走进师生等不同途径展开全方位研究。如参加《艺术教育与幸福人生》一书编撰的作者就达48人之多。在学校倡导与激励之下，教师们教育科研兴趣大增，一方面他们以《城乡结合部普通高中艺术教育特色可持续发展实践研究》研究对象，发表或出版不少论文、著作等研究成果，如青年教师刘中伏编著的《舞动人生》，程路编著的《素描教学》等教育科研专著；另一方面，他们致力自己所执教的学科开展教育教学研究，取得了丰硕成果。具体请参见下列《图表12》。

图表12：2009—2011年株洲市四中教研成果统计

年份	获奖与发表论文								省级以上教学竞赛							总合计
	国一	国二	国三	省一	省二	省三	发表	合计	国一	国二	国三	省一	省二	省三	合计	
2009	3	9	15	19	49	34	27	157	1			6	10	11	27	184
2010	4	16	11	21	24	20	41	137	2	12	2	7	11	6	40	177
2011			2	27	38	39	60	166				6	10	3	19	185
合计	7	25	28	67	111	93	128	460	3	12	2	19	31	20	86	546

11. 有力提升了全体师生的综合素养，业绩卓著

（1）学生综合业绩卓著

2009年以来，我校学生在城乡结合部普通高中艺术教育特色学校建设促进下，学生的综合素质得到不断提高，在全国、省、市一系列竞赛与综合检查考评中获得众多荣誉和奖励。具体请参见下列《图表13》至《图表15》。

图表13：2009—2012年株洲市四中学生所获艺术类荣誉和奖励一览表（团体）

年份	内容、称号	颁发单位
2009	舞蹈《青春梦翔》参加湖南省第三届中小学艺术展演，荣获省一等奖并入选颁奖晚会	湖南省教育厅
2009	株洲市第四届中小学艺术节展演"周周乐"广场文艺活动优秀节目奖	株洲市教育局
2009	株洲市"八中杯"中小学生教学班演唱比赛高中组一等奖	株洲市教育局
2010	株洲市2010年"十八中杯"中小幼美术书法摄影大赛优秀组织奖	株洲市教育局
2010	株洲市2010年"尚格名城杯"中小学艺术之星大赛优秀组织奖	株洲市教育局
2011	株洲市中小学音乐教师八孔竖笛演奏比赛合奏重奏比赛一等奖	株洲市教科院
2011	株洲市第六届中小学歌舞演奏比赛优秀组织奖	市教育局、日报社
2011	2011株洲市中小学生教学班演唱演奏比赛一等奖	株洲市教科院
2011	2011株洲市中小学生教学班演唱演奏比赛优秀组织奖	株洲市教科院
2011	社团文化艺术节 获十佳共青团特色活动	株洲市教育局团委
2012	声乐《高原我的家》获湖南省第四届中小学艺术展表演类节目中学组一等奖	湖南省教育厅

图表 14：2009-2012 年株洲市四中学生所获体育类荣誉和奖励一览表（团体）

年份	内容、称号	颁发单位
2009	株洲市"三好杯"团体总分第一名	株洲市教育局
2009	湖南省体育传统项目学校第十一届运动会体育道德风尚奖	组委会
2009	株洲市三好杯跳绳比赛高中团体第六名	株洲市教育局
2009	株洲市第十一届运动会暨 2009 年学生三好杯田径比赛高中男子团体第四名	株洲市教育局
2009	株洲市 2009 年三好杯健美操比赛高中团体第二名	株洲市教育局
2009	2009 年学生三好杯游泳比赛高中团体组第二名	株洲市教育局
2009	株洲市 2009 年学生三好杯踢毽子比赛第一名	株洲市教育局
2010	参赛湖南省第十一届运动会贡献单位	株洲市人民政府
2010	2010 年学生"三好杯"篮球比赛高中男子团体第七名	市教育局体育局
2010	2010 年学生"三好杯"健美操比赛高中团体第一名	市教育局体育局
2010	2010 年学生"三好杯"运动会体育道德风尚奖	市教育局体育局
2011	株洲市 2011 年学生"三好杯"武术操比赛中学团体第四名	市教育局体育局
2011	株洲市 2011 年学生"三好杯"运动会体育道德风尚奖（4 面）	市教育局体育局
2011	株洲市 2011 年学生"三好杯"跳绳比赛高中男子团体第三名	市教育局体育局
2011	株洲市 2011 年学生"三好杯"跳绳比赛高中女子团体第一名	市教育局体育局
2011	株洲市 2011 年学生"三好杯"踢毽子比赛高中女子团体第一名	市教育局体育局
2011	株洲市 2011 年学生"三好杯"踢毽子比赛高中男子团体第四名	市教育局体育局
2011	株洲市 2011 年学生"三好杯"网球比赛高中女子团体第一名	市教育局体育局
2011	株洲市 2011 年学生"三好杯"踢毽子比赛高中男子团体第二名	市教育局体育局
2011	株洲市 2011 年学生"三好杯"健美操比赛高中团体第一名	市教育局体育局
2011	株洲市 2011 年学生"三好杯"篮球比赛高中男子团体第三名	市教育局体育局
2012	株洲市 2012 年学生"三好杯"武术健身操比赛中学组第三名	市教育局体育局
2012	株洲市 2012 年学生"三好杯"篮球比赛高中女子团体第二名	市教育局体育局
2012	株洲市 2012 年学生"三好杯"篮球比赛高中男子团体第八名	市教育局体育局
2012	株洲市 2012 年学生"三好杯"网球比赛高中男子团体第四名	市教育局体育局
2012	株洲市 2012 年学生"三好杯"踢毽子比赛高中女子团体第三名	市教育局体育局

2012	株洲市 2012 年学生"三好杯"踢毽子比赛高中男子团体第六名	市教育局体育局
2012	株洲市 2012 年学生"三好杯"跳绳比赛高中男子团体第二名	市教育局体育局
2012	株洲市 2012 年学生"三好杯"跳绳比赛高中女子团体第二名	市教育局体育局
2012	株洲市 2012 年学生"三好杯"田径比赛高中男子团体第六名	市教育局体育局
2012	株洲市 2012 年学生"三好杯"运动会体育道德风尚奖（5 面）	市教育局体育局
2012	2012 年获湖南省少年篮球锦标赛第七名	湖南省体育局

图表 15：2009-2012 年株洲市四中学生所获综合荣誉和奖励一览表（团体）

年份	内容、称号	颁发单位
2009	第三届"地球小博士"全国地理科技大赛"优秀组织奖"	中国地理学会
2010	中国尚德创意大赛团体金奖	中国教育学会等
2011	株洲市"五四红旗团委"	共青团株洲市委
2011	湖南省"十一五"现代教育技术课题研究优秀单位	湖南省教育技术协会
2011	"志愿邻里，文明共享"社区志愿服务项目获十佳志愿服务项目奖	株洲市教育局团委
2011	心理协会 获十佳学生社团	株洲市教育局团委

（2）学校综合业绩卓越

2009 年以来，我校以《城乡结合部普通高中艺术教育特色可持续发展实践研究》为平台，以艺术教育为切入点，全方位强化学校素质教育，全校师生综合素养得到全面提升，在全国、省、市获得众多荣誉和奖励。具体请参见下列《图表 16》至《图表 18》。

图表 16：2009 年株洲市第四中学所获荣誉和奖励一览表

序号	内容、称号	颁发单位
1	株洲市 2008 年度文明建设先进单位	株洲市人民政府
2	2008 年度文明建设先进单位	荷塘区政府
3	深入学习实践科学发展观先进单位	教育局
4	深入学习实践科学发展观优秀分析检查报告	教育局

5	株洲市 2008 年度学生资助工作先进单位	市教育局
6	株洲市学习实践科学发展观活动领导班子建设先进单位	中共株洲市委
7	总务后勤支部获先进基层党支部	市教育局党委
8	株洲市 2009 年度教育考试工作优秀国考考点	株洲市教育考试院
9	株洲市 2009 年度教育考试工作市区优秀报名站	株洲市教育考试院
10	2009 年反腐倡廉主题书画比赛优秀组织奖	中共株洲市纪委 驻市教育局纪委
11	2009 年度市教育学会先进集体	株洲市教育学会
12	2009 年度湖南省心理健康教育先进单位	湖南省教育学会心理健康 教育专业委员会
13	株洲市城区学校 2009 年城市创建工作先进单位	株洲市教育局

图表 17：2010 年株洲市第四中学所获荣誉和奖励一览表

序号	内容、称号	颁发单位
1	2009 年度文明建设先进单位	中共株洲市委、株洲市人民政府
2	株洲市语言文字规范化示范学校	市语委、市教育局
3	2009 年度勤工俭学工作目标考核二等奖	株洲市教育局
4	反腐倡廉书画比赛优秀组织奖	株洲市教育局
5	湖南省未成年人思想道德建设先进单位	湖南省精神文明建设指导委员会
6	2010 年度中国创新型学校	中国教育学会等
7	湖南省文明卫生单位	湖南省爱国卫生运动委员会
8	参赛湖南省第十一届运动会贡献单位	株洲市人民政府
9	2010 年教学质量管理先进单位	株洲市教育局
10	2010 年度湖南省心理健康教育先进单位	湖南省教育学会
11	湖南省心理健康教育示范学校	湖南省教育学会
12	湖南省优秀教研组（历史组）	湖南省教科院
13	全国学校艺术教育先进单位	教育部艺术教育委员会
14	模范教职工之家	湖南省教育工会
15	校报优秀奖	湖南省教育学会
16	中学历史名师工作室	株洲市教育局

图表 18：2011 年株洲市第四中学所获荣誉和奖励一览表

序号	内容、称号	颁发单位
1	2010 年度株洲市勤工俭学目标管理考核一等奖	株洲市教育局
2	湖南省 2010 届文明单位	中共湖南省委 湖南省人民政府
3	株洲市模范职工之家	株洲市总工会
4	2010 年度教育工会工作先进单位	株洲市教育工会
5	株洲市"青年文明号"	共青团株洲市委
6	先进基层党组织	局党委
7	"党旗飘扬"主题党日活动竞赛三等奖	局党委
8	株洲市校本研训示范校	株洲市教育局
9	株洲市教育系统"三课一岗"优秀组织奖	局党委
10	共产党员示范岗	局党委
11	2011 年湖南省中学校报刊优秀栏目	湖南省教育学会
12	湖南省学校心理教育专业委员会 第十四次学术年会心理健康教育经验交流奖	湖南省教育学会
13	2011 年湖南省学校心理健康教育先进单位	湖南省教育学会
14	中学历史名师工作室	株洲市教育局
15	2011 年度株洲市知识产权宣传教育"先进单位"	株洲市教育科学研究院 株洲市创新教育学会
16	株洲市"五五"普法依法治理"先进单位"	株洲市委办公室 株洲市人民政府
17	湖南省模范职工之家	湖南省总工会

图表 19：2012 年株洲市第四中学所获荣誉和奖励一览表

1	湖南省中小学教师继续教育研究会 班主任工作专业委员会常务副理事长单位	省中小学教师继续教育研究会班主任工作专业委员会
2	局直单位领导干部"三课一岗" 创先争优竞赛活动教育理论分享课过程优质奖	中共株洲市 教育委员会
3	2012 年学校心理健康教育先进单位	省教育学会、学校心理教育专业委员会

4	2012 年人事工作先进单位	株洲市教育局
5	2012 年度株洲市教师培训工作先进单位	株洲市教育局
6	全国中文核心期刊《历史教学》在 2012 年第 11 期；向全国推介了株洲市第四中学历史教研组	天津历史教学社
7	2012 年获湖南省少年篮球锦标赛第七名	湖南省体育局

五、推介与影响

本课题立项研究以来，我们十分重视研究成果推介，积极与全国兄弟学校分享自己的研究成果，并产生了比较广泛的积极影响。

1. 积极出版研究著作和发表研究论文推介本研究成果

从本课题立项研究以来，我们共出版研究著作 12 部，在核心期刊和省级以上刊物发表课题研究论文 13 篇（见《图表 19》），在全国范围推介了本研究成果。

图表 19.《城乡结合部普通高中艺术教育特色可持续发展实践研究》出版发表成果表

作者	题目	刊物
汪 瀛	艺术教育特色学校建设校本课程的开发	《长沙铁道学院学报》2011 年第二期
姜野军	基于全面发展理念的全员参与式管理的实践与思考	《长沙铁道学院学报》2011 年第三期
张 波	试论高中音乐鉴赏教学的创新性	《儿童音乐》2011 年第三期
张 波	以特色化的音乐教学评价促进学校的特色化发展	《儿童音乐》2011 年第六期
姜野军 官孟琼	国家校本课程的实施：建设开放、包容的校本课程文化	《基础教育参考》8 月下期
肖向晖 母 莉	城乡结合部普通高中艺术教育现状及成因调查	《艺术中国》2012 年第 6 期

潘民华	百花齐放，一意高飞——谈株洲市四中艺术教师专业发展	《吉林教育》2011 年 7 月
胡新铭 李 波	在学校实践活动培养教师艺术气质	《语文建设》2012 年第 8 期
汪 瀛	"特色学校"与"特色课程"建设成为一道亮丽风景	《基础教育》2011 年第 12 期
姜野军	创建艺术教育特色学校的实践探索	《语文建设》，2011 年 12 月
姜新军	生命，高雅的拔节——株洲市四中艺术教育特色学校纪实	《湖南教育》杂志 2012 年 4 月上旬刊
姜野军	《教师职业形象：勤、和、智、艺》	《湖南教育》，2011 年 2 月
章 帆 尹可珍	城乡结合部普通高中艺术教育特色研究与分析	《中国教育技术装备》2012 年第 14 期
姜野军	《架起学校管理与课堂教学的桥梁》	光明日报出版社，2011 年 6 月
张军红	《株洲市四中特色学校建设规划》	光明日报出版社，2011 年 6 月
汪 瀛	《心灵的放飞》	光明日报出版社，2011 年 6 月
汪 瀛 匡志林	《艺术风流人物》	光明日报出版社，2011 年 6 月
潘民华	《化学与艺术》	光明日报出版社，2011 年 6 月
尹志雄	《数学大观园》	光明日报出版社，2011 年 6 月
程 路	《素描教学》	光明日报出版社，2011 年 6 月
刘中伏	《舞动人生》	光明日报出版社，2011 年 6 月
张吉红	《美术高考第一线》	中国科学文化出版社，2009 年 12 月
汪 瀛	《艺术教育与幸福人生》	湖南教育出版社
郭克勤	《美文艺读》	海南出版社
谭 洪	《漫画与诗句中的哲学》	海南出版社

2. 积极利用研讨会与交流访问等途径推介本研究成果

积极参加特色学校建设学术经验交流研讨会，热情接待与访问其他兄弟学校，相互分享在特色教育建设方面的经验，既是学习他人取长补短促进我校特色建设的过程，也是推介我们特色建设成果的过程。从本课题立项研究以来，我们共参加特色学校建设研讨会 10 余次，接待来访学校和主动访问其他特色学校 10 余次，既学习了他校在特色学校建议方面的经验，也推介了我校在特色学校建设方面的实践研究成果。如2011年9月6日，课题主持人姜野军校长应邀参加中央教育科学研究所举办的七十华诞系列论坛之六——"普通高中特色学校研究专项课题推进会"。中央教科所将我校"城乡结合部普通高中艺术教育特色可持续发展实践研究"作为特色学校建设成果交流典型之一，向与会者推介。姜野军校长应邀在会上做了《创建艺术教育特色学校的实践探索》的典型发言。2012年3月1日，安徽省特色高中艺体联合会五所常务理事学校来我校访问和交流，我们欢聚一堂，就"普通高中艺术教育特色建设和可持续发展问题"进行了深入研讨，深化了我们的认识，达成了不少共识。2012年4月19—20日，我校应邀参加安徽省第二届艺体特色高中建设论坛，校党委书记张军红在论坛上做了题为《学校特色建设的思考与实践》的经验介绍。2012年5月12日，中国教育科学研究院主办，株洲市四中承办了"全国特色高中课题结题指导与课题研究经验交流会"。中国教育科学院副院长曾天山、湖南省教科院院长姜正国等领导和专家亲临指导课题研究与交流。来自全国20多个省市高中学校的领导、专家出席了本次会议。课题主持人姜野军校长就课题"城乡结合部普通高中艺术教育特色可持续发展实践研究"情况，向各位领导和专家做了专题汇报。中国教科院副院长曾天山充分肯定了株洲市四中的高中特色课题做出的成绩以及在此次交流会上所做的各项工作。

3. 积极通过报刊、电视等媒体报道推介本研究成果

我们积极申报《城乡结合部普通高中艺术教育特色可持续发展实践研究》一方面是为了解决本校在特色学校建设过程中所遇到的种种困惑，促进本校教育教学质量实现质的飞跃，另一方面也想为全国特色学校建设提供一个价值的成功案例。因此，在本课题研究过程中，我们注意主动接纳报刊、电视等宣传媒体对我校特色教育建设成果的报道和推介（具体参见图表20），并产生了良好的社会效益。如2012年4月，《湖南教育》杂志在其4月上旬刊上发表了《生命，高雅的拔节——株洲市四中艺术教育特色学校纪实》一文，对株洲市四中城乡结合部高中艺术教育特色学校建设做了专题报道，并配发了评论员文章《坚定不移地走多样化特色化发展之路》，在社会上，特别在教育界产生了强烈反响，吸引了不少学校前来参观访问，学习我校在特色学校建设方面的成功经验。

图表20：报刊、电视等媒体对株洲市四中艺术教育特色建设成果报道一览表

时间	报道内容（标题）	报道媒体
2010.1.15	让每个学生绽放光彩—株洲市四中校园科技文化艺术节侧记	新城市报
2010.3.23	市四中成为全国特色项目学校	株洲日报
2010.3.31	芬芳艺术之花 引来异邦之蝶—市四中与奥地利维也纳音乐学院达成合作办学协议	株洲日报
2010.5.13	艺术教育在四中	株洲晚报
2010.9.1	四中的个性	株洲晚报
2010.11.10	艺术考生文化课，该怎么提高？	株洲晚报
2010.11.17	一位美术班主任的心声	株洲晚报
2010.12.1	如何将班级特色化	株洲晚报
2011.4.13	如何建设特色学校	株洲晚报
2011.4.20	特色班级建设模式	株洲晚报
2011.6.15	市学科基地建设及特色项目评选揭晓	株洲晚报
2011.7.27	文化班冒出来艺术尖子	教育周刊
2011.6.31	勤、和、智、艺—教师职业形象小议	株洲晚报
2011.9.12	首届湖南株洲合唱节昨晚落幕株洲两支参赛队伍均获金奖	株洲晚报
2011.9.14	姜野军在全国特色学校建设会上发言	株洲晚报
2011.9.20	中央教科所推介四中特色教育经验	株洲晚报
2011.9.21	湖南合唱节最佳指挥来自株洲（四中）	株洲晚报
2011.12.19	让高雅艺术走进学生	教育周刊
2012.2.27	艺术的渗透让课堂教学更生动	株洲晚报
2012.3.12	市四中：让高雅艺术走进校园	株洲晚报
2012.3.5	安徽五所特色学校来四中交流	株洲晚报
2012.4.28	小孩放学，大人没下班怎么办？把孩子送到四中社区艺术学校去	株洲晚报
2012.4.上	生命，高雅的拔节——株洲市四中艺术教育特色学校纪实	湖南教育
2012.5.8	笛韵清越满校园	株洲晚报
2012.5.15	全国特色高中经验交流会在我市召开	株洲晚报
2012.5.16	校园荡漾"春之声"	株洲晚报
2012.5.15	建好"教育特区"坚持"特色立校"	湖南教育科研报

2012.4.25	《春之声——在这里成长》	株洲电视台
2012.5.27	诗书音画中	株洲电视台
2012.5.30	课题研究树标杆 特色办学绽奇葩	株洲日报
2012.6.上	《全国六十所特色高中株洲论道特色化办学》《全国高中课题结题指导与课题研究经验会在株洲召开》	湖南教育
2012.10.23	市四中合唱团获省级金奖	株洲晚报
2012.11.2	市四中社区艺术学校开课	株洲晚报

六、问题与讨论

城乡结合部普通高中艺术教育特色学校建设与可持续发展是一个系统工程。我们在多年的研究与探索过程中，虽然取得了丰硕成果，但也存在一些需要进一步探索解决的问题。具体而言，主要问题有二：

1. 教育行政主管部门对特色学校建设经费的投入力度有待进一步加大

创办艺术教育特色学校，必须拥有良好的艺术教育教学设施和良好的艺术教育教学环境，而这些艺术教育教学设施和良好的艺术教育教学硬件环境建设，是需要大量资金投入的。具体以我校为例，近几年我们仅建设音乐广场、翰墨园、株洲市音乐教育基地三项，学校就投入建设资金30万元。这些建设资金上级行政部门只拨付资金277万元，余下的105万元都是学校自筹的。这还不算学校其他艺术教育教学设施的添置与日常维护、师生参与市区艺术公益活动的经费开支。因此，目前我校教育教学经费严重空缺，学校债台高筑，已达1000万元，严重制约了我校艺术教育特色学校的可持续发展。

2. 如何从根本上摆脱制约"特色学校建设与可持续发展"的外在的负面因素

株洲市四中创建"城乡结合部普通高中艺术教育特色学校"成果丰硕，有目共睹，但仍然难从根本上摆脱制约"艺术教育特色学校建设与可持续发展"的外在的负面因素。原因何在？一是上级行政主管部门所制定的评价方案，存在不利于艺术教育特色学校的一面。如艺术生考入中央美术学院这类全国顶级艺术院校，远没有文化生考入北大清华那样受到重视和奖励。二是学校之间因无序竞争而相互贬损。如以文化生见长的学校常常嘲笑我们这些以艺术教育见长的学校，并在每年招生中想方设法将哪些文化科目学习成绩优秀且又想接受艺术熏陶的学生从我们这类学校挖走。一些文化科目教学与生源较差的学校，为了增加其高考升学人数，也在想方设法、甚至不惜重金大力招考比较优秀的艺术生。这就造成在"特色教育"的幌子下，在有限的狭小区域教育中出现新的"教育同质化"问题。三是一些社会舆论工具，都在有意无意中鼓吹文化生见长的学校，贬低我们这类"艺术教育特色学校"，更不要说大力扶植了。四是社会民众、学生家长的教育理念相对落后，他们评价更多是看重文化学科，而轻视艺术学科和学生的艺术修养的提升。因此，如何从根本上，或更好地摆脱这些种种制约"艺术教育特色学校建设与可持续发展"的因素，为艺术教育特色学校的创建和可持续发展提供一个良好的社会环境，还有待我们进一步深入研究和探索。

参考文献

1.郭声健.艺术教育——基础教育新概念［M］.北京：教育科学出版社，2001.

2.易晓明.寻找失落的艺术精神［M］.北京：高等教育出版社，2007.

3.陈光旭.艺术的意蕴［M］.北京：中国人民大学出版社，2001.

4.尤·鲍列夫.美学[M].上海：上海译文出版社，1988.

5.蒋孔阳.美在创造中[M].桂林：广西师范大学出版社，1997：171.

6.苏霍姆林斯基.给教师的建议[M].北京：教育科学出版社，1984:224.

7.蔡元培.蔡元培教育名篇[M].北京：教育科学出版社，2007:87.

8.陈杰琦.多元智能在全球[M].北京：中国人民大学出版社，2010.

9.赵同森.解读人本主义教育思想[M].广州：广东教育出版社，2006.

10.肖川.教师的幸福人生与专业成长[J].青年师，2010（4）.

11.阮春棉.城乡结合部学校管理现状与对策管理论坛[J].管理论坛，2008（9）.

12.谭六三.走综合中学办学之路促进城乡教育一体化[J].中国教育学刊，2006（5）.

13. 刘海生. 城乡结合部教师资源现状与优化配置对策 [J]. 教育与社会, 2010（12）.

14. 谢金丽. 教育与人的美好生活 [D]. 河南大学, 2006.

15. 李希贵. 学生第二 [M]. 上海：华东师范大学出版社, 2006.

16. 潘莉萍. 对高中艺术教育现状的反思 [J]. 教育研究, 2007（9）

17. 苟仙冬. 浅谈高中艺术教育 [J]. 音乐天地, 2007（4）.

18. 教育部. 学校艺术教育工作规程 [J]. 艺术学苑, 2002（10）.

19. 徐永琴. 城乡结合部小学生的教育策略 [J]. 中国校外教育, 2010（7）.

20. 黄俊琪. 城乡结合部初中骨干教师培养的研究 [J]. 中国校外教育, 2008（7）.

21. 李广大. 创建艺术教育特色培养全面发展人才 [J]. 中小学校长, 2011（1）.

22. 杨立梅. 以大艺术教育观深化学校艺术教育改革 [J]. 教育探索, 2006（3）.

23. 益教. 全国艺术教育工作会议综述 [J]. 艺术教育, 1996（5）

24. 杨立梅. 以大艺术教育观艺术建设"艺术学科"[J]. 基础教育课程, 2007（2）.

25. 傅敏. 傅雷家书 [M]. 天津：天津社会科学院出版社, 2006.

26. 胡继渊. 浅论中学艺术教育课程情感价值的开发 [J]. 中小学校长, 2011（1）.

27. 胡继渊. 中美艺术教育课程标准的比较研究 [J]. 外国中小学教育, 2011（1）.

28. 邢莉. 试论艺术教育发展的一体化趋势 [J]. 南京师大学报, 2011（1）.

29. 刘红英, 刘创. 国外学校艺术教育的发展及对我国的现实启示 [J]. 云梦学刊, 2011（1）.

30. 张雅妹. 中美音乐教育发展之比较 [J]. 武汉音乐学院学报, 2011（1）.

31. 喻方. 当代中美艺术教育比较 [J]. 市场周刊·财经论坛, 2004（11）.

32. 时玲玲. 论艺术教育的环境性功能 [J]. 理论界, 2005（4）.

33. 刘广绵. 浅析艺术教育在发展先进文化中的地位、作用与价值 [J]. 吉林社会主义学院学报.

34. 张晋红. 关于新时期艺术教育的思考 [D]. 山西大学, 2005.

35. 王志萍. 艺术教育与多元智能的开发 [D]. 湖南师范大学, 2005.

36. 孙孔懿. 学校特色论 [M]. 北京：人民教育出版社, 2007.

37. 刘彭芝. 面向未来塑名校 [M]. 北京：人民教育出版社, 2006.

38. 钱初熹. 当代发达国家艺术教育理论与实践 [A]. 上海：华东师范大学出版社, 2010.